GEORGES
BATAILLE

O erotismo

FILŌBATAILLE   autêntica

GEORGES
BATAILLE
O erotismo

Inclui inéditos de G. Bataille:
Debate sobre o erotismo, Dossiê *O erotismo*

2ª edição
3ª reimpressão

TRADUÇÃO, APRESENTAÇÃO E ORGANIZAÇÃO Fernando Scheibe
PREFÁCIO Raúl Antelo
POSFÁCIO Eliane Robert Moraes

Copyright © 1957 by Les Éditions de Minuit
Textos inéditos extraídos de *Oeuvres Complètes X*, by Georges Bataille © Paris: Gallimard, 1987
Copyright da tradução © 2013 Autêntica Editora

Título original: *L'Érotisme*

Todos os direitos reservados pela Autêntica Editora Ltda. Nenhuma parte desta publicação poderá ser reproduzida, seja por meios mecânicos, eletrônicos, seja via cópia xerográfica, sem a autorização prévia da Editora.

Todos os esforços foram empreendidos para obter a permissão de publicação das imagens presentes nesta obra. Pedimos desculpas por eventuais omissões involuntárias e nos comprometemos a inserir os devidos créditos e corrigir possíveis falhas em edições subsequentes.

COORDENADOR DA COLEÇÃO FILÔ
Gilson Iannini

CONSELHO EDITORIAL
Gilson Iannini (UFOP); *Barbara Cassin* (Paris); *Cláudio Oliveira* (UFF); *Danilo Marcondes* (PUC-Rio); *Ernani Chaves* (UFPA); *Guilherme Castelo Branco* (UFRJ); *João Carlos Salles* (UFBA); *Monique David-Ménard* (Paris); *Olímpio Pimenta* (UFOP); *Pedro Süssekind* (UFF); *Rogério Lopes* (UFMG); *Rodrigo Duarte* (UFMG); *Romero Alves Freitas* (UFOP); *Slavoj Žižek* (Liubliana); *Vladimir Safatle* (USP)

EDITORA RESPONSÁVEL
Rejane Dias

REVISÃO TÉCNICA
Gilson Iannini

REVISÃO
Dila Bragança de Mendonça

LEITURA FINAL
Jean D. Soares

PROJETO GRÁFICO
Diogo Droschi
(Imagens de sobrecapa: Body/Sculpture, Hans Breder, 1972, Walker Art Center. Tauromachi, André Masson, 1937, Galerie Jacques Bailly)

DIAGRAMAÇÃO
Conrado Esteves

**Dados Internacionais de Catalogação na Publicação (CIP)
(Câmara Brasileira do Livro, SP, Brasil)**

Bataille, Georges, 1897-1962.
   O erotismo / Georges Bataille ; tradução Fernando Scheibe. -- 2. ed. ; 3. reimp. -- Belo Horizonte : Autêntica, 2025 -- (FILÔ/Bataille)

Título original: L'Érotisme
ISBN 978-65-88239-09-4

1. Erotismo 2. Erotismo na literatura 3. Morte 4. Sexo (Psicologia) 5. Sexo - Aspectos religiosos 6. Tabus I. Scheibe, Fernando . II. Título.

13-00857   CDD-840.93538

Índice para catálogo sistemático:
1. Erotismo : Literatura francesa : História e crítica   840.93538

GRUPO **AUTÊNTICA**

Belo Horizonte
Rua Carlos Turner, 420
Silveira . 31140-520
Belo Horizonte . MG
Tel.: (55 31) 3465 4500

São Paulo
Av. Paulista, 2.073, Conjunto Nacional
Horsa I . Salas 404-406 . Bela Vista
01311-940 . São Paulo . SP
Tel.: (55 11) 3034 4468

www.grupoautentica.com.br
SAC: atendimentoleitor@grupoautentica.com.br

A Michel Leiris

9. Apresentação do tradutor
19. Prefácio: O lugar do erotismo – *Raúl Antelo*

O EROTISMO

27. Prólogo
33. Introdução
51. Primeira parte – O interdito e a transgressão

> Capítulo I – O erotismo na experiência interior p. 53
> Capítulo II – O interdito ligado à morte p. 63
> Capítulo III – O interdito ligado à reprodução p. 73
> Capítulo IV – A afinidade da reprodução e da morte p. 79
> Capítulo V – A transgressão p. 87
> Capítulo VI – O assassinato, a caça e a guerra p. 94
> Capítulo VII – O assassinato e o sacrifício p. 105
> Capítulo VIII – Do sacrifício religioso ao erotismo p. 113
> Capítulo IX – A pletora sexual e a morte p. 118
> Capítulo X – A transgressão no casamento e na orgia p. 133
> Capítulo XI – O cristianismo p. 142
> Capítulo XII – O objeto do desejo: a prostituição p. 153
> Capítulo XIII – A beleza p. 164

173. Segunda parte – Estudos diversos sobre o erotismo

> Estudo I – Kinsey, a escória e o trabalho p. 175
> Estudo II – O homem soberano de Sade p. 191
> Estudo III – Sade e o homem normal p. 204
> Estudo IV – O enigma do incesto p. 224
> Estudo V – Mística e sensualidade p. 248
> Estudo VI – A santidade, o erotismo e a solidão p. 278
> Estudo VII – Prefácio de "Madame Edwarda" p. 292

299. Conclusão

303. Posfácio: Traços de Eros – *Eliane Robert Moraes*

317. Textos inéditos
    Debate sobre o erotismo p. 319
    Dossiê *O erotismo*:
        A significação do erotismo p. 328
        Adição a *O erotismo* p. 332
        Projeto de uma conclusão para *O erotismo* p. 335

Apresentação do tradutor

Fernando Scheibe

> *a língua se parte; debaixo da minha pele,*
> *no mesmo instante, corre um fogo sutil;*
> *meus olhos não veem; zumbem*
> *meus ouvidos;*
>
> ———
>
> *um frio suor me recobre, um frêmito se apodera*
> *do corpo todo, mais verde que as ervas*
> *eu fico; e que já estou morta,*
> *parece*[1]

Em 1970, oito anos após a morte de Georges Bataille (1897-1962), Michel Foucault apresentava o primeiro tomo de suas obras completas com a seguinte profecia:

---

[1] FONTES, Joaquim Brasil. *Eros, tecelão de mitos: a poesia de Safo de Lesbos*. São Paulo: Estação Liberdade, 1991, p. 303. Quando Rejane Dias, diretora da Autêntica Editora, me ofereceu a possibilidade de publicar uma nova tradução brasileira de *L'Érotisme*, senti algo parecido com o que descreve esse poema de Safo. É que se trata, a meu ver, de um dos livros mais importantes já escritos, e ter a *chance* de traduzi-lo e publicá-lo numa edição caprichada como esta, constituiu para mim uma experiência de *pura felicidade*.

> Sabe-se hoje: Bataille é um dos escritores mais importantes de seu século. A *História do olho, Madame Edwarda* romperam o fio dos relatos para contar o que jamais o tinha sido; A *Suma ateológica* fez entrar o pensamento no jogo – no jogo arriscado – do limite, do extremo, do topo, do transgressivo; *O Erotismo* tornou Sade mais próximo de nós, e mais difícil. Devemos a Bataille uma grande parte do momento em que estamos; mas o que resta a fazer, a pensar e a dizer, isso sem dúvida lhe é devido ainda, e o será por muito tempo. Sua obra crescerá.[2]

A obra de Bataille cresceu e continua crescendo,[3] na medida mesma de seu des-obra-mento, de sua inoperância. Ou seja, na medida mesma em que seu texto coloca em xeque a obra, a vontade de obra, o produtivismo catastrófico da sociedade contemporânea que, como Walter Benjamin também já diagnosticara,[4] resulta sempre no horror tacanho da guerra.

A economia deve se fundar no gasto. A energia deve ser dissipada, e não acumulada. Eis o princípio da (anti)filosofia bataillana, qualificada por Jacques Derrida de "hegelianismo sem reserva".

Contemporâneo do surrealismo – André Breton é de 1896 –, Bataille fez sua a exigência do movimento: "A beleza será convulsiva ou não será". Desde a *História do olho* (1927), passando pelos artigos redigidos para as revistas *Documents* (1929-1930), *La Critique Sociale* (1932-1933), *Acéphale* (1936-1939), *Critique* (1946-1961), entre outras, pela *Suma ateológica* (*O culpado; A experiência interior; Sobre Nietzsche – vontade de chance*) escrita durante a Segunda Guerra, por *A parte*

---

[2] FOUCAULT, Michel. Présentation. In: BATAILLE, Georges. *Œuvres complètes I.* Paris: Gallimard, 1970, p. 5.

[3] Através, por exemplo, das leituras de Michel Foucault, Roland Barthes, Jacques Derrida, Philippe Sollers, Denis Hollier, Jean-Luc Nancy, Rosalind Krauss, Georges Didi-Huberman, Giorgio Agamben, Enrique Leff, Franco Rella, Roberto Esposito, Eliane Robert Moraes, Raúl Antelo...

[4] "A guerra, e somente a guerra, permite dar um objetivo aos grandes movimentos de massa, preservando as relações de produção existentes. Eis como o fenômeno pode ser formulado do ponto de vista político. Do ponto de vista técnico, sua formulação é a seguinte: somente a guerra permite mobilizar em sua totalidade os meios técnicos do presente, preservando as atuais relações de produção." BENJAMIN, Walter. A obra de arte na era de sua reprodutibilidade técnica. In: *Magia e técnica, arte e política*. Tradução Sérgio Paulo Rouanet. São Paulo: Brasiliense, 1985. (Obras Escolhidas, 1).

maldita, por "romances" e "novelas" como O *azul do céu, Madame Edwarda, Minha mãe,* pelos livros sobre as pinturas de Lascaux, sobre Manet, sobre Gilles de Rais, até seus últimos livros como *A literatura e o mal, O erotismo* e *As lágrimas de Eros,* Bataille esteve sempre, segundo Roland Barthes, a escrever um mesmo texto, a formular uma mesma exigência, ainda que ela tenha recebido nomes tão diversos e contraditórios como *baixo materialismo* e *soberania.*

Em *O surrealismo no dia a dia,* escrito no início da década de 1950, Bataille narra alguns de seus encontrões com o grupo surrealista nos anos 1920. Após algumas frustradas tentativas de aproximação através de Michel Leiris (amigo que Bataille "perde" para o grupo), o "bibliotecário devasso" acaba se tornando uma espécie de inimigo nº 1 do movimento.

Bataille acusa o surrealismo bretoniano de idealismo e utilização hipócrita de Sade. Seja em "Le prefixe 'sur' en surréalisme et surhome", seja em "La valeur d'usage de D.A.F. de Sade", a questão é a mesma: se o surrealismo, se o homem surrealista, quer realmente se entregar à totalidade da existência, logicamente ele não pode excluir o que é baixo, o que é vil. Há no discurso surrealista um excesso de metáforas de pureza, como se essa convulsão do real que é a beleza pudesse se dar sem sangue, sem porra, sem merda. É necessário reconhecer o dedão do pé e o ânus solar para se ter acesso à "totalidade dos possíveis". Mais do que isso: é preciso que esse reconhecimento não tenha a forma de uma apropriação homogeneizadora. Toda uma teoria do heterogêneo elaborada por Bataille a partir do final dos anos 1920 busca isto: incorporar o realmente outro sem torná-lo o mesmo.

Mas como fazer isso? Como ter acesso a uma força intensa sem desvirtuá-la em poder? Aos poucos, essa pergunta vai se tornando: como desviar a força do fascismo da estupidez nacionalista para uma "profunda subversão" da existência?

São dessa época (1933) três textos fundamentais de Bataille: *A noção de dispêndio; O problema do estado;* e *A estrutura psicológica do fascismo.* No primeiro, são assentadas as bases de uma "economia à medida do universo", ou seja, em que o verdadeiro valor é atribuído ao gasto livre, à despesa inútil, ao dom sem contrapartida; no segundo, frente à ascensão do estalinismo na União Soviética, *pari passu* com a do fascismo na Itália e na Alemanha, constata-se que o ódio à autoridade do Estado deve ser o fundamento da luta revolucionária; no terceiro, Bataille aplica sua teoria da heterogeneidade à compreensão do fenômeno fascista: este, embora extraia sua força do heterogêneo, a reconduz ao homogêneo, à unidade do líder e da nação.

Segue-se então o período de maior engajamento político – e religioso – de Bataille. Inicialmente, com o movimento *Contre-attaque*, que chega a congregar temporariamente surrealistas e "parassurrealistas" em torno da proposta de utilizar as armas do fascismo contra o fascismo; logo depois, com a comunidade *Acéphale* e com o *Colégio de Sociologia*.

Nas reuniões do *Colégio*, discutiam-se a importância do sagrado e as possibilidades de sua manifestação nas sociedades arcaicas e contemporâneas; nas de *Acéphale*, buscava-se propiciá-lo através de ritos que incluíam a leitura e a memorização de textos de Nietzsche, incursões noturnas à floresta de Saint Nom la Bretèche, a proibição de apertar a mão de antissemitas e o projeto não executado de um sacrifício humano... *Acéphale* era também o nome de uma revista em que, até o início da Segunda Guerra, Bataille publicou textos que buscavam em grande parte proceder a uma reparação a Nietzsche da apropriação nazifascista de sua obra.

O acéfalo é justamente a força incondicionada do heterogêneo. A negação da cabeça é a negação da razão e do telos, do líder, de Deus, do capital e, em última instância, do eu.

> A vida humana está exausta de servir de cabeça e de razão ao universo. Na medida em que se torna essa cabeça e essa razão, na medida em que se torna necessária ao universo, ela aceita uma servidão. Se não é livre, a existência torna-se vazia ou neutra e, se é livre, ela é um jogo. A Terra, enquanto engendrava apenas cataclismos, árvores, pássaros, era um universo livre: a fascinação da liberdade se enfraqueceu quando a Terra produziu um ser que exige a necessidade como uma lei acima do universo. O Homem, entretanto, permaneceu livre para não mais responder a necessidade alguma: ele é livre para se assemelhar a tudo aquilo que não é ele no universo. Pode descartar o pensamento de que é ele ou Deus que impede o resto das coisas de ser absurdo. O homem escapou à sua cabeça como o condenado à prisão. Encontrou, para além dele mesmo, não Deus que é a proibição do crime, mas um ser que ignora a proibição. Para além daquilo que sou, encontro um ser que me faz rir porque é sem cabeça, que me enche de angústia porque é feito de inocência e de crime: ele tem uma arma de ferro em

sua mão esquerda, chamas semelhantes a um *sacré-cœur* em sua mão direita. Reúne numa mesma erupção o Nascimento e a Morte. Não é um homem. Não é tampouco um Deus. Não é eu, mas é mais eu do que eu: seu ventre é o dédalo em que se desgarrou a si mesmo, me desgarra com ele e no qual me encontro sendo ele, ou seja, monstro.[5]

Com a guerra – e a doença – vem um período de recolhimento em que Bataille escreve, além dos três livros que compõem a *Suma ateológica*, o seu *récit* mais conhecido: *Madame Edwarda*. Vale a pena citar a leitura proposta por Georges Didi-Huberman para este momento:

> Seria necessário um livro inteiro para compreender exatamente o que determinou em Georges Bataille, no momento da guerra, essa mistura de recolhimento na obscuridade e essa "vontade de chance", como ele dizia, a saber, a vontade soberana, ansiosa, frenética que o fez lançar tantos sinais na noite, como uma lucíola querendo escapar ao fogo dos projetores para melhor emitir suas luminosidades de pensamentos, de poesias, de desejos, de relatos a transmitir custe o que custar... sem mesmo saber para onde iriam, onde seriam lidos. O texto que decidiu empreender, desde o início da guerra, se intitulava *O Culpado*. Seu primeiro capítulo, "A noite", começa assim: "A data em que começo a escrever (5 de setembro de 1939) não é uma coincidência. Começo em razão dos acontecimentos, mas não é para falar deles". Paradoxo, fenda do não-saber, soberania longe de todo reino: não falar dos acontecimentos para melhor responder a eles, para melhor opor a eles seu desejo (sua luminosidade na noite), sabendo muito bem que esse desejo não é mais do que brechas, fragilidades, intermitências do moribundo, entre a "queda" e aquilo que ele quer loucamente ainda nomear uma "glória". [...] Nesse ínterim, Bataille publicava sob pseudônimo, nas bem nomeadas *Éditions du Solitaire*, seu relato escandaloso *Madame Edwarda*, em que compreendemos que a experiência erótica poderia oferecer uma primeira resposta do "culpado" aos acontecimentos de morte que reinavam por toda a parte na Europa. É uma dança do desejo na noite parisiense, um contratema aos movimentos dos aviões e aos ferozes projetores da guerra em curso.[6]

---

[5] *Acéphale I* [1936]. Paris: Jean-Michel Place, 1995.
[6] DIDI-HUBERMAN, Georges. La communauté des lucioles. Disponível em: <http://pt.scribd.com/doc/33427403/Communaute-Des-Lucioles>. Texto retomado no livro *Sobrevivência dos vagalumes*. Tradução de Vera Casa Nova e Márcia Arbex. Belo Horizonte: Editora UFMG, 2011.

No pós-guerra, Bataille continua fiel à exigência surrealista. A ponto de afirmar que é ele, seu melhor inimigo, seu "velho inimigo *de dentro*", que tem a possibilidade de definir decididamente o surrealismo: "*É a contestação verdadeiramente viril (nada de conciliador, de divino) dos limites admitidos, uma vontade rigorosa de insubmissão*".[7] E que, se se pode constatar uma falência do "surrealismo das obras", isso quer dizer justamente que o *grande surrealismo* está começando.

Numa conferência intitulada "A religião surrealista", proferida no início de 1948, Bataille discute a proposta apresentada pelos surrealistas naquele momento: a criação de novos mitos. Segundo Bataille, por mais simpática que lhe pareça tal iniciativa, ela está fadada ao fracasso: os mitos criados pelos surrealistas jamais serão verdadeiros mitos – jamais levarão a um desencadeamento coletivo das paixões –, pois jamais receberão o consentimento da comunidade. A partir dessa constatação se constrói uma espécie de trilogia das ausências: o mito da ausência de mito; a comunidade fundada na ausência de comunidade; a poesia fundada na ausência de poesia.

Quanto à ausência de mito, nada mais eloquente do que o texto publicado por Bataille no próprio catálogo da exposição "O surrealismo em 1947":

> O espírito que determina esse momento do tempo necessariamente se resseca – e, inteiramente tensionado, quer esse ressecamento. O mito e a possibilidade do mito se desfazem: subsiste apenas um vazio imenso, amado e miserável. A ausência de mito é talvez esse chão, imóvel sob meus pés, mas talvez também imediatamente a seguir esse chão se furtando. A *ausência de Deus* não é mais o fechamento: é a abertura do infinito. A *ausência de Deus* é maior, é mais divina do que Deus (não sou portanto mais Eu e sim uma *ausência de Eu*: esperava essa escamotagem e agora, sem medida, estou alegre). No vazio branco e incongruente da ausência, vivem e se desfazem mitos que não são mais mitos, e tais que a duração exporia sua precariedade. Ao menos a pálida transparência da possibilidade é em certo sentido perfeita: como os rios no mar, os mitos, duradouros ou fugazes, perdem-se na *ausência de mito* que é seu luto e sua verdade.

---

[7] BATAILLE, Georges. À propos d'assoupissements [A propósito de cochilos – texto publicado na revista, explicitamente pós-surrealista, *Troisième Convoi*]. In: *Œuvres Complètes XI*. Paris: Gallimard, 1988, p. 31.

A decisiva ausência de fé é a fé inabalável. O fato de que um universo sem mito é uma ruína de universo – reduzido ao nada das coisas – ao nos privar, iguala a privação à revelação do universo. Se, ao suprimir o universo mítico, perdemos o universo, ele mesmo liga à morte do mito a ação de uma perda que revela. E hoje, porque um mito está morto ou morre, vemos melhor através dele do que se vivesse: é o desnudamento que perfaz a transparência e é o sofrimento que torna alegre. "A noite é também um sol" e a ausência de mito é também um mito: o mais frio, o mais puro, o único *verdadeiro*.[8]

Quanto à comunidade fundada na ausência de comunidade, ou seja, a comunidade que não se fecha sobre si mesma, que não constitui uma "Igreja", que evita a aporia de se tornar um "eu" coletivo, não é exagero dizer que tal formulação se encontra na base do que há de mais interessante no pensamento "comunitarista" contemporâneo. Penso em textos como *A comunidade inoperante; A comunidade inconfessável; A comunidade que vem; Communitas...*[9]

Quanto à poesia como ausência de poesia, proposição que Bataille já desenvolvera num artigo sobre Jacques Prévert,[10] podemos relacioná-la com o que dizia Foucault em 1964:

> Cada novo ato literário – de Baudelaire, de Mallarmé, dos surrealistas – implica, ao menos, quatro negações, recusas, tentativas de assassinato: primeiro, recusar a literatura dos outros; segundo, recusar aos outros o próprio direito de fazer literatura, negar que as obras dos outros sejam literatura; terceiro, recusar, contestar a si mesmo o direito de fazer literatura; finalmente, recusar fazer ou

---

[8] BATAILLE, Georges. L'absence de mythe [1947]. In: *Œuvres Complètes XI*. Paris: Gallimard, 1988, p. 236.

[9] NANCY, Jean-Luc. *La communauté désœuvrée*. Paris: Christian Bourgois, 1986; BLANCHOT, Maurice. *La commuanuté inavouable*. Paris: Minuit, 1983; AGAMBEN, Giorgio. *La comunità che viene*. Torino: Bollati Boringhieri, 2001; ESPOSITO, Roberto. *Communitas: origine e destino della comunità*. Torino: Einaudi, 1998.

[10] "Se quero dizer o que é a poesia, sinto uma espécie de alegria em fazê-lo a partir de *Paroles*. É que a poesia de Jacques Prévert é precisamente poesia por ser um desmentido vivo – e uma derrisão – daquilo que *congela* o espírito em nome da poesia... Pois o que a poesia *é* é também o acontecimento, na vida da poesia, que é a derrisão da poesia. 'Ser', nesse caso, quer dizer 'evitar a morte por meio de uma mudança incessante', 'devir outro', não 'permanecer idêntico a si mesmo'." BATAILLE, Georges. De l'âge de la pierre à Jacques Prévert [Da idade da pedra a Jacques Prévert. *Critique*, 1946]. In: *Œuvres Complètes XI*. Paris: Gallimard, 1988, p. 91.

dizer, no uso da linguagem literária, outra coisa que não o assassinato sistemático da literatura.[11]

Em 1949, aparece *A parte maldita – ensaio de economia geral – I, A consumação*, desdobramento do artigo de 1933, *A noção de dispêndio*. Sob a epígrafe de William Blake – "A exuberância é beleza" – Bataille tenta mais uma vez demonstrar que o gasto inútil, a despesa improdutiva, é o verdadeiro princípio de uma economia geral. E que a única maneira de o homem passar da miséria à glória não é produzir e acumular, e sim dissipar sem medida – *soberanamente* – energia. Toda energia não dissipada ativamente, gloriosamente, *eroticamente*, é sofrida miseravelmente como guerra. Segundo Michel Leiris, Bataille se sentia injustiçado por não ter recebido o prêmio Nobel da Paz por seu livro.

O livro que ficou conhecido como *A parte maldita* era inicialmente apenas a primeira parte – "A consumação" – de uma trilogia. Na contracapa da edição de 1949 encontra-se o anúncio da segunda parte que deveria então se chamar "Da angústia sexual à infelicidade de Hiroshima". Essa pode ser considerada a gênese de *O erotismo*, uma vez que Bataille logo abandona esse título e passa a redigir o também inacabado *História do erotismo*. O que importa é que a partir de então o conceito de *erotismo* (assim como o de *soberania*, que deveria ser o título da terceira parte) passa a ser explicitamente central na reflexão de Bataille.

Mas o que é o erotismo? "A aprovação da vida até na morte", ou seja, a vida levada a uma intensidade tal, sempre através do gasto inútil de energia, que não se distingue mais da morte.

Para Bataille, o ser humano é um ser descontínuo. Nasce só. Morre só. O paradoxo é que se, por um lado, queremos sempre conservar essa descontinuidade (tememos a morte), por outro, sentimos falta da continuidade perdida ao nos percebermos como "indivíduos" (desejamos a morte). O erotismo é a dança, propriamente humana, que se dá entre estes dois polos: o do interdito e o da transgressão.

O interdito, a proibição é o mundo do trabalho, da identidade, da conservação, da descontinuidade. Ao começar a trabalhar, o

---

[11] FOUCAULT, Michel. Linguagem e literatura. In: MACHADO, Roberto. *Foucault, a filosofia e a literatura*. Rio de Janeiro: Zahar, 2000, p. 143.

homem recuou do movimento vertiginoso, violento, do constante nascer/morrer da natureza. Trabalhar é subordinar o instante-já, o momento presente, a um resultado futuro. Fabricar para depois usar, plantar para depois colher, criar para depois comer... Note-se que é assim também que se estabelece a noção de identidade: supõe-se – talvez erroneamente – que aquele que está trabalhando é o mesmo que depois usufruirá. A contraface disso: também sou eu que estou trabalhando o mesmo que morrerá e apodrecerá. A "invenção da morte", que se manifesta na prática do sepultamento (ou da cremação, ou da devoração ritual do cadáver: algum tipo de deferência para com o corpo do morto), é contemporânea da invenção do trabalho.

O interdito, o trabalho torna o homem humano. Mas também faz dele uma coisa. Se o aceitamos inteiramente, nos tornamos simples coisas úteis, mas, no final das contas, cabe perguntar: úteis para quê? Deparamo-nos, assim, com o que Bataille chamava "paradoxo da utilidade absoluta": descartada a existência de um patrão absoluto – Deus – para que pode servir tudo aquilo que consideramos útil? Para o inútil, para a transgressão.

A transgressão do humano – do interdito, da lógica do trabalho (que é também a da linguagem) – é o ápice do humano. O erotismo é a *experiência interior*[12] dessa transgressão, desse ápice, desse *pas au-delà*: "A *experiência interior* do homem é dada no instante em que, quebrando a crisálida, ele tem a consciência de dilacerar a si mesmo, não a resistência oposta de fora" (p. 62).

*

A presente tradução foi feita a partir da edição *Minuit* de 1957 (reimpressão: 2007) em cotejo com a edição *Gallimard* de 1987 (Tomo X das *Œuvres Complètes*, texto estabelecido por Francis Marmande e Yves Théveniau). Foram consultadas também as três traduções para o

---

[12] "O que se *indica* como experiência interior não é uma experiência porque não se remete a nenhuma presença, a nenhuma plenitude, mas somente ao impossível que ela 'prova' no suplício. Sobretudo, essa experiência não é interior: se parece sê-lo por não se remeter a nada de outro, a nenhum fora, senão pelo modo da não remissão, do segredo e da ruptura, ela é também inteiramente *exposta* – ao suplício – nua, aberta ao fora, sem reserva nem foro interior, profundamente superficial." DERRIDA, Jacques. *L'écriture et la différence*. Paris: Seuil, 1967, p. 400.

português já existentes: a de Antonio Carlos Viana (L&PM, 1987); a de João Bénard da Costa (Antígona, 1988); e a de Claudia Fares (Arx, 2004). A revisão técnica ficou a cargo do professor Gilson Iannini, cuja colaboração agradeço.

    A edição conta ainda com o prefácio de Raúl Antelo e com um estudo de Eliane Robert Moraes, dois dos maiores conhecedores da obra de Bataille no Brasil. Anexos, encontram-se três textos "inéditos" de Bataille e um debate que se seguiu a uma conferência proferida por ele em fevereiro de 1957, intitulada *O erotismo e a fascinação pela morte,* que pouco difere da *Introdução* do livro.

PREFÁCIO
O lugar do erotismo

Raúl Antelo[1]

O luxo da linguagem faz parte das riquezas excedentes, do gasto inútil, da perda incondicional? Uma grande obra de prazer (a de Proust, por exemplo) participará da mesma economia que as pirâmides do Egito? O escritor será hoje em dia o substituto residual do Mendigo, do Monge, do Bonzo: improdutivo e, no entanto, alimentado? Análoga à Sangha búdica, a comunidade literária, qualquer que seja o álibi que apresentar, será mantida pela sociedade mercantil, não pelo que o escritor produz (não produz nada) mas pelo que ele queima? Excedente, mas de modo algum inútil?

A modernidade faz um esforço incessante para ultrapassar a troca: ela quer resistir ao mercado das obras (excluindo-se da comunicação de massa), ao signo (pela isenção do sentido, pela loucura), à boa sexualidade (pela perversão, que subtrai a fruição à finalidade da reprodução). E, no entanto, não há nada a fazer: a troca recupera tudo, aclimatando o que parece negá-la: apreende o texto, coloca-o no circuito das despesas inúteis mas legais: ei-lo de novo metido numa economia coletiva (ainda que fosse apenas psicológica); é a própria inutilidade do texto que é útil, a título de *potlach*.

Em outras palavras, a sociedade vive sobre o modo da clivagem: aqui, um texto sublime, desinteressado, ali um objeto mercantil cujo valor

---

[1] Professor titular de literatura brasileira da UFSC. Autor, entre outros, de *Maria com Marcel: Duchamp nos trópicos* (Editora da UFMG, 2010), *Crítica Acéfala* (Buenos Aires: Grumo, 2008) e *Transgressão & modernidade* (Editora da UEPG, 2001).

é... a gratuidade desse objeto. Mas a sociedade não tem a menor idéia do que seja essa clivagem: *ela ignora sua própria perversão*: "As duas partes em litígio têm o seu quinhão: a pulsão tem direito à sua satisfação, a realidade recebe o respeito que lhe é devido. *Mas*, acrescenta Freud, *nada há de gratuito exceto a morte, como todo mundo sabe*". Para o texto, a única coisa gratuita seria sua própria destruição: não escrever, não mais escrever, salvo do risco de ser sempre recuperado.

Estar com quem se ama e pensar em outra coisa: é assim que tenho os meus melhores pensamentos, que invento melhor o que é necessário ao meu trabalho. O mesmo sucede com o texto: ele produz em mim o melhor prazer se consegue fazer-se ouvir indiretamente; se, lendo-o, sou arrastado a levantar muitas vezes a cabeça, a ouvir outra coisa. Não sou necessariamente *cativado* pelo texto de prazer; pode ser um ato ligeiro, complexo, tênue, quase aturdido: movimento brusco da cabeça, como o de um pássaro que não ouve nada daquilo que nós escutamos, que escuta aquilo que nós não ouvimos.[2]

Quando Roland Barthes apoia sua concepção do *prazer do texto* – final de 1972, inícios de 1973 – na passagem acima, deixa clara a incontornável colaboração de Georges Bataille para poder se chegar ao conceito em questão. É o momento em que Barthes desenvolve um seminário na *École Pratique des Hautes Études* sobre um texto de Freud a respeito da paranoia, cujo objetivo, como ele mesmo declara no relatório enviado à *École*, não era o estudo de uma tese, mas a produção de "flashes de sentido", conforme a fórmula nietzschiana do "sentido para mim". Pouco antes, no verão de 1972, Barthes intervira no famoso colóquio de Cerisy sobre Bataille. Em um dos tópicos, "Que e quem?", estipulava, a propósito:

O saber diz de todas as coisas: "O que é?" O que é o dedão? O que é este texto? Quem é Bataille? Mas o valor, segundo a palavra de ordem nietzschiana, prolonga a pergunta: *o que é isto para mim?* O texto de Bataille responde de maneira nietzschiana à pergunta: *o que é o dedão do pé, para mim, Bataille?* E, por deslocamento: o que é este texto, *para mim*, que o leio? (Resposta: é o texto que eu desejaria ter escrito.).

Faz-se, pois, necessário – e talvez urgente – reivindicar abertamente em favor de *certa* subjetividade: a subjetividade do não-sujeito oposta

---

[2] BARTHES, Roland. *O prazer do texto*. Tradução de J. Guinsburg. São Paulo: Perspectiva, 1987, p. 33-35.

ao mesmo tempo à subjetividade do sujeito (impressionismo) e à não-subjetividade do sujeito (objetivismo). Pode-se conceber essa revisão sob duas formas: primeiro, reivindicar em favor do *para mim* que está em tudo: "*o que é?*", pedir e proteger a intrusão do valor no discurso do saber. A seguir, atacar o quem, o sujeito da interpretação; ainda aqui, Nietzsche: "Não se tem direito de perguntar *quem afinal* interpreta? É a própria interpretação, forma da vontade de poder, que existe (não como um 'ser', mas como um processo, um devir) enquanto paixão..."; "Não há sujeito, mas uma atividade, uma invenção criadora, nem 'causas' nem 'efeitos'".[3]

E, ainda nesse mesmo momento, Barthes estava preparando mais um texto, dessa vez, pensado para difusão ampla: um verbete para a *Encyclopædia Universalis,* fixando os conceitos fundamentais da *teoria do texto* que ele e Kristeva vinham elaborando por aqueles anos. Barthes não ignorava que há leituras que não passam de simples consumo. São aquelas, precisamente, em que a significância é censurada. Contra elas, propunha *leituras plenas*, aquelas em que o leitor é nada menos do que alguém que quer escrever, entregar-se a uma prática erótica da linguagem. A significância que aí emerge situa o sujeito – sujeito entendido tanto enquanto escritor, quanto em seu caráter de leitor – *no texto*, porém, não como uma simples projeção, mesmo fantasmática, mas, acima de tudo, como uma perda, um dispêndio, um gasto, daí sua identificação com o gozo. Recua Freud, avança Bataille. É justamente pelo conceito de *significância* que o texto se torna erótico, uma vez que a significância é o sentido, ou seja, este é produzido sensualmente. Jean-Luc Nancy resumiria: "le sexe est sens".

A significância propõe, assim, a subjetividade do não-sujeito, diferenciada tanto da subjetividade do sujeito, quanto de sua não-subjetividade. Barthes testa, nesse caso, lições do budismo que ele mesmo incorporara pouco antes, em *O império dos signos* (1970), em que explica que a filosofia zen desmonta a via de toda asserção ou negação, recomendando que nunca nos prendamos a nenhuma das quatro proposições canônicas: *isso é A; isso não é A; isso é ao mesmo tempo A e não A; isso não é nem A nem não A*. Essa quádrupla possibilidade, segundo Barthes,

---

[3] BARTHES, Roland. As saídas do texto. In: *O rumor da língua*. São Paulo: Brasiliense, 1988, p. 257.

corresponde ao paradigma da linguística estrutural: *A; não A; nem A nem não A (grau zero); A e não A (grau complexo)*. Em outras palavras, a via budista é precisamente aquela do sentido obstruído, em que o próprio arcano da significação, isto é, o paradigma se torna *impossível*. Visando a irrisão do gatilho paradigmático e a derrubada do caráter mecânico do sentido, Barthes tenta obter uma linguagem plana, que não se apoie em camadas superpostas de sentido, o "folheado" dos símbolos, em que se projeta o motivo de uma "iluminação" ou de uma hiperestesia simbólica, mas antes, porém, quer atingir um fim da linguagem. Há um momento em que a linguagem cessa, e é esse corte sem eco que institui, ao mesmo tempo, a verdade do zen e a forma, breve e vazia, do haicai. Nessa denegação do desenvolvimento, nessa refutação da *radiofonia* interior (diz Barthes, com um termo caro a Lacan e Derrida), radiofonia que se emite em nós, ininterruptamente, até mesmo no sono, busca-se, a rigor, uma suspensão da linguagem, a quebra dessa recitação interior que constitui nossa pessoa e, em consequência, atinge-se uma proliferação dos pensamentos, os pensamentos do pensamento, graças à qual o símbolo, como operação semântica universal, é violentamente atacado.

Mas não custa perceber que essa mesma constelação de conceitos operacionais se precipita ainda em outro texto de 1973, dedicado à semiografia de André Masson, grande colega de Bataille na aventura acefálica, texto redigido por Roland Barthes para a exposição na galeria Jacques Davidson, de Tours. Os semiogramas de Masson, segundo Barthes, ilustrariam as principais proposições da *teoria do texto* que ele vinha então tentando impor. A pintura abre nelas o caminho para a literatura, já que teria cabido a ela postular um objeto desconhecido, o Texto, que derruba a separação entre as artes. Masson tinha cinquenta e quatro anos quando abordou o seu período asiático, que ele, Barthes, prefere chamar de textual, justamente quando a maioria dos teóricos do Texto acabara de nascer. Barthes completara cinquenta e oito ao escrever sobre Masson e Bataille. Os semiogramas se tingem, pois, com a placenta do Texto.

Masson estabeleceu deliberadamente em seus trabalhos aquilo que Barthes ou Kristeva mais tarde chamariam de *intertexto*: o pintor Masson circula neles entre dois textos: de um lado, o seu, o da pintura, das suas práticas e dos seus gestos; de outro lado, o da ideografia chinesa. Tal como acontece na intertextualidade, os signos asiáticos são não modelos inspiradores, mas condutores de energia, reconhecíveis pelo traço, e não pela letra. O que se desloca, então, é a responsabilidade da obra, que deixa de ser consagrada por uma propriedade estreita e passa a viajar ao longo de um espaço cultural aberto, sem limites, sem hierarquias. A semiografia de Masson nos diz, ainda, que a escrita não pode se reduzir a uma pura função de comunicação ou transcrição. A identidade entre o traço desenhado e o traço escrito não é, portanto, nem contingente, nem marginal ou mesmo barroca, mas de certa forma ela é obstinada, assediante, englobando simultaneamente tanto a origem quanto o presente perpétuo de tudo o que é *travado*. A escrita (imaginada ou real) aparece, então, como o próprio *excedente* da sua função. E sua verdade não está a rigor nem nas suas mensagens, nem no sistema de transmissão voltado para o senso comum, e ainda menos na expressividade psicológica da grafologia. Ao se voltar para o ideograma chinês, Masson teria não apenas reconhecido a beleza dessa escrita, mas enfatizado a ruptura que o caráter ideográfico traz ao que Barthes chama de boa consciência escriturária do Ocidente, simples testemunho do etnocentrismo que regula nosso próprio saber com relação à linguagem. A recusa ocidental do ideograma pressupõe, entre outras coisas, substituir o gesto pelo reinado da palavra, afiançando uma história verdadeiramente monumental, ao passo que Masson nos remete não já para a origem (pouco nos importa a origem, porque pouco nos importa quem fala, diria Foucault), mas para o corpo.

Masson olha o corpo. Olha-o pela primeira vez, de tal sorte que seu trabalho nos diz, em suma, que *para que a escrita seja revelada na sua verdade* (e não na sua instrumentalidade), *é preciso que ela seja ilegível*. O semiógrafo Masson – conclui Barthes numa análise em que bem poderíamos substituir cada ocorrência do nome *Masson* pelo obliterado, porém onipresente, *Bataille* – produz sabiamente, por uma elaboração soberana, o ilegível: a pulsão de escrita se destaca do imaginário da comunicação e da legibilidade. E isso é o mesmo que a Teoria do Texto perseguia nos anos 1970.

Pouco tempo depois de Georges Bataille publicar *O erotismo*, Jacques Lacan desenvolvia seu seminário sobre a *Ética da psicanálise*. Quase imediatamente depois, leríamos a última obra publicada por Bataille, *As lágrimas de Eros*, que associava, escandalosamente, dor e gozo. Mas também Lacan em seu seminário nos falava de um objeto fora-do-significado, sem sentido. É em função desse fora-da-significação e de uma relação patética a ele, que o sujeito, como explica Lacan, se constitui num mundo cuja relação é anterior a todo recalque, de tal modo que esse objeto do erotismo, entendido como *das Ding,* está situado no centro do mundo do inconsciente, organizando, em torno a si, relações significantes, porém se encontra também fora dele, isto é, está no centro, mas no sentido de estar excluído. Ele é alguma coisa que, no plano do inconsciente, só uma representação representa. É pura negatividade. Mas Maurice Blanchot, em *O espaço literário,* já tinha argumentado em favor da negatividade absoluta, a morte, como a possibilidade extrema do homem, uma vez que só o homem *pode* morrer, de sorte que a morte ainda é para ele uma possibilidade, uma potência, porque a rigor ela é a possibilidade da impossibilidade.

Não se pode igualar o interdito e a Coisa, mas é bem verdade que só conhecemos a Coisa através do interdito. A Lei, com efeito, ativa nosso desejo de tal sorte que ele se torna desejo de morte, daí que Lacan se propusesse a tarefa de explorar na clínica aquilo que o ser humano, ao longo dos tempos, foi capaz de elaborar para transgredir essa Lei, porque toda transgressão o colocava, mais uma vez, numa relação com o desejo que ultrapassava o mero vínculo de interdição, e introduzia, por cima da moral, uma erótica.

Erotismo é mito. Em muitas oportunidades, Georges Bataille reivindicou a necessidade do mito ou, antes, denunciou a ausência de mito como o único mito trágico da cultura ocidental. Ora, Lacan também afirma em *O seminário, livro 7: A ética da psicanálise* o caráter trágico do erotismo ("Éros est un dieu tragique"). Qual é a tragédia? É preciso o interdito para dar valor àquilo que arranha o interdito ou, em outras palavras, o interdito, que jamais abdica de seu fascínio, é a própria condição para a existência do sentido. A isso Bataille chamava *erotismo,* aquilo que se opõe ao útil. É o que Lacan ainda colocará como epígrafe-guia, em seu seminário *Ainda*: o gozo é aquilo que escapa à regra da utilidade e é, finalmente, o que Roland Barthes, mesmo que com a prudência de uma pergunta, incluirá como premissa do *prazer do texto*: o luxo da linguagem faz parte das riquezas excedentes, do gasto inútil, da perda incondicional. Por tudo isso, Michel Foucault não hesitou, no prefácio ao primeiro volume das *Obras completas* de Bataille, em dizer que estávamos diante de um dos escritores mais importantes do século – "Bataille est un des écrivains les plus importants de son siècle". O nosso.

Lâmina I. Monumento helenístico em forma de falo do pequeno santuário de Dioniso em Delos. O pedestal é ornado de relevos que figuram o cortejo das Dionísias. A face visível representa o pássaro-falo que, nesse cortejo, era levado num carro (*Fotografia de Henri Dussat*).

Prólogo

O espírito humano está exposto às mais surpreendentes injunções. Incessantemente ele tem medo de si mesmo. Seus movimentos eróticos o aterrorizam. A santa se desvia com pavor do voluptuoso: ela ignora a unidade entre as paixões inconfessáveis deste e as suas próprias.

Entretanto, é possível buscar a coesão do espírito humano, cujas possibilidades se estendem da santa ao voluptuoso.

Coloco-me num ponto de vista tal que percebo essas possibilidades opostas se coordenando. Não tento reduzi-las umas às outras, mas me esforço por apreender, para além de cada possibilidade negadora da outra, uma última possibilidade de convergência.

Não penso que o homem tenha alguma chance de emitir alguma luz antes de dominar o que o apavora. Não que ele deva esperar um mundo onde não haveria mais razão para pavor, onde o erotismo e a morte se encontrariam no plano dos encadeamentos de uma mecânica. Mas o homem pode superar o que o apavora, pode olhá-lo de frente.

Ele escapa, a esse preço, do estranho desconhecimento de si mesmo que até aqui o definiu.

Aliás, não faço mais do que seguir uma via em que outros avançaram antes de mim.

Bem antes do livro que hoje publico, o erotismo já havia cessado de ser considerado um assunto de que um "homem sério" não poderia tratar sem se degradar.

Há muito tempo, os homens falam sem temor, e demoradamente, do erotismo. Dessa forma, aquilo de que por minha vez falo é bem conhecido. Quis apenas procurar, na diversidade dos fatos descritos, a coesão. Tentei oferecer um quadro coerente de um conjunto de condutas.

Essa procura de um conjunto coerente opõe meu esforço aos da ciência. A ciência estuda uma questão separada. Ela acumula os trabalhos especializados. Creio que o erotismo tem para os homens um sentido que a abordagem científica não pode atingir. O erotismo só pode ser considerado se, considerando-o, é o homem que é considerado. Em particular, ele não pode ser considerado independentemente da história do trabalho, não pode ser considerado independentemente da história das religiões.

Dessa maneira, os capítulos deste livro se afastam muitas vezes da realidade sexual. Negligenciei, por outro lado, questões que por vezes não parecerão menos importantes do que aquelas de que falei.

Tudo sacrifiquei à busca de um ponto de vista em que sobressaia a unidade do espírito humano.

Este livro se compõe de duas partes. Na primeira, expus sistematicamente, em sua coesão, os diferentes aspectos da vida humana considerada sob o ângulo do erotismo.

Reuni na segunda estudos independentes em que abordei a mesma questão: a unidade do conjunto é inegável. É, nas duas partes, da mesma procura que se trata. Os capítulos da primeira parte e os diversos estudos independentes foram elaborados ao mesmo tempo, entre a guerra e este ano. Mas essa maneira de proceder tem um defeito. Não pude evitar as repetições. Em particular, retomei na primeira parte, sob outra forma, temas tratados na segunda. Essa maneira de fazer não me pareceu embaraçadora, uma vez que responde ao aspecto geral do livro. Uma questão separada nesse volume engloba sempre a questão inteira. Em certo sentido, este livro se reduz à visão de conjunto da vida humana, incessantemente retomada a partir de diferentes pontos de vista.

Os olhos fixos em tal visão de conjunto, a nada me ative mais do que à possibilidade de encontrar numa perspectiva geral a imagem pela qual minha adolescência foi obsedada, a imagem de Deus. Por certo, não volto à fé de minha juventude. Mas, neste mundo abandonado, em que vivemos como espectros, a paixão humana só tem um objeto. As vias pelas quais o abordamos variam. Esse objeto tem os mais variados aspectos, mas, desses aspectos, só penetramos o sentido se percebemos sua coesão profunda.

Insisto no fato de que, neste livro, os impulsos da religião cristã e os da vida erótica aparecem em sua unidade.

Não poderia ter escrito este livro se tivesse tido que elaborar sozinho os problemas que ele me colocava. Gostaria de indicar aqui que meu esforço foi precedido pelo Espelho da tauromaquia, *de Michel Leiris, em que o erotismo é considerado como uma experiência ligada à da vida, não como objeto de uma ciência, mas da paixão, mais profundamente, de uma contemplação poética.*

É particularmente por causa do Espelho, *que Michel Leiris escreveu às vésperas da guerra, que este livro devia lhe ser dedicado.*

Quero, ademais, fazer aqui os agradecimentos que lhe devo pela assistência que me prestou, no momento em que, doente, me encontrei na impossibilidade de providenciar as fotografias que acompanham meu texto.

Direi aqui a que ponto permaneço tocado pelo apoio solícito, eficaz, que um grande número de amigos me deu nessa ocasião, encarregando-se no mesmo sentido de me propiciar os documentos que correspondiam ao fim buscado.

Citarei aqui os nomes de: Jacques-André Boissard, Henri Dussat, Theodore Fraenkel, Max-Pol Fouchet, Jacques Lacan, André Masson, Roger Parry, Patrick Waldberg, Blanche Wiehn.

Não conheço M. Falk, Robert Giraud, nem o admirável fotógrafo Pierre Verger, aos quais devo igualmente uma parte dessa documentação.

Não duvido que o próprio objeto de meus estudos e o sentimento de exigência a que meu livro responde estejam essencialmente na origem de sua solicitude.

Ainda não citei o nome de meu mais velho amigo Alfred Métraux. Mas devia falar em termos gerais, por ocasião da ajuda que me prestou, de tudo o que lhe devo. Não apenas ele me introduziu, desde os anos que se seguiram à Primeira Guerra, no domínio da antropologia e da história das religiões, mas sua autoridade incontexte permitiu que eu me sentisse seguro – solidamente seguro – quando falei da questão decisiva do interdito e da transgressão.

Lâmina II. O enforcamento. Desenho de André Masson para a *Justine* de Sade, 1928. Inédito.

"[...] o marquês de Sade define no assassinato o ápice da excitação erótica [...]" (p. 42)

Introdução

Do erotismo, é possível dizer que é a aprovação da vida até na morte. Propriamente falando, não é uma definição, mas penso que essa fórmula dá o sentido do erotismo melhor do que qualquer outra. Se se tratasse de uma definição precisa, seria necessário certamente partir da atividade sexual de reprodução de que o erotismo é uma forma particular. A atividade sexual de reprodução é comum aos animais sexuados e aos homens, mas, aparentemente, apenas os homens fizeram de sua atividade sexual uma atividade erótica, ou seja, uma busca psicológica independente do fim natural dado na reprodução e no cuidado com os filhos. Dessa definição elementar, volto, aliás, imediatamente, à fórmula que propus em primeiro lugar, segundo a qual o erotismo é a aprovação da vida até na morte. Com efeito, ainda que a atividade erótica seja antes de mais nada uma exuberância da vida, o objeto dessa busca psicológica, independente, como disse, da intenção de reprodução da vida, não é estranho à morte. Há aí um paradoxo tão grande que tentarei logo dar uma aparente razão de ser à minha afirmação através das duas citações seguintes:

> O segredo é infelizmente demasiado certo, observa Sade, e não há libertino um pouco ancorado no vício que não saiba o quanto o assassinato impera sobre os sentidos...

O mesmo escreve essa frase ainda mais singular:

> Não há melhor meio de se familiarizar com a morte do que aliá-la a uma ideia libertina.

Falei de uma *aparente* razão de ser. Com efeito, o pensamento de Sade poderia ser uma aberração. De qualquer forma, mesmo se é verdade que a tendência a que se refere não é tão rara na natureza humana, trata-se de uma sensualidade aberrante. Permanece, entretanto, uma relação entre a morte e a excitação sexual. A visão ou a imaginação do assassinato podem provocar, ao menos em doentes, o desejo do gozo sexual. Não podemos nos limitar a dizer que a doença é a causa dessa relação. Admito pessoalmente que uma verdade se revela no paradoxo de Sade. Essa verdade não está restrita ao horizonte do vício: creio mesmo que ela pode ser a base de nossas representações da vida e da morte. Creio, enfim, que não podemos refletir sobre o ser independentemente dessa verdade. O ser, o mais das vezes, parece dado ao homem fora dos movimentos de paixão. Eu diria, ao contrário, que não devemos jamais pensar o ser fora desses movimentos.

Peço desculpas por partir agora de uma consideração filosófica.

Em geral, o erro da filosofia é se afastar da vida. Mas quero imediatamente tranquilizá-los.[1] A consideração que introduzo se relaciona com a vida da maneira mais íntima: ela se relaciona com a atividade sexual, considerada desta vez à luz da reprodução. Disse que a reprodução se opunha ao erotismo, mas, se é verdade que o erotismo se define pela independência entre o gozo erótico e a reprodução como fim, o sentido fundamental da reprodução não deixa de ser a chave do erotismo.

A reprodução coloca em jogo seres *descontínuos*.

Os seres que se reproduzem são distintos uns dos outros e os seres reproduzidos são distintos entre si como são distintos daqueles de que provieram. Cada ser é distinto de todos os outros. Seu nascimento, sua morte e os acontecimentos de sua vida podem ter para os outros algum interesse, mas ele é o único interessado diretamente. Ele só nasce. Ele só morre. Entre um ser e outro, há um abismo, há uma descontinuidade.

---

[1] Este texto, redigido com a intenção a que responde neste livro, foi inicialmente lido como uma conferência.

Esse abismo se situa, por exemplo, entre você que me escuta e eu que lhe falo. Tentamos nos comunicar, mas nenhuma comunicação entre nós poderá suprimir uma diferença primeira. Se você morrer, não sou eu que morro. Somos, você e eu, seres descontínuos.

Mas não posso evocar esse abismo que nos separa sem ter imediatamente o sentimento de uma mentira. Esse abismo é profundo, não vejo como suprimi-lo. Acontece que podemos em comum sentir a vertigem desse abismo. Ele pode nos fascinar. Esse abismo em certo sentido é a morte, e a morte é vertiginosa, fascinante.

Tentarei agora mostrar que, para nós que somos seres descontínuos, a morte tem o sentido da continuidade do ser: a reprodução leva à descontinuidade dos seres, mas põe em jogo sua continuidade, ou seja, está intimamente ligada à morte. Falando da reprodução dos seres e da morte, me esforçarei por mostrar a identidade entre a continuidade dos seres e a morte que são, uma e outra, igualmente fascinantes e cuja fascinação domina o erotismo.

Quero falar de uma perturbação elementar, daquilo cuja essência é uma inversão que transtorna. Mas, inicialmente, os fatos de que partirei devem parecer indiferentes. São fatos que a ciência objetiva estabelece e que nada distingue aparentemente de outros fatos que, sem dúvida, nos concernem, mas de longe, sem nada colocar em jogo que possa nos comover intimamente. Essa aparente insignificância é enganadora, mas falarei dela inicialmente com toda simplicidade, como se não tivesse a intenção de desenganá-los em seguida.

Vocês sabem que os seres vivos se reproduzem de duas maneiras. Os seres elementares conhecem a reprodução assexuada, mas os seres mais complexos se reproduzem sexualmente.

Na reprodução assexuada, o ser simples que a célula é se divide em certo ponto de seu crescimento. Formam-se dois núcleos e, de um só ser, resultam dois. Mas não podemos dizer que um primeiro ser deu nascimento a um segundo. Os dois seres novos são a mesmo título produtos do primeiro. O primeiro ser desapareceu. Essencialmente, ele está morto, uma vez que não sobrevive em nenhum dos dois seres que produziu. Ele não se decompõe à maneira dos animais sexuados que morrem, mas cessa de ser. Cessa de ser na medida em que era descontínuo. Mas, num ponto da reprodução, houve continuidade.

Existe um ponto em que o *um* primitivo se torna *dois*. Desde que há dois, há de novo descontinuidade de cada um dos seres. Mas a passagem implica entre os dois um *instante* de continuidade. O primeiro morre, mas aparece, *em sua morte,* um instante fundamental de continuidade de dois seres.

A mesma continuidade não pode aparecer na morte dos seres sexuados, cuja reprodução é em princípio independente da agonia e da desaparição. Mas a reprodução sexual, que em sua base coloca em jogo a divisão das células funcionais, do mesmo modo que na reprodução assexuada, faz intervir um novo tipo de passagem da descontinuidade à continuidade. O espermatozoide e o óvulo são, em seu estado elementar, seres descontínuos, mas *se unem* e, em consequência, uma continuidade se estabelece entre eles para formar um novo ser a partir da morte, da desaparição dos seres separados. O novo ser é, ele próprio, descontínuo, mas traz em si a passagem à continuidade, a fusão, mortal para cada um deles, dos dois seres distintos.

Para esclarecer essas mudanças, que podem parecer insignificantes, mas estão na base de todas as formas de vida, sugiro-lhe imaginar arbitrariamente a passagem do estado em que você está a um perfeito desdobramento de sua pessoa, ao qual você não poderia sobreviver, já que os duplos surgidos de você diferiram de você de uma maneira essencial. Necessariamente, cada um desses duplos não seria o mesmo que você é agora. Para ser o mesmo que você, um dos duplos deveria, com efeito, ser contínuo com o outro, e não oposto, como se tornou. Há aí uma bizarrice que a imaginação tem dificuldade de seguir. Ao contrário, se você imaginar entre um de seus semelhantes e você uma fusão análoga àquela do espermatozoide e do óvulo, você poderá conceber sem muita dificuldade a mudança de que se trata.

Não sugiro essas imaginações grosseiras com o intuito de introduzir uma precisão. Entre as consciências claras que somos e os seres ínfimos de que se trata, a distância é considerável. Alerto-os todavia contra o hábito de olhar unicamente *de fora* esses seres ínfimos; contra o hábito de olhá-los como coisas que não existem *por dentro*. Vocês e eu existimos *por dentro*. Mas o mesmo acontece com um cão e, consequentemente, com um inseto ou com um ser ainda menor. Por mais simples que seja um ser, não há um limiar a partir do qual aparece a existência *por dentro*. Esta não pode ser o resultado da complexidade crescente. Se os seres ínfimos não tivessem inicialmente, à sua maneira, uma existência por dentro, nenhuma complexidade poderia fazê-la aparecer.

Nem por isso a distância é menor entre esses animálculos e nós. Os estapafúrdios exercícios de imaginação que propus não podem, portanto, receber um sentido preciso. Quis apenas evocar, de uma maneira paradoxal, as mudanças ínfimas de que se trata, que estão na base de nossa vida.

Na base, há passagens do contínuo ao descontínuo ou do descontínuo ao contínuo. Somos seres descontínuos, indivíduos que morrem isoladamente numa aventura ininteligível, mas temos a nostalgia da continuidade perdida. Suportamos mal a situação que nos prende à individualidade fortuita, à individualidade perecível que somos. Ao mesmo tempo que temos o desejo angustiado da duração desse perecível, temos a obsessão de uma continuidade primeira, que nos religa geralmente ao ser. A nostalgia de que falo não tem nada a ver com o *conhecimento* dos dados fundamentais que introduzi. Alguém pode sofrer por não estar no mundo à maneira de uma onda perdida na multiplicidade das ondas, mesmo ignorando os desdobramentos e as fusões dos seres mais simples. Mas essa nostalgia determina em todos os homens as três formas do erotismo.

Falarei sucessivamente dessas três formas, a saber, o erotismo dos corpos, o erotismo dos corações e, enfim, o erotismo sagrado. Falarei delas a fim de mostrar claramente que, nelas, o que está sempre em questão é a substituição do isolamento do ser, de sua descontinuidade, por um sentimento de continuidade profunda.

É fácil ver o que o erotismo dos corpos ou dos corações designa, mas a ideia de erotismo sagrado é menos familiar. A expressão, aliás, é ambígua, na medida em que todo erotismo é sagrado, mas encontramos os corpos e os corações sem entrar na esfera sagrada propriamente dita. Ao passo que a busca de uma continuidade do ser levada a cabo sistematicamente para além do mundo imediato designa uma abordagem essencialmente religiosa; sob sua forma familiar no Ocidente, o erotismo sagrado se confunde com a busca, exatamente com o *amor* por Deus, mas o Oriente procede a uma busca similar sem necessariamente colocar em jogo a representação de um Deus. O budismo, em particular, prescinde dessa ideia. Seja como for, quero insistir desde agora na significação de minha tentativa. Esforcei-me por introduzir uma noção que podia à primeira vista parecer estranha, inutilmente filosófica: aquela de continuidade, oposta à descontinuidade do ser. Posso enfim sublinhar o fato de que, sem essa noção, a significação geral do erotismo e a unidade de suas formas nos escapariam.

O que tento, pelo desvio de uma exposição sobre a descontinuidade e a continuidade dos seres ínfimos, envolvidos nos movimentos da reprodução, é sair da obscuridade em que o domínio imenso do erotismo sempre esteve mergulhado. Há um segredo do erotismo que nesse momento me esforço por violar. Isso seria possível sem ir primeiro ao mais profundo, sem ir ao coração do ser?

Tive que reconhecer agora há pouco que as considerações sobre a reprodução dos seres ínfimos podiam passar por insignificantes, indiferentes. Falta-lhes o sentimento de uma violência elementar, que anima, quaisquer que sejam, os movimentos do erotismo. Essencialmente, o domínio do erotismo é o domínio da violência, o domínio da violação. Mas reflitamos sobre as passagens da descontinuidade à continuidade dos seres ínfimos. Se nos remetemos à significação que esses estados têm para nós, compreendemos que o arrancamento do ser à descontinuidade é sempre o mais violento. O mais violento para nós é a morte que, precisamente, nos arranca à obstinação que temos de ver durar o ser descontínuo que somos. Ficamos com o coração na mão diante da ideia de que a individualidade descontínua que existe em nós vai subitamente se aniquilar. Não podemos assimilar muito simplesmente aos de nosso coração os movimentos dos animálculos envolvidos na reprodução, mas, por mais ínfimos que sejam os seres, não podemos conceber sem certa violência a colocação em jogo do ser neles: é, em sua totalidade, o ser elementar que está em jogo na passagem da descontinuidade à continuidade. Somente a violência pode assim colocar tudo em jogo, a violência e a perturbação sem nome que lhe está ligada! Sem uma violação do ser constituído – que se constituiu na descontinuidade – não podemos conceber a passagem de um estado a outro essencialmente distinto. Não apenas encontramos, nas perturbadoras passagens dos animálculos envolvidos na reprodução, o fundo da violência que nos sufoca no erotismo dos corpos, mas o sentido íntimo dessa violência se revela para nós. Que significa o erotismo dos corpos senão uma violação do ser dos parceiros? Uma violação que confina com a morte? Que confina com o assassinato?

Toda a operação do erotismo tem por fim atingir o ser no mais íntimo, no ponto em que o coração desfalece. A passagem do estado normal ao de desejo erótico supõe em nós a dissolução relativa do ser constituído na ordem descontínua. Esse termo, dissolução, corresponde à expressão familiar vida *dissoluta*, ligada à atividade erótica. No movimento de dissolução dos seres, o parceiro masculino tem em princípio um papel ativo, a parte feminina é passiva. É essencialmente a parte passiva, feminina, que é dissolvida enquanto ser constituído. Mas, para um parceiro masculino, a dissolução da parte passiva só tem um sentido: ela prepara uma fusão em que se misturam dois seres chegando juntos, no final, ao mesmo ponto de dissolução. Toda a operação erótica tem por princípio uma destruição da estrutura do ser fechado que é, no estado normal, um parceiro do jogo.

A ação decisiva é o desnudamento. A nudez se opõe ao estado fechado, ou seja, ao estado de existência descontínua. É um estado de comunicação, que revela a busca de uma continuidade possível do ser para além do fechamento em si mesmo. Os corpos se abrem à continuidade através desses canais secretos que nos dão o sentimento da obscenidade. A obscenidade significa a perturbação que desordena um estado dos corpos conforme à posse de si, à posse da individualidade duradoura e afirmada. Há, ao contrário, despossessão no jogo dos órgãos que se derramam na renovação da fusão, semelhante ao vaivém das ondas que se penetram e se perdem umas nas outras. Essa despossessão é tão completa que, no estado de nudez que a anuncia, que é seu emblema, a maior parte dos seres humanos se esconde, com mais forte razão se a ação erótica, que acaba de a desapossar, segue a nudez. O desnudamento, considerado nas civilizações em que tem um sentido pleno, é, senão um simulacro, ao menos uma equivalência sem gravidade da imolação. Na Antiguidade, a destituição (ou a destruição) que funda o erotismo era sensível o bastante para justificar uma aproximação entre o ato de amor e o sacrifício. Quando falar do erotismo sagrado, que concerne à fusão dos seres com um além da realidade imediata, voltarei ao sentido do sacrifício. Mas, desde já, insisto no fato de que o parceiro feminino do erotismo aparecia como a vítima, o masculino como o sacrificador, um e outro, durante a consumação, perdendo-se na continuidade estabelecida por um primeiro ato de destruição.

O que priva em parte essa comparação de valor é a pouca gravidade da destruição de que se trata. Apenas poderíamos dizer que, se o elemento de violação, ou mesmo de violência, que a constitui, vem a faltar, a atividade erótica mais dificilmente atinge a plenitude. Entretanto, a destruição real, a imolação propriamente dita, não introduziria uma forma de erotismo mais perfeita do que a bem vaga equivalência de que falei. O fato de que, em seus romances, o marquês de Sade define no assassinato o ápice da excitação erótica tem apenas este sentido: levando às últimas consequências o movimento esboçado que descrevi, não nos afastamos necessariamente do erotismo. Há na passagem da atitude normal ao desejo uma fascinação fundamental pela morte. O que está em jogo no erotismo é sempre uma dissolução das formas constituídas. Repito-o: dessas formas de vida social, regular, que fundam a ordem descontínua das individualidades definidas que somos. Mas, no erotismo, menos ainda do que na reprodução, a vida descontínua não é condenada, a despeito de Sade, a desaparecer: ela é apenas colocada em questão. Ela deve ser perturbada, desordenada ao máximo. Há busca da continuidade, mas, em princípio, somente se a continuidade, que só a morte dos seres descontínuos estabeleceria definitivamente, não prevalecer. Trata-se de introduzir, no interior de um mundo fundado sobre a descontinuidade, toda a continuidade de que esse mundo é capaz. A aberração de Sade excede essa possibilidade. Ela tenta um pequeno número de seres e, por vezes, há aqueles que vão até o extremo. Mas, para o conjunto dos homens normais, atos definitivos não oferecem mais do que a direção extrema das atitudes essenciais. Há um excesso horrível do movimento que nos anima: o excesso ilumina o sentido do movimento. Mas, para nós, trata-se apenas de um sinal pavoroso, incessantemente nos lembrando que a morte, *ruptura* dessa descontinuidade individual a que a angústia nos prende, se propõe a nós como uma verdade mais eminente do que a vida.

O erotismo dos corpos tem de qualquer modo algo de pesado, de sinistro. Ele reserva a descontinuidade individual, e isso se dá sempre um pouco no sentido de um egoísmo cínico. O erotismo dos corações é mais livre. Se se separa em aparência da materialidade do erotismo dos corpos, procede dele, sendo muitas vezes apenas um aspecto seu estabilizado pela afeição recíproca dos amantes. Ele pode se desvincular inteiramente do erotismo dos corpos, mas então se trata de exceções, daquelas que a ampla diversidade dos seres humanos reserva. Na base, a paixão dos amantes prolonga no domínio da simpatia moral a fusão dos corpos entre si. Prolonga-a ou lhe serve de introdução. Mas, para aquele que a experimenta, a paixão pode ter um sentido mais violento do que o desejo dos corpos. Jamais devemos esquecer que, a despeito das promessas de felicidade que a acompanham, ela introduz, antes de mais nada, a perturbação e a desordem. A própria paixão feliz acarreta uma desordem tão violenta que a felicidade de que se trata, antes de ser uma felicidade de que seja possível gozar, é tão grande que se compara a seu contrário, ao sofrimento. Sua essência é a substituição da descontinuidade persistente entre dois seres por uma continuidade maravilhosa. Mas essa continuidade é sensível sobretudo na angústia, na medida em que é inacessível, na medida em que é busca na impotência e no estremecimento. Uma felicidade calma, dominada por um sentimento de segurança, só tem sentido como apaziguamento do longo sofrimento que a precedeu. Pois há, para os amantes, mais chance de não poderem se encontrar por muito tempo do que de gozar de uma contemplação desvairada da continuidade íntima que os une.

As chances de sofrer são tanto maiores na medida em que somente o sofrimento revela a inteira significação do ser amado. A posse do ser amado não significa a morte, pelo contrário, mas a morte está envolvida nessa busca. Se o amante não pode possuir o ser amado, pensa às vezes em matá-lo: muitas vezes preferiria matá-lo a perdê-lo. Deseja em outros casos sua própria morte. O que está em jogo nessa fúria é o sentimento de uma continuidade possível percebida no ser amado. Parece ao amante que só o ser amado – isso se deve a correspondências difíceis de definir, que acrescentam à possibilidade de união sensual a de uma união dos corações – pode, neste mundo, realizar o que nossos limites interdizem, a plena confusão de dois seres, a continuidade de dois seres descontínuos. A paixão nos engaja assim no sofrimento, já que ela é, no fundo, a busca de um impossível e, superficialmente, sempre a de um acordo que depende de condições aleatórias. Entretanto, ela promete ao sofrimento fundamental uma saída. Sofremos de nosso isolamento na individualidade descontínua. A paixão nos repete incessantemente: se possuísses o ser amado, esse coração que a solidão estrangula formaria um só coração com o do ser amado. Ao menos em parte, essa promessa é ilusória. Mas, na paixão, a imagem dessa fusão toma corpo, às vezes de modo diferente para cada um dos amantes, com uma louca intensidade. Para além de sua imagem, de seu projeto, a fusão precária, que reserva a sobrevida do egoísmo individual, pode até entrar na realidade. Não importa: dessa fusão precária e ao mesmo tempo profunda, é o sofrimento – a ameaça de uma separação – que, o mais das vezes, deve manter a plena consciência.

Devemos, de qualquer modo, tomar consciência de duas possibilidades opostas.

Se a união dos dois amantes é o efeito da paixão, ela evoca a morte, o desejo de assassinato ou de suicídio. O que designa a paixão é um halo de morte. Abaixo dessa violência – a que corresponde o sentimento de contínua violação da individualidade descontínua – começa o domínio do hábito e do egoísmo a dois, o que quer dizer uma nova forma de descontinuidade. É somente na violação – à altura da morte – do isolamento individual que aparece essa imagem do ser amado que tem para o amante o sentido de tudo o que existe. O ser amado, para o amante, é a transparência do mundo. O que transparece no ser amado é aquilo de que falarei em seguida a propósito do erotismo divino ou sagrado. É o ser pleno, ilimitado, que a descontinuidade pessoal não mais limita. É, numa palavra, a continuidade do ser percebida como uma liberação a partir do ser do amante. Há uma absurdidade, uma horrível mistura, nessa aparência, mas, através da absurdidade, da mistura, do sofrimento, uma verdade de milagre. No fundo, nada é ilusório na verdade do amor: o ser amado equivale para o amante, só para o amante, sem dúvida, mas não importa, à verdade do ser. O acaso quer que, através dele, a complexidade do mundo tendo desaparecido, o amante perceba o fundo do ser, a simplicidade do ser.

Para além das possibilidades precárias, dependentes de acasos favoráveis, que asseguram a posse do ser amado, a humanidade se esforçou, desde as primeiras eras, para chegar, independentemente desses acasos, à continuidade que a libera. O problema se colocou em face da morte, que precipita aparentemente o ser descontínuo na continuidade do ser. Essa maneira de ver não se impõe inicialmente ao espírito; entretanto, a morte, sendo a destruição de um ser descontínuo, não toca em nada na continuidade do ser, que existe fora de nós, geralmente. Não esqueço que, no desejo de imortalidade, o que entra em jogo é a preocupação de assegurar a sobrevida na descontinuidade – a sobrevida do ser pessoal – mas deixo a questão de lado. Insisto no fato de que, a continuidade do ser estando na origem dos seres, a morte não a atinge, a continuidade do ser independe dela, e mesmo, ao contrário, *a morte a manifesta*. Esse pensamento, me parece, deve ser a base da interpretação do sacrifício religioso, a que, como disse há pouco, a ação erótica é comparável. A ação erótica, dissolvendo os seres que nela se envolvem, revela sua continuidade, lembrando aquela das águas tumultuosas. No sacrifício, não há apenas desnudamento, há imolação da vítima (ou, se o objeto do sacrifício não é um ser vivo, há, de qualquer maneira, destruição desse objeto). A vítima morre enquanto os assistentes participam de um elemento que sua morte revela. Esse elemento é o que podemos nomear, com os historiadores das religiões, o *sagrado*. O sagrado é justamente a continuidade do ser revelada aos que fixam sua atenção, num rito solene, sobre a morte de um ser descontínuo. Há, em decorrência da morte violenta, ruptura da *descontinuidade* de um ser: o que subsiste e que, no silêncio que cai, experimentam espíritos ansiosos, é a *continuidade* do ser, a que a vítima é devolvida. Somente uma imolação espetacular, operada em condições que a gravidade e a coletividade da religião determinam, é capaz de revelar o que normalmente escapa à atenção. Não poderíamos, além do mais, conceber o que aparece no mais secreto do ser dos assistentes, se não pudéssemos nos referir às experiências religiosas que fizemos pessoalmente, mesmo que em nossa infância. Tudo nos leva a crer que, essencialmente, o *sagrado* dos sacrifícios primitivos é análogo ao *divino* das religiões atuais.

  Disse há pouco que falarei do erotismo sagrado; teria sido mais inteligível se tivesse falado desde o início de erotismo divino. O amor por Deus é uma ideia mais familiar, menos desconcertante, que o amor por um elemento sagrado. Não o fiz, repito-o, porque o erotismo, cujo objeto se situa para além do real imediato, está longe de ser redutível ao amor por Deus. Preferi ser pouco inteligível a ser inexato.

Essencialmente, o divino é idêntico ao sagrado, reserva feita da descontinuidade relativa da pessoa de Deus. Deus é um ser compósito que tem, no plano da afetividade, mesmo de uma maneira fundamental, a continuidade do ser de que falo. A representação de Deus não está por isso menos ligada, tanto pela teologia bíblica quanto pela teologia racional, a um ser pessoal, a um *criador* distinto do conjunto do que existe. Da continuidade do ser, limito-me a dizer que ela não é, a meu ver, *cognoscível*, mas, sob formas aleatórias, sempre contestáveis em parte, sua *experiência* nos é dada. Em minha opinião, a experiência *negativa* é a única digna de atenção, mas essa experiência é rica. Jamais devemos esquecer que a teologia positiva tem como duplo uma teologia *negativa*, fundada na experiência mística.

Ainda que seja claramente distinta desta, a experiência mística é dada, parece-me, a partir da experiência universal, que é o sacrifício religioso. Ela introduz, no mundo dominado pelo pensamento ligado à experiência dos objetos (e ao conhecimento do que a experiência dos objetos desenvolve em nós), um elemento que não tem lugar nas construções desse pensamento intelectual, salvo negativamente, como uma determinação de seus limites. Com efeito, o que a experiência mística revela é uma ausência de objeto. O objeto se identifica à descontinuidade e a experiência mística, na medida em que temos a força de operar uma ruptura de nossa descontinuidade, introduz em nós o sentimento da continuidade. Ela o introduz por outros meios que não o erotismo dos corpos ou dos corações. Mais exatamente, ela prescinde de meios que não dependam da vontade. A experiência erótica ligada ao real é uma espera do aleatório, é a espera de um ser dado e das circunstâncias favoráveis. O erotismo sagrado, dado na experiência mística, quer apenas que nada atrapalhe o sujeito.

Em princípio (não se trata de uma regra), a Índia encara com simplicidade a sucessão das diferentes formas de que falei: a experiência mística é reservada à idade madura, à aproximação da morte: ao momento em que faltam as condições favoráveis à experiência real. A experiência mística ligada a certos aspectos das religiões positivas se opõe por vezes a essa aprovação da vida até na morte em que discirno geralmente o sentido profundo do erotismo.

Mas a oposição não é necessária. A aprovação da vida até na morte é desafio; tanto no erotismo dos corações quanto no dos corpos, ela é desafio, por indiferença, à morte. A vida é acesso ao ser: se a vida é mortal, a continuidade do ser não o é. A aproximação da continuidade, a embriaguez da continuidade dominam a consideração da morte. Em primeiro lugar, a perturbação erótica imediata nos dá um sentimento que ultrapassa tudo, de tal forma que as sombrias perspectivas ligadas à situação do ser descontínuo caem no esquecimento. Então, para além da embriaguez aberta à vida juvenil, nos é dado o poder de abordar a morte face a face, e de nela ver enfim a abertura à continuidade ininteligível, incognoscível, que é o segredo do erotismo, e cujo segredo apenas o erotismo traz.

Aquele que me tivesse seguido com exatidão captaria em plena luz, na unidade das formas do erotismo, o sentido da frase que citei inicialmente:

> Não há melhor meio de se familiarizar com a morte do que aliá-la a uma ideia libertina.

O que disse permite captar nela a unidade do domínio erótico, aberta a nós por uma recusa da vontade de fechamento em si mesmo. O erotismo abre para a morte. A morte abre para a negação da duração individual. Poderíamos, sem violência interior, assumir uma negação que nos conduz ao limite de todo o possível?

Gostaria, para terminar, de ajudá-los a sentir plenamente que o lugar a que quis conduzir, por pouco familiar que tenha por vezes podido lhes parecer, é entretanto a encruzilhada de violências fundamentais.

Falei de experiência mística, não falei de poesia. Não poderia tê-lo feito sem penetrar mais adiante num dédalo intelectual: todos nós sentimos o que é a poesia. Ela nos funda, mas não sabemos falar dela. Não falarei dela agora, mas acredito tornar mais *sensível* a ideia de continuidade que quis enfatizar, que não pode ser confundida até o final com aquela do Deus dos teólogos, recordando estes versos de um dos poetas mais violentos, de Rimbaud.

Elle est retrouvée.
Quoi? L'éternité.
C'est la mer allée
Avec le soleil.²

A poesia conduz ao mesmo ponto que cada forma do erotismo, à indistinção, à confusão dos objetos distintos. Ela nos conduz à eternidade, nos conduz à morte e, pela morte, à continuidade: a poesia é *a eternidade. É o mar partido com o sol.*

---
² "Ela foi reencontrada. / O quê? A eternidade. / É o mar partido / Com o sol." Trecho do poema "L'éternité", escrito em maio de 1872, publicado inicialmente em *Vers nouveaux* e retomado em *Une saison en enfer* com a seguinte variante (que não invalida – pelo contrário, corrobora – a interpretação de Bataille): *C'est la mer mêlée / au soleil*. (É o mar *mesclado/* ao sol). (N.T.)

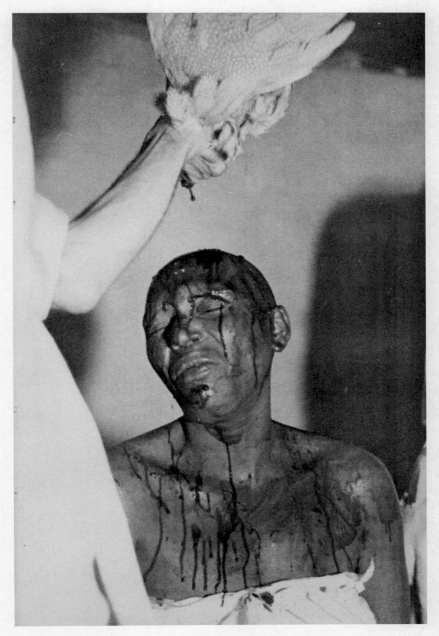

Lâmina III. Sacrifício de um galo. Culto *vodu* (*Fotografia de Pierre Verger*). "A vítima morre enquanto os assistentes participam de um elemento que sua morte revela [...] o *sagrado*." (p. 45)

PRIMEIRA PARTE
O interdito e a transgressão

CAPÍTULO I
O erotismo na experiência interior

O erotismo, aspecto "imediato" da experiência interior que se opõe à sexualidade animal

O erotismo é um dos aspectos da vida interior do homem. Enganamo-nos quanto a isso porque ele busca incessantemente *no exterior* um objeto de desejo. Mas esse objeto responde à *interioridade* do desejo. A escolha de um objeto depende sempre dos gostos pessoais do sujeito: mesmo se ela recai sobre a mulher que a maioria teria escolhido, o que está em jogo é muitas vezes um aspecto inapreensível, não uma qualidade objetiva dessa mulher, que não teria talvez, se não tocasse em nós o ser interior, nada que nos forçasse a preferi-la. Numa palavra, mesmo sendo conforme àquela da maioria, a escolha humana ainda difere daquela do animal: ela faz apelo a essa mobilidade interior, infinitamente complexa, que é própria ao homem. O animal também tem uma vida subjetiva, mas essa vida, ao que parece, é dada a ele, como o são os objetos inertes, de uma vez por todas. O erotismo do homem difere da sexualidade animal justamente por colocar em questão a vida interior. *O erotismo é, na consciência do homem, o que nele coloca o ser em questão.* A sexualidade animal também introduz um desequilíbrio, e esse desequilíbrio ameaça a vida, mas o animal não o sabe. Nada está aberto nele que se assemelhe a uma questão.

Seja como for, se o erotismo é a atividade sexual do homem, isso ocorre na medida em que ela difere da dos animais. A atividade sexual dos homens não é necessariamente erótica. Ela só o é quando deixa de ser rudimentar, simplesmente animal.

Importância decisiva da passagem do animal ao homem

Na passagem do animal ao homem, sobre a qual sabemos poucas coisas, é dada a determinação fundamental. Dessa passagem, todos os *acontecimentos* nos escapam: sem dúvida, definitivamente. No entanto, estamos menos desarmados do que pode parecer. Sabemos que os homens fabricaram ferramentas e as utilizaram para prover sua subsistência; depois, sem dúvida em pouco tempo, para satisfazer "necessidades" supérfluas. Numa palavra, distinguiram-se dos animais pelo *trabalho*. Paralelamente, impuseram-se restrições conhecidas pelo nome de *interditos*. Esses interditos recaíram essencialmente – e certamente – sobre a atitude para com os mortos. É provável que tenham tocado ao mesmo tempo – ou à mesma época – a atividade sexual. A data antiga da atitude para com os mortos é dada pelas numerosas descobertas de ossamentos recolhidos por seus contemporâneos. Em todo o caso, o *Homem de Neandertal*, que não era exatamente um homem, que não atingira ainda rigorosamente a postura ereta, e cujo crânio não diferia tanto quanto o nosso do dos antropoides, sepultou muitas vezes seus mortos. Os interditos sexuais não remontam seguramente a esses tempos tão remotos. Podemos dizer que eles aparecem por toda parte onde a humanidade apareceu, mas que, na medida em que devemos nos ater aos dados da pré-história, nada de tangível testemunha sua existência. O sepultamento dos mortos deixou vestígios, nada subsiste que nos traga qualquer indicação sobre as restrições sexuais dos homens mais antigos.

Podemos admitir somente que eles trabalhavam, já que temos suas ferramentas. Já que o trabalho, ao que parece, engendrou logicamente a reação que determina a atitude diante da morte, é legítimo pensar que o interdito que regula e limita a sexualidade também foi um contragolpe ao trabalho, e que o conjunto das condutas *humanas* fundamentais – trabalho, consciência da morte, sexualidade contida – remontam ao mesmo período recuado.

Os vestígios do trabalho aparecem desde o *Paleolítico inferior* e o sepultamento mais antigo que conhecemos data do *Paleolítico médio*. Em verdade, trata-se de tempos que duraram, segundo os cálculos atuais, centenas de milhares de anos: esses intermináveis milênios correspondem à muda em que o homem se desprendeu da animalidade primeira. Ele saiu dela trabalhando, compreendendo que morria e deslizando da sexualidade sem vergonha à sexualidade envergonhada, de que o erotismo decorreu. O homem propriamente dito, que chamamos nosso semelhante, que aparece desde o tempo das cavernas pintadas (o *Paleolítico superior*), é determinado pelo conjunto dessas mudanças, que se colocam no plano da religião, e pelas quais, sem dúvida, ele já passara.

O erotismo, sua *experiência interior* e sua comunicação ligados a elementos objetivos e à perspectiva histórica em que esses elementos nos aparecem

Há nessa maneira de falar do erotismo uma desvantagem. Se faço dele a atividade genética própria ao homem, defino o erotismo objetivamente. Deixo, todavia, em segundo plano, por maior que seja meu interesse por ele, o estudo objetivo do erotismo. Minha intenção é, ao contrário, considerar no erotismo um aspecto da *vida interior*, se quisermos, da vida religiosa do homem.

O erotismo, já o disse, é a meus olhos o desequilíbrio em que o próprio ser se coloca em questão, conscientemente. Em certo sentido, o ser se perde objetivamente, mas então o sujeito se identifica com o objeto que se perde. Se for preciso, posso dizer, no erotismo: EU me perco. Sem dúvida, não se trata de uma situação privilegiada. Mas a perda voluntária implicada no erotismo é flagrante: ninguém pode duvidar dela. Falando agora do erotismo, tenho a intenção de me exprimir sem rodeios em nome do sujeito,[3] mesmo se, para começar, introduzo considerações objetivas. Mas, se falo dos movimentos do erotismo objetivamente, devo sublinhá-lo logo, é porque a experiência

---

[3] Bataille joga com a ambiguidade do termo "sujet", que tanto remete ao "assunto ou tema" em pauta, quanto ao "sujeito", enfatizando aqui a oposição sujeito-objeto que estrutura essas considerações. (N.R.)

interior nunca é dada independentemente de visões objetivas; nós a encontramos sempre ligada a tal ou tal aspecto, inegavelmente objetivo.

A determinação do erotismo é primitivamente religiosa, e meu livro está mais próximo da "teologia" do que da história erudita da religião

Insisto: se às vezes falo a linguagem de um homem de ciência, é sempre uma aparência. O erudito fala de fora, como um anatomista fala do cérebro. (Não é bem assim: o historiador das religiões não pode suprimir a *experiência interior* que ele tem ou que ele teve da religião... Mas não importa, se ele a esquece o máximo que lhe é possível.) *Eu, quanto a mim, falo de dentro da religião, como um teólogo da teologia.*

O teólogo, é verdade, fala de uma teologia cristã. Enquanto *a religião* de que falo não é, como o cristianismo, *uma* religião. É *a religião*, sem dúvida, mas se define justamente pelo fato de que, desde o princípio, não se trata de uma religião particular. Não falo nem de ritos, nem de dogmas, nem de uma comunidade determinados, mas somente do problema que toda religião se colocou: faço meu esse problema como o teólogo faz da teologia o seu. Mas sem a religião cristã. Se esta não fosse, apesar de tudo, uma religião, eu me sentiria mesmo afastado do cristianismo. Isso é tão verdadeiro que o livro em que defino essa posição tem o *erotismo* por objeto. É evidente que o desenvolvimento do erotismo não é em nada exterior ao domínio *da religião*, mas justamente por se opor ao erotismo, o cristianismo condenou a maior parte das religiões. Em certo sentido, a religião cristã é talvez a menos religiosa.

Gostaria que minha atitude fosse entendida com exatidão.

Para começar, quis uma tal ausência de pressuposição que nenhuma me parecesse mais perfeita. Nada me liga a qualquer tradição particular. Assim, não posso deixar de ver, no ocultismo ou no esoterismo, uma pressuposição que me interessa na medida em que responde à nostalgia religiosa, mas de que me afasto apesar de tudo, uma vez que ela implica uma crença *determinada*. Acrescento que, não só as cristãs, mas todas as pressuposições ocultistas são a meus olhos incômodas: afirmando-se num mundo onde os princípios da ciência se impõem, viram-lhe as costas de propósito. Fazem assim daquele que as aceita o que seria, em meio aos outros, um homem que soubesse que o cálculo existe, mas se recusasse a corrigir seus erros de adição. A ciência não me cega (deslumbrado, responderia mal a suas exigências) e, do mesmo modo, o cálculo não me perturba. Aceito que me digam que "dois e dois são cinco", mas se alguém, visando a um fim preciso, faz contas comigo, esqueço a pretendida identidade entre cinco e dois mais dois. Ninguém poderia, a meus olhos, colocar o problema *da religião* a partir de soluções gratuitas que o atual *espírito de rigor* recusa. Não sou um homem de ciência já que falo de experiência interior, não de objetos, mas quando falo de objetos, faço-o como os homens de ciência, com o rigor inevitável.

Direi mesmo que, o mais das vezes, na atitude religiosa, entra uma tamanha avidez de respostas apressadas, que *religião* tomou o sentido de facilidade de espírito, e que minhas primeiras palavras podem levar os leitores desprevenidos a pensar que se trata de aventura intelectual e não de um esforço incessante que coloca o espírito *para além*, se for preciso, mas *pela via* da filosofia e das ciências, em busca de todo o possível que ele pode abrir para si.

Seja como for, todo mundo reconhecerá que nem a filosofia nem as ciências podem dar conta do problema que a aspiração religiosa colocou. Mas todos reconhecerão também que, nas condições que foram encontradas, essa aspiração até aqui não pôde se traduzir senão de formas alteradas. A humanidade nunca pôde buscar aquilo que *a religião* busca desde sempre, a não ser num mundo onde sua busca dependia de causas duvidosas, submetidas, senão ao movimento de desejos materiais, a paixões de circunstância: ela podia combater esses desejos e essas paixões, podia também servi-los, mas não podia lhes ser indiferente. A busca que a religião começou – e prosseguiu – deve tanto quanto a da ciência ser liberada das vicissitudes históricas. Não que o homem não tenha dependido inteiramente dessas vicissitudes, mas isso é verdade para o passado. Chega o momento, precário sem dúvida, em que, a sorte ajudando, não devemos mais esperar a decisão dos outros (em forma de dogma) antes de ter a experiência desejada. Até agora, podemos comunicar livremente o resultado dessa experiência.

Posso, nesse sentido, me preocupar com *a religião*, não como o professor que traça sua história, que fala, entre outros, do *brâmane*, mas como o próprio brâmane. No entanto, não sou nem brâmane, nem nada, devo perseguir uma experiência solitária, sem tradição, sem rito, e sem nada que me guie, também sem nada que me embarace. Exprimo, em meu livro, uma experiência, sem apelar ao que quer que seja de particular, tendo essencialmente a preocupação de comunicar a *experiência interior* – quer dizer, a meus olhos, a experiência religiosa – por fora das religiões definidas.

Dessa forma, minha busca, fundada essencialmente na *experiência interior*, difere, em sua origem, do trabalho do historiador das religiões, do etnógrafo, ou do sociólogo. Sem dúvida, já se colocou a questão de saber se era possível para estes últimos se guiar através dos dados que elaboravam, independentemente de uma *experiência interior* que tinham, por um lado, em comum com a de seus contemporâneos, que, por outro, era também, até certo ponto, a experiência pessoal deles, modificada por um contato com o mundo que era o objeto de seus estudos. Mas, no caso deles, podemos quase postular como princípio que: *quanto menos sua experiência atua* (quanto mais discreta ela é), maior é a autenticidade de seus trabalhos. Não digo: quanto menor é sua experiência, mas *quanto menos ela atua*. Estou convencido, com efeito, da vantagem para um historiador de ter uma experiência profunda, mas se ele a tem, já que ele a tem, o melhor é que se esforce por esquecê-la e por considerar os fatos de fora. Ele não pode esquecê-la totalmente, não pode reduzir inteiramente o conhecimento dos fatos àquele que lhe é dado de fora – e é melhor assim –, mas o ideal é que essa experiência atue *apesar dele*, na medida em que essa fonte do conhecimento é irredutível, na medida em que falar de religião sem referência interior à experiência que dela temos levaria a trabalhos sem vida, que acumulariam a matéria inerte, entregue numa desordem ininteligível.

Em contrapartida, se considero pessoalmente os fatos sob a luz da experiência que deles tenho, sei o que abandono ao abandonar a objetividade da ciência. Em primeiro lugar, já o disse, não posso me interdizer arbitrariamente o conhecimento que o método impessoal me traz: minha experiência supõe sempre o conhecimento dos objetos que ela coloca em jogo (são, no erotismo, ao menos os corpos; na religião, as formas estabilizadas sem as quais a prática religiosa *comum* não poderia existir). Esses corpos só nos são dados na perspectiva em que historicamente tomaram seu sentido (seu valor erótico). Não podemos separar a experiência que temos deles dessas formas objetivas e de seu aspecto exterior, nem de sua aparição histórica. No plano do erotismo, as modificações do próprio corpo, que correspondem aos movimentos vivos que nos alvoroçam interiormente, estão elas próprias ligadas aos aspectos sedutores e surpreendentes dos corpos sexuados.

Não apenas esses dados precisos, que nos vêm de todos os lados, não poderiam se opor à *experiência interior* que corresponde a eles, mas ajudam a sair do fortuito que é próprio ao indivíduo. Mesmo associada à objetividade do mundo real, a experiência introduz fatalmente o arbitrário e, se não tivesse o caráter universal do objeto a que se liga seu retorno, não poderíamos falar dela. Da mesma forma, sem experiência, não poderíamos falar nem de erotismo, nem de religião.

As condições de uma *experiência interior* impessoal: a experiência contraditória do interdito e da transgressão

Seja como for, é necessário opor claramente o estudo que se estende *o mínimo possível* no sentido da *experiência* e aquele que avança resolutamente nesse sentido. É preciso dizer ainda que, se aquele não tivesse sido feito em primeiro lugar, este permaneceria condenado à gratuidade que nos é familiar. É certo, enfim, que uma condição que nos parece hoje suficiente só está dada há pouco tempo.

Tratando-se de erotismo (ou de religião em geral), sua *experiência interior* lúcida era impossível num tempo em que não despontava claramente o jogo de equilíbrio do interdito e da transgressão, que ordena a possibilidade de ambos. Mas é insuficiente saber que esse jogo existe. O conhecimento do erotismo, ou da religião, exige uma experiência pessoal, igual e contraditória, do interdito e da transgressão.

Essa dupla experiência é rara. As imagens eróticas, ou religiosas, introduzem essencialmente, em alguns, as condutas do interdito, em outros, condutas contrárias. As primeiras são tradicionais. As segundas também são comuns, ao menos sob forma de um pretenso retorno à *natureza*, à qual se opunha o interdito. Mas a transgressão difere do "retorno à natureza": *ela suspende o interdito sem suprimi-lo*.[4] Aí

---

[4] Inútil insistir no caráter hegeliano dessa operação que corresponde ao momento da dialética expresso pelo verbo alemão intraduzível *aufheben* (superar mantendo).

se esconde a mola propulsora do erotismo, aí se encontra ao mesmo tempo a mola propulsora das religiões. Anteciparia o desenvolvimento de meu estudo se me explicasse agora sobre a profunda cumplicidade entre a lei e a violação da lei. Mas, se é verdade que a desconfiança (o movimento incessante da dúvida) é necessária a quem se esforça para descrever a *experiência* de que falo, esta deve, em particular, satisfazer as exigências que posso formular desde agora.

Devemos começar por nos dizer que nossos sentimentos tendem a dar um ângulo pessoal a nossas visões. Mas essa dificuldade é geral; é relativamente simples, a meu ver, perceber em que minha *experiência interior coincide* com a dos outros, e através do que ela me faz *comunicar* com eles. Isso não costuma ser admitido, mas o caráter vago e geral de minha proposição me impede de insistir nela. Sigo adiante; os obstáculos opostos à comunicação da *experiência* me parecem de outra natureza: devem-se ao *interdito* que a funda e à duplicidade de que falo, conciliando aquilo cujo princípio é inconciliável, o respeito pela lei e sua violação, o interdito e a transgressão.

Das duas, uma: ou o interdito atua, e desde então a *experiência* não tem lugar, ou só tem lugar furtivamente, permanecendo fora do campo da consciência; ou ele não atua: dos dois, é o caso mais desfavorável. O mais das vezes, para a ciência, o interdito não se justifica, é patológico, é o sintoma da neurose. É, portanto, conhecido *de fora*: mesmo se temos dele a experiência pessoal, na medida em que o imaginamos doentio, vemos nele um mecanismo exterior, intruso em nossa consciência. Essa maneira de ver não suprime a experiência, mas lhe dá um sentido menor. Dessa forma, o interdito e a transgressão são descritos, quando o são, como objetos, seja pelo historiador, seja pelo psiquiatra (ou psicanalista).

O erotismo considerado pela inteligência como uma coisa é, a mesmo título que a religião, uma coisa, um objeto monstruoso. O erotismo e a religião nos são vedados na medida em que não os situamos resolutamente no plano da experiência *interior*. Nós o situamos no plano das *coisas*, que conhecemos de fora, se cedemos, mesmo sem o saber, ao interdito. O interdito observado sem pavor não tem mais a contrapartida de desejo, que é seu sentido profundo. O pior é que a ciência, cujo movimento exige que ela o trate objetivamente, procede do interdito, mas ao mesmo tempo recusa-o na medida em que este não é racional! Só a experiência de dentro lhe dá um aspecto global, o aspecto em que ele é finalmente justificado. Se fazemos obra de ciência, com efeito, consideramos os objetos na medida em que são exteriores ao sujeito que somos: o próprio cientista se torna, na ciência, um objeto exterior ao sujeito que, só ele, faz obra de ciência (mas não poderia fazê-lo, se antes não tivesse se negado como sujeito). Tudo vai bem se o erotismo é condenado, se de antemão o tivermos rejeitado, se estamos liberados dele, mas se (como o faz com frequência) a ciência condena a religião (a religião moral) que se revela, nesse ponto, ser o fundamento da ciência, cessamos de nos opor legitimamente ao erotismo. Não nos *opondo* mais a ele, devemos parar de fazer dele uma coisa, um objeto exterior a nós.[5] Devemos considerá-lo como o movimento do ser em nós mesmos.

Se o interdito atua plenamente, é difícil. O interdito executou de antemão as tarefas da ciência: afastava de nossa consciência seu objeto, que ele interdizia; furtava ao mesmo tempo à nossa consciência – à consciência clara, ao menos – o movimento de pavor cuja consequência era o interdito. Mas o rechaço do objeto perturbador, e da perturbação, foi necessário à claridade – que nada perturbava – do mundo da atividade, do mundo objetivo. Sem o interdito, sem o primado do interdito, o homem não teria podido chegar à consciência clara e distinta, sobre a qual a ciência está fundada. O interdito elimina a violência, e nossos movimentos de violência (entre os quais aqueles que correspondem à impulsão sexual) destroem em nós a calma ordenação sem a qual a consciência humana é inconcebível. Mas se a consciência deve versar justamente sobre os movimentos perturbadores da violência, isso implica inicialmente que ela tenha podido se constituir ao abrigo dos interditos: isso supõe ainda que possamos dirigir sua luz para esses mesmos interditos sem os quais ela não existiria. A consciência não pode então considerá-los como um erro de que seríamos as vítimas, mas como os efeitos do sentimento fundamental de que a humanidade dependeu. A verdade dos interditos é a chave de nossa atitude humana. Nós devemos, nós podemos saber

---

[5] Isso vale para a psicologia em sua totalidade, mas sem o erotismo e a religião, a psicologia não é mais que um saco vazio. Sei, jogo, por enquanto, com um equívoco entre o erotismo e a religião, mas só o desenvolvimento deste livro nos tirará dele.

com exatidão que os interditos não são impostos de fora. Isso nos aparece na angústia, no momento em que *transgredimos* o interdito, sobretudo no momento suspenso em que ele ainda atua, e em que, não obstante, cedemos à impulsão a que ele se opunha. Se observamos o interdito, se lhe somos submissos, deixamos de ter consciência dele. Mas experimentamos, no momento da transgressão, a angústia sem a qual o interdito não existiria: é a experiência do pecado. A experiência conduz à transgressão acabada, à transgressão bem-sucedida, que, conservando o interdito, conserva-o *para dele gozar*. *A experiência interior do erotismo exige daquele que a faz uma sensibilidade não menor à angústia que funda o interdito do que ao desejo que leva a infringi-lo.* É a sensibilidade *religiosa* que liga sempre estreitamente o desejo e o pavor, o prazer intenso e a angústia.

Aqueles que ignoram, ou só experimentam furtivamente, os sentimentos de angústia, de náusea, de horror, comuns às mocinhas do século passado, não lhes são suscetíveis, mas o mesmo se dá com aqueles que se deixam limitar por tais sentimentos. Esses sentimentos nada têm de doentio; mas são, na vida de um homem, o que a crisálida é para o animal perfeito. A *experiência interior* do homem é dada no instante em que, quebrando a crisálida, ele tem a consciência de dilacerar a si mesmo, não a resistência oposta de fora. A superação da consciência objetiva, que as paredes da crisálida limitavam, está ligada a essa inversão.

CAPÍTULO II
O interdito ligado à morte

A oposição do mundo do trabalho
ou da razão ao mundo da violência

Nos desenvolvimentos que se seguem, cujo objeto é o erotismo ardente (o ponto em que o erotismo atinge a extrema intensidade), considerarei de uma maneira sistemática a oposição entre os dois inconciliáveis de que falei: o interdito e a transgressão.

De qualquer jeito, o homem pertence a um *e* a outro desses dois mundos, entre os quais sua vida, queira ou não, está dilacerada. O mundo do trabalho e da razão é a base da vida humana, mas o trabalho não nos absorve inteiramente e, se a razão comanda, nossa obediência nunca é ilimitada. Por sua atividade, o homem edificou o mundo racional, mas sempre subsiste nele um fundo de violência e, por mais razoáveis que nos tornemos, uma violência pode nos dominar de novo que não é mais a violência natural, que é a violência de um ser de razão, que tentou obedecer, mas sucumbe ao movimento que nele mesmo não pode reduzir à razão.

Há na natureza e subsiste no homem um movimento que sempre *excede* os limites, e que jamais pode ser reduzido senão parcialmente. Desse movimento, geralmente não conseguimos dar conta. Por definição, ele é mesmo aquilo de que jamais nada dará conta, mas

63

perceptivelmente vivemos em seu poder: o universo que nos carrega não corresponde a nenhum fim que a razão limite, e se tentamos fazê-la corresponder a Deus, não fazemos mais que associar *irracionalmente* o excesso infinito, em presença do qual está nossa razão, e essa mesma razão. Mas pelo excesso que está nele, esse Deus, de que gostaríamos de formar uma noção apreensível, não cessa, excedendo essa noção, de exceder os limites da razão.

No domínio de nossa vida, o excesso se manifesta na medida em que a violência prevalece sobre a razão. O trabalho exige uma conduta em que o cálculo do esforço, relacionado à eficácia produtiva, é constante. Exige uma conduta razoável, em que os movimentos tumultuosos que se liberam na festa e, geralmente, no jogo, não são admitidos. Se não pudéssemos refrear esses movimentos, não poderíamos trabalhar, mas o trabalho introduz justamente a razão de refreá-los. Esses movimentos dão aos que cedem a eles uma satisfação imediata: o trabalho, ao contrário, promete àqueles que os dominam um proveito ulterior, cujo interesse não pode ser discutido, senão do ponto de vista do momento presente. Desde os tempos mais remotos,[6] o trabalho introduziu um intervalo, graças ao qual o homem cessava de responder ao impulso imediato comandado pela violência do desejo. É arbitrário, sem dúvida, sempre opor o desligamento, que está na base do trabalho, a movimentos tumultuosos cuja necessidade não é constante. O trabalho começado cria, entretanto, uma impossibilidade de corresponder a essas solicitações imediatas que podem nos tornar indiferentes a resultados desejáveis, mas cujo interesse diz respeito tão somente ao tempo ulterior. A maior parte do tempo, o trabalho é a tarefa de uma coletividade, e a coletividade deve se opor, no tempo reservado ao trabalho, a esses movimentos de excesso contagioso nos quais nada mais existe senão o abandono imediato ao excesso. Ou seja, à violência. Dessa forma, a coletividade humana, em parte consagrada ao trabalho, se define nos interditos,

---

[6] O trabalho fundou o homem: os primeiros vestígios do homem são as ferramentas de pedra que ele deixou. As ferramentas mais remotas parecem ter sido deixadas pelo Australopiteco, que ainda estava longe da forma acabada que representamos: o Australopiteco viveu cerca de um milhão de anos antes de nós (enquanto o *Homem de Neandertal*, a que remontam as primeiras sepulturas, nos antecede em apenas cerca de cem mil anos).

sem os quais ela não teria se tornado esse *mundo do trabalho* que ela é essencialmente.

O objeto fundamental dos interditos é a violência

O que impede de perceber em sua simplicidade essa articulação decisiva da vida humana é o capricho que reinou na promulgação dos interditos, que muitas vezes lhes deu uma insignificância superficial. A significação dos interditos, se os consideramos em seu conjunto, especialmente se levamos em conta aqueles que não cessamos de observar religiosamente, é entretanto redutível a um elemento simples. Enuncio-o sem poder demonstrá-lo imediatamente (somente à medida que avançar numa reflexão que quis sistemática é que sua consistência aparecerá): o que o mundo do trabalho exclui por meio dos interditos é a violência; no domínio em que situo minha busca, trata-se ao mesmo tempo da reprodução sexual e da morte. Só mais adiante poderei estabelecer a unidade profunda desses aparentes contrários que são o nascimento e a morte. Todavia, desde o início, sua conexão exterior é revelada no *universo sádico*, que se propõe à meditação de quem quer que reflita sobre o erotismo. Sade — o que ele quis dizer — geralmente horroriza mesmo aqueles que afirmam admirá-lo, mas não reconheceram por si mesmos esse fato angustiante: que o movimento do amor, levado ao extremo, é um movimento de morte. Esse laço não deveria parecer paradoxal: o excesso de que procede a reprodução e o excesso que a morte é só podem ser compreendidos um com a ajuda do outro. Mas logo fica claro que os dois interditos iniciais atingem, o primeiro, a morte, o outro, a função sexual.

Os dados pré-históricos do interdito ligado à morte

"Não matarás." "A obra da carne só consumarás em matrimônio..."[7] Tais são os dois mandamentos fundamentais que a Bíblia traz e que, essencialmente, não cessamos de observar.

---

[7] Trata-se, como se sabe, do V e do VI mandamentos (na numeração católica). Em português, o VI mandamento costuma vir formulado como "Não pecarás contra a castidade" ou "Não cometerás adultério". Mais adiante, ficará claro para o leitor por que me vi na necessidade de verter literalmente o enunciado usado por Bataille: "L'œuvre de chair n'accompliras qu'en mariage". (N.T.)

Lâmina IV. Sacrifício de um carneiro. Culto *vodu* (*Fotografia de Pierre Verger*).

"Há, em decorrência da morte violenta, ruptura da *descontinuidade* de um ser: o que subsiste e que, no silêncio que cai, experimentam espíritos ansiosos, é a *continuidade* do ser, à qual a vítima é devolvida." (p. 106)

O primeiro desses interditos é a consequência da atitude humana para com os mortos.

Volto à fase mais remota de nossa espécie, em que se decidiu nosso destino. Antes mesmo que o homem tivesse o aspecto que apresenta hoje, o *Homem de Neandertal*, a que os pré-historiadores dão o nome de *Homo faber*, fabricava instrumentos de pedra variados, muitas vezes de fatura elaborada, com a ajuda dos quais talhava a pedra – ou a madeira. Esse tipo de homem, que viveu cem mil anos antes de nós, já se assemelhava a nós, mas se assemelhava ainda ao antropoide. Embora ficasse ereto como nós, suas pernas eram ainda um pouco arqueadas: quando andava, apoiava-se mais nas bordas exteriores do pé do que na planta. Não tinha como nós o pescoço destacado (embora certos homens tenham guardado algo desses aspectos simiescos). Tinha a testa baixa e a arcada superciliar proeminente. Só conhecemos os ossos desse homem rudimentar: não podemos saber exatamente o aspecto de seu rosto; nem mesmo se sua expressão já era *humana*. Sabemos apenas que trabalhou e que se separou da violência.

Se consideramos o conjunto de sua vida, ele permaneceu no domínio da violência. (Nós mesmos não o abandonamos inteiramente.) Mas escapou em parte a seu poder. Ele trabalhava. De sua habilidade técnica, temos o testemunho deixado por ferramentas de pedra numerosas e diversas. Já então essa habilidade era notável, tanto que, sem uma atenção refletida, podendo retomar e aprimorar a concepção primeira, ele não teria podido chegar a resultados que não foram apenas regulares, mas aprimorados ao longo do tempo. Suas ferramentas não são, aliás, as únicas provas de uma oposição nascente à violência. As *sepulturas* deixadas pelo *Homem de Neandertal* igualmente o testemunham.

Aquilo que, com o trabalho, esse homem reconheceu de pavoroso e transtornador – e mesmo de maravilhoso – é a morte.

O tempo que a pré-história assinala para o *Homem de Neandertal* é o Paleolítico médio. Desde o Paleolítico inferior que, ao que parece, precedeu-o de centenas de milhares de anos, existiam seres humanos bastante semelhantes que, assim como os neandertalenses, deixaram testemunhos de seu trabalho: já os ossamentos que nos chegaram desses homens anteriores levam a pensar que a morte começara a perturbá-los, uma vez que os crânios, ao menos, pareciam ser objeto de sua atenção. Mas a inumação, tal como, em seu conjunto, a humanidade atual não cessa de praticá-la *religiosamente*, aparece por volta do fim do Paleolítico médio: pouco tempo antes da desaparição do *Homem de Neandertal* e da vinda de um homem exatamente semelhante a nós, a que os pré-historiadores (reservando ao homem mais antigo o nome de *Homo faber*) dão o nome de *Homo sapiens*.

    O costume da sepultura é o testemunho de um interdito semelhante ao nosso concernente aos mortos, e à morte. Ao menos sob uma forma vaga, o nascimento desse interdito é logicamente anterior a esse costume. Podemos mesmo admitir que, em certo sentido, de uma maneira quase imperceptível, de tal forma que nenhum testemunho pôde subsistir, e que sem dúvida ele escapava àqueles que o viveram, esse nascimento coincidiu com o do trabalho. Trata-se essencialmente de uma diferença assinalada entre o cadáver do homem e os outros objetos, como as pedras. Hoje, essa diferença caracteriza ainda um ser humano em relação ao animal: o que chamamos morte é em primeiro lugar a consciência que temos dela. Percebemos a passagem do estado vivo ao cadáver, ou seja, ao objeto angustiante que é para o homem o cadáver de outro homem. Para cada um daqueles que fascina, o cadáver é a imagem de seu destino. Ele testemunha uma violência que não apenas destrói um homem, mas que destruirá todos os homens. O *interdito* que se apossa dos outros à vista de um cadáver é o recuo em que *rejeitam a violência*, em que *se separam da violência*. A representação da violência, que, em particular, devemos atribuir aos homens primitivos, só pode ser entendida em oposição ao movimento do trabalho que uma operação razoável regula. Há muito tempo se reconhece o erro de Lévy-Bruhl, que recusava ao primitivo um modo de pensamento racional, que não lhe concedia mais que os deslizamentos e as representações indistintas da *participação*[8]: o trabalho não é evidentemente menos antigo que o homem, e ainda que o animal não seja sempre estranho ao trabalho, o trabalho humano,

---

[8] O que não impede que as descrições de Lévy-Bruhl sejam corretas e de grande interesse. Se, como Cassirer, ele tivesse falado de "pensamento mítico" e não de "pensamento primitivo", não teria encontrado as mesmas dificuldades. O "pensamento mítico" pode coincidir no tempo com o pensamento racional, de que não é a origem.

distinto daquele do animal, nunca é estranho à razão. Ele supõe que seja reconhecida a identidade fundamental consigo mesmo do objeto trabalhado, e a diferença, resultante do trabalho, entre sua matéria-prima e o instrumento elaborado. Do mesmo modo, ele implica a consciência da utilidade do instrumento, da série de causas e efeitos em que entrará. As leis que presidem às operações controladas de que provêm ou a que serviram as ferramentas são desde o princípio as leis da razão. Essas leis regulam as mudanças que o trabalho concebe e realiza. Sem dúvida, um primitivo não poderia tê-las articulado numa linguagem que lhe dava a consciência dos objetos designados, mas não a da designação, não a consciência da própria linguagem. A maior parte do tempo, o trabalhador moderno tampouco estaria em condições de formulá-las: não obstante, observa-as fielmente. O primitivo pôde, em certos casos, pensar como Lévy-Bruhl o representou, de uma maneira irracional, pensar que uma coisa é, mas ao mesmo tempo não é, ou que ela pode num mesmo tempo ser o que é e outra coisa. A razão não dominava todo seu pensamento, mas dominava-o na operação do trabalho. De tal forma que um primitivo pôde conceber, sem formulá-lo, um mundo do trabalho ou da razão, ao qual um mundo da violência se opunha.[9] Certamente, a morte difere como uma desordem da ordenação do trabalho: o primitivo podia sentir que a ordenação do trabalho lhe pertencia, ao passo que a desordem da morte o ultrapassava, fazendo de seus esforços um contrassenso. O movimento do trabalho, a operação da razão, servia a ele, ao passo que a desordem, o movimento da violência, arruinava o próprio ser que é o fim das obras úteis. O homem, identificando-se à ordenação que o trabalho operava, se separou nessas condições da violência, que atuava no sentido contrário.

O horror ao cadáver como signo da violência e ameaça de contágio da violência

Digamos sem mais demora que a violência e a morte que a significa têm um sentido duplo: por um lado, o horror nos afasta,

---

[9] As expressões *mundo profano* (= mundo do trabalho ou da razão) e *mundo sagrado* (= mundo da violência) são muito antigas. Mas *profano*, mas *sagrado* são palavras da linguagem irracional.

ligado ao apego que a vida inspira; por outro, um elemento solene, ao mesmo tempo terrificante, nos fascina, introduzindo uma perturbação soberana. Voltarei a essa ambiguidade. Inicialmente, não posso mais que indicar o aspecto essencial de um movimento de recuo diante da violência que o *interdito* da morte traduz.

O cadáver deve ter sido sempre, por parte daqueles de que, vivo, ele era o companheiro, o objeto de um interesse, e devemos pensar que, vítima da violência, seus próximos tiveram a preocupação de preservá-lo de novas violências. A inumação significou sem dúvida desde os primeiros tempos, por parte daqueles que sepultaram, o desejo que tinham de preservar os mortos da voracidade dos animais. Mas, mesmo que esse desejo tenha sido determinante na instauração do costume, não podemos considerá-lo o fator principal: por muito tempo, o horror dos mortos provavelmente dominou de longe os sentimentos que a civilização suavizada desenvolveu. A morte era o signo da violência introduzida num mundo que ela podia arruinar. Imóvel, o morto participava da violência que o atingira: aquilo que estava em seu "contágio" estava ameaçado pela ruína a que ele sucumbira. A morte provinha tão claramente de uma esfera estranha ao mundo familiar, que só podia lhe convir um modo de pensamento oposto àquele regido pelo trabalho. Só o pensamento simbólico, ou mítico, que Lévy-Bruhl erroneamente chamou primitivo, corresponde a uma violência cujo princípio mesmo é de ultrapassar o pensamento racional implicado pelo trabalho. Nesse modo de pensamento, a violência que interrompe, atingindo o morto, um curso regrado das coisas, não cessa de ser perigosa mesmo já morto aquele que foi atingido. Ela constitui até um perigo mágico, capaz de agir por "contágio" a partir do cadáver. Muitas vezes, a ideia de "contágio" se liga à decomposição do cadáver, em que se vê uma força temível, agressiva. A desordem que é, biologicamente, a podridão por vir, que, assim como o cadáver fresco, é imagem do destino, carrega em si mesma uma ameaça. Não cremos mais na magia contagiosa, mas quem de nós poderia dizer que não empalideceria à visão de um cadáver repleto de vermes? Os povos arcaicos veem no ressecamento dos ossos a prova de que a ameaça da violência introduzida no instante da morte está apaziguada. O mais das vezes, aos olhos dos sobreviventes, o próprio morto, arrastado pelo poder da violência, participa de sua desordem, e é seu apaziguamento que manifestam enfim seus ossos secos.

O interdito do assassinato

O interdito, no caso do cadáver, não parece sempre inteligível. Em *Totem e Tabu*, Freud, devido a seu conhecimento superficial dos dados da etnografia, aliás, menos informes hoje, admitia que, geralmente, o interdito (o tabu) se opunha ao *desejo* de tocar. O desejo de tocar os mortos sem dúvida não era maior outrora do que hoje. O interdito não necessariamente previne contra um desejo: em presença do cadáver, o horror é imediato, inevitável, e é, por assim dizer, impossível resistir a ele. A violência de que a morte está atravessada só induz em tentação em certo sentido, se se trata de encarná-la em nós *contra* alguém vivo, se somos tomados pelo desejo de *matar*. O interdito do assassinato é um aspecto particular do interdito global da violência.

Aos olhos dos homens arcaicos, a violência é sempre a causa da morte: ela pôde atuar por efeito mágico, mas há sempre um responsável, há sempre assassinato. Os dois aspectos do interdito são corolários. Devemos fugir da morte e nos colocar ao abrigo das forças desencadeadas que a habitam. Não devemos deixar que se desencadeiem em nós outras forças análogas àquelas de que o morto é a vítima, pelas quais ele está momentaneamente possuído.

Em princípio, a comunidade, que o trabalho constituiu, se considera alheia em sua essência à violência implicada na morte de um dos seus. Em face dessa morte, a coletividade tem o sentimento do interdito. Mas isso é verdadeiro apenas para os membros de uma comunidade. O interdito atua plenamente no interior. Do lado de fora, em relação aos estrangeiros, o interdito é ainda sentido. Mas pode ser transgredido. A comunidade, que o trabalho separa da violência, está com efeito separada desta no tempo do trabalho, e em relação àqueles que o trabalho comum associa. Fora desse tempo determinado, fora de seus limites, a comunidade pode retornar à violência, pode se entregar ao assassinato na guerra que a opõe a outra comunidade.

Em determinadas condições, por um determinado tempo, o assassinato dos membros de uma determinada tribo é permitido – e mesmo necessário. Entretanto, as mais loucas hecatombes, a despeito da leviandade daqueles que se tornam culpados por elas, não suspendem inteiramente a maldição que atinge o assassinato. Se por vezes rimos da Bíblia que ordena "Não matarás", a insignificância que lhe atribuímos é enganadora. Derrubado o obstáculo, o interdito ultrajado sobrevive à transgressão. O mais sanguinolento dos assassinos não pode ignorar a maldição que o atinge. Pois a maldição é a condição de sua glória. Transgressões multiplicadas não podem triunfar sobre o interdito, *como se o interdito nunca fosse mais do que o meio de atribuir uma gloriosa maldição àquilo que ele rejeita.*

Há na proposição precedente uma verdade primordial: o interdito, que o pavor funda, não propõe apenas que o observemos. A contrapartida nunca falta. Derrubar uma barreira é por si só algo atraente; a ação proibida adquire um sentido que não tinha antes que um terror, que dela nos afasta, a cercasse de um halo de glória. "Nada, escreve Sade, contém a libertinagem... a verdadeira maneira de estender e multiplicar seus desejos é querer impor-lhe limites".[10] Nada contém a libertinagem..., ou antes, de modo geral, não há nada que reduza a violência.

---

[10] *Les Cent-vingt journées de Sodome*. Introdução.

CAPÍTULO III
O interdito ligado à reprodução

**Um interdito universal se opõe em nós
à liberdade animal da vida sexual**

Mais adiante voltarei à relação complementar unindo o interdito que rechaça a violência a movimentos de transgressão que a liberam. Esses movimentos de contrapartida têm uma espécie de unidade: por ter querido passar da posição de uma barreira ao momento em que ela é derrubada, já fui levado a colocar em causa um grupo de interditos paralelo àquele que a morte suscita. Só em segundo lugar poderia falar dos interditos de que a sexualidade é objeto. Temos vestígios muito antigos dos costumes concernentes à morte: os documentos pré-históricos sobre a sexualidade são mais recentes; além do mais, nada se pode concluir a partir deles. Há sepulturas do Paleolítico médio, mas os testemunhos da atividade sexual dos primeiros homens não remontam além do Paleolítico superior. A arte (a representação), que não aparece no tempo do *Homem de Neandertal*,[11] começa com o *Homo sapiens*, que nos deixou algumas poucas imagens de si mesmo. Essas imagens são em princípio itifálicas. Sabemos, portanto, que a

---

[11] Esse homem conhecia o uso de matérias corantes, mas não deixou nenhum vestígio de desenho. Esses vestígios tornam-se numerosos desde os primeiros tempos do *Homo sapiens*.

atividade sexual, assim como a morte, logo interessou os homens, mas não podemos, como no caso da morte, deduzir de um dado tão vago uma indicação clara. As imagens itifálicas, evidentemente, testemunham uma liberdade relativa. Elas não podem, entretanto, provar que aqueles que as traçaram entregavam-se, nesse plano, à liberdade sem limite. Podemos dizer apenas que, em oposição ao trabalho, a atividade sexual é uma violência; que, enquanto impulsão imediata, ela poderia atrapalhar o trabalho: uma comunidade laboriosa, no momento do trabalho, não pode permanecer a sua mercê. Somos, portanto, levados a pensar que, desde a origem, a liberdade sexual deve ter tido que receber um limite a que devemos dar o nome de interdito, sem nada poder dizer dos casos a que se aplicava. Quando muito, podemos crer que, inicialmente, o tempo do trabalho determinou esse limite. A única verdadeira razão que temos para admitir a existência muito antiga de tal interdito é o fato de que em todos os tempos, e em todos os lugares, de que temos conhecimento, o homem se define por uma conduta sexual submetida a regras, a restrições definidas: o homem é um animal que permanece "interdito" diante da morte, e diante da união sexual. Ele pode ficar "mais ou menos" interdito, mas em ambos os casos sua reação difere da dos outros animais.

Essas restrições variam muito de acordo com os tempos e os lugares. Nem todos os povos sentem da mesma maneira a necessidade de esconder os órgãos da sexualidade; mas quase todos furtam à vista o órgão masculino em ereção; e, em princípio, o homem e a mulher procuram um lugar reservado no momento da conjunção sexual. A nudez se tornou nas civilizações ocidentais objeto de um interdito bastante pesado, bastante geral, mas o tempo atual coloca em questão o que parecera um fundamento. Ademais, a experiência que temos de mudanças possíveis não demonstra o sentido arbitrário dos interditos: prova, ao contrário, um sentido profundo que eles têm apesar de mudanças superficiais concernentes a pontos destituídos de importância em si mesmos. Conhecemos agora a fragilidade dos aspectos que demos ao interdito informe de que decorre a necessidade de uma atividade sexual submetida a restrições geralmente observadas. Mas adquirimos nesta ocasião a certeza de uma regra fundamental que exige nossa submissão a restrições *quaisquer*, em *comum*. O interdito que se opõe em nós à liberdade sexual é geral, universal; os interditos particulares são seus aspectos variáveis.

Fico pasmo de ser o primeiro a dizê-lo tão claramente. É banal isolar um "interdito" particular, como a proibição do incesto, que é somente um "aspecto", e buscar sua explicação fora de seu universal fundamento, que é o interdito informe e universal de que a sexualidade é objeto. Roger Caillois, todavia, constitui uma exceção ao escrever: "Problemas que fizeram correr um bocado de tinta, como a proibição do incesto, só podem receber sua justa solução se considerados como casos particulares de um sistema que abarca a *totalidade* das interdições religiosas numa sociedade determinada".[12] A meus olhos, a fórmula de Caillois é perfeita em seu começo, mas "sociedade determinada" é ainda um caso particular, um aspecto. É a totalidade das interdições religiosas de todos os tempos sob todos os climas que devemos considerar. A fórmula de Caillois me leva a dizer, desde agora, desse "interdito informe e universal", que ele é sempre o mesmo. Como sua forma, seu objeto muda: quer estejam em questão a sexualidade ou a morte, é sempre a violência que é visada, a violência que apavora, mas que fascina.

A proibição do incesto

O "caso particular" da proibição do incesto é o que mais atrai a atenção. A ponto de substituir, numa representação geral, o interdito sexual propriamente dito. Todo mundo sabe que existe um interdito sexual, informe e inapreensível: a humanidade inteira o observa; mas, de uma observância tão diversa de acordo com os tempos e os lugares, ninguém tirou uma fórmula que permitisse falar em termos gerais. O interdito do incesto, que não é menos universal, se traduz em costumes precisos, sempre formulados com bastante rigor, e uma única palavra, cujo sentido formal não é contestável, dele fornece a definição geral. Essa é a razão pela qual o incesto foi objeto de numerosos estudos, enquanto o interdito de que ele não é mais que um caso particular, do qual deriva um conjunto sem coerência, não tem lugar no espírito daqueles que têm a oportunidade de estudar as

---

[12] CAILLOIS, Roger. *L'Homme et le sacré*. 2. ed. Paris: Gallimard, 1950, p. 71, n. 1.

condutas humanas. O que demonstra o quanto a inteligência humana é inclinada à consideração do que é simples e definível e à negligência do que é vago, inapreensível e variável. Assim, o interdito sexual escapou até aqui à curiosidade dos estudiosos, enquanto as formas variadas do incesto, não menos claramente determinadas que aquelas das espécies animais, propunham-lhes o que eles queriam: enigmas a resolver, sobre os quais exercer sua sagacidade.

Nas sociedades arcaicas, a classificação das pessoas de acordo com sua relação de parentesco e a determinação dos casamentos proibidos se tornou por vezes uma verdadeira ciência. O grande mérito de Claude Lévi-Strauss é ter encontrado, nos meandros infinitos de estruturas familiares arcaicas, a origem de particularidades que não podem derivar unicamente desse vago interdito fundamental, que levou geralmente os homens à observação de leis opostas à liberdade animal. As disposições concernentes ao incesto responderam inicialmente à necessidade de aprisionar em regras uma violência que, livre, teria podido bagunçar a ordem a que a coletividade se desejava dobrada. Mas, independentemente dessa determinação fundamental, leis equitativas foram necessárias à distribuição das mulheres entre os homens; tais disposições, estranhas e precisas, podem ser compreendidas se consideramos o interesse de uma distribuição regular. O interdito atuava no sentido de uma regra qualquer, mas as regras dadas puderam ser decididas para responder a preocupações secundárias, que não tinham nada a ver com a violência sexual e com o perigo que ela constituía para a ordem racional. Se Lévi-Strauss não tivesse mostrado que origem teve um determinado aspecto da regra dos casamentos, não haveria nenhuma razão para não buscar aí o sentido da proibição do incesto, mas esse aspecto responderá simplesmente à preocupação de fornecer uma solução ao problema da repartição pelo dom das mulheres disponíveis.

Se persistimos em atribuir um sentido ao movimento geral do incesto, que interdiz a união física entre parentes próximos, devemos pensar primeiro no forte sentimento que persiste. Esse sentimento não é fundamental, mas tampouco eram fundamentais as comodidades que decidiram as modalidades do interdito. Parece natural, num primeiro movimento, buscar uma causa a partir de formas aparentemente muito antigas. Uma vez a busca levada suficientemente longe, é o contrário que aparece. A causa revelada não pôde ordenar o princípio de uma limitação, mas utilizar o princípio para fins ocasionais. Devemos remeter o caso particular à "totalidade das interdições religiosas" que conhecemos e a que não cessamos de estar sujeitos. Há algo mais firme em nós do que o horror ao incesto? (Associo a ele o respeito pelos mortos, mas só num desenvolvimento ulterior mostrarei essa unidade primeira em que o conjunto dos interditos aparece entrelaçado). É inumano a nossos olhos se unir fisicamente com seu pai, com sua mãe – com seu irmão ou com sua irmã. A definição daqueles que não devemos conhecer sexualmente é variável. Mas sem que a regra jamais tenha sido definida, não devemos em princípio nos unir com aqueles que viviam em nosso lar no momento em que nascemos; há, por esse lado, uma limitação que seria mais clara, sem dúvida, se outros interditos variáveis, arbitrários aos olhos daqueles que não se submetem a eles, não se misturassem a ela. No centro, um núcleo bastante simples, bastante constante, e em volta, uma mobilidade complexa, arbitrária, caracterizam esse interdito elementar: quase em toda parte se encontra o núcleo sólido e, ao mesmo tempo, a mobilidade fluida que o cerca. Essa mobilidade dissimula o sentido do núcleo. O núcleo não é ele próprio intangível, mas, ao considerá-lo, percebemos melhor o horror primeiro que se repercute, às vezes ao acaso, às vezes de acordo com a comodidade. Trata-se sempre essencialmente de uma incompatibilidade da esfera em que domina a ação calma e razoável com a violência do impulso sexual. Ao longo do tempo, as regras que decorrem dela poderiam ser definidas sem um formalismo variável e arbitrário?[13]

O sangue menstrual e o sangue do parto

Outros interditos associados à sexualidade não nos parecem menos redutíveis que o incesto ao horror informe da violência, tais como o interdito do sangue menstrual e o do sangue do parto. Esses líquidos são tidos por manifestações da violência interna. Por

---

[13] Deixei para a segunda parte (ver Estudo IV, p. 224) uma análise mais detalhada do incesto fundada na erudita obra de Claude Lévi-Strauss, *Les structures élémentaires de la parenté*. Paris: Presses Universitaires, 1949, in-8°, 640 p.

si mesmo, o sangue é signo de violência. O líquido menstrual tem ademais o sentido da atividade sexual e da mácula que emana dela: a mácula é um dos efeitos da violência. O parto não pode ser dissociado de tal conjunto: não é ele próprio um dilaceramento, um excesso que transborda o curso dos atos ordenados? Não tem ele o sentido da desmesura sem a qual nada poderia passar do nada ao ser, assim como do ser ao nada? Há sem dúvida um elemento gratuito nessas apreciações. Assim, esses interditos, mesmo se ainda somos sensíveis ao horror dessas máculas, são insignificantes a nossos olhos. Não se trata do núcleo estável. Esses aspectos subsidiários fazem parte dos elementos redutíveis que cercam o núcleo mal definido.

CAPÍTULO IV
A afinidade da reprodução e da morte

A morte, a corrupção e a renovação da vida

Fica claro desde o início que os interditos responderam à necessidade de rechaçar a violência do curso habitual das coisas. Da violência, não pude e não achei necessário dar logo uma definição precisa.[14] A unidade da significação dos interditos deveria se tornar visível ao longo dos desenvolvimentos que representam seus variados aspectos.

Encontramos uma primeira dificuldade: os interditos que me parecem fundamentais incidiram sobre dois domínios cuja oposição é radical. A morte e a reprodução se opõem como a negação à afirmação.

A morte é, em princípio, o contrário de uma função cujo fim é o nascimento, mas a oposição é redutível.

A morte de alguém é correlativa ao nascimento de outro alguém, que ela anuncia e de que é a condição. A vida é sempre um produto da decomposição da vida. Ela é tributária, em primeiro lugar, da morte, que desocupa a vaga; em seguida, da corrupção que segue a morte e recoloca em circulação as substâncias necessárias à incessante vinda ao mundo de novos seres.

---

[14] Mas a noção de violência oposta à razão se refere à obra magistral de Eric Weil, *Logique de la philosophie* (Vrin). A concepção de violência que está na base da filosofia de Eric Weil me parece, além do mais, próxima daquela de que parto.

Entretanto, a vida não deixa de ser por isso uma negação da morte. Ela é sua condenação, sua exclusão. Essa reação é a mais forte na espécie humana, e o horror à morte está ligado não apenas ao aniquilamento do ser, mas também à podridão que devolve as carnes mortas à fermentação geral da vida. Na verdade, somente o profundo respeito ligado à representação solene da morte, que pertence à civilização idealista, desenvolveu uma oposição radical. O horror imediato mantinha – ao menos vagamente – a consciência de uma identidade entre o aspecto terrificante da morte, sua corrupção fétida, e essa condição elementar da vida, que revira o estômago. Para os povos arcaicos, o momento da extrema angústia permanece ligado à fase de decomposição: os ossos secos não têm mais o aspecto intolerável das carnes corrompidas de que os vermes se nutrem. Confusamente, os sobreviventes veem, na angústia ligada à corrupção, a expressão do cruel rancor e do ódio de que são objeto por parte do morto, e que os ritos de luto têm por fim apaziguar. Mas pensam que os ossos secos respondem ao apaziguamento desse ódio. Esses ossos, que lhes parecem veneráveis, introduzem um primeiro aspecto decente – solene e suportável – da morte; esse aspecto ainda é angustiante, mas sem o excesso de virulência ativa da putrefação.

Esses ossos secos não abandonam mais os sobreviventes à ameaça viscosa que acarreta o nojo. Eles colocam fim à aproximação fundamental entre a morte e a decomposição de que jorra a vida profusa. Mas, num tempo mais próximo do que o nosso das reações humanas primordiais, essa aproximação pareceu tão necessária que Aristóteles ainda dizia que certos animais, formados espontaneamente, acreditava ele, na terra ou na água, nasciam da corrupção.[15] O poder de engendrar da putrefação é uma crença ingênua que corresponde ao horror mesclado de atração que ela desperta em nós. Essa crença está na base de uma ideia que tivemos da natureza, da natureza má, da natureza *que envergonha*: a corrupção resumia esse mundo de que surgimos, e a que retornamos: nessa representação, o horror e a vergonha se ligavam ao mesmo tempo a nosso nascimento e a nossa morte.

Essas matérias moventes, fétidas e mornas, cujo aspecto é pavoroso e onde a vida fermenta, essas matérias onde fervilham as larvas,

---

[15] É assim que Aristóteles concebia a "geração espontânea" em que ainda acreditava.

os germes e os vermes, estão na origem dessas reações decisivas que nomeamos *náusea, repugnância, nojo*. Para além do aniquilamento por vir, que se abaterá totalmente sobre o ser que sou, que espera ser ainda, cujo sentido mesmo, mais que de ser é de esperar ser (como se eu não fosse a *presença* que sou, mas o porvir que espero, que entretanto não sou), a morte anunciará meu retorno à purulência da vida. Assim, posso pressentir – e viver na sua expectativa – essa purulência multiplicada que em mim celebra por antecipação o triunfo da náusea.

A náusea e o conjunto do domínio da náusea

Na morte de outro alguém, enquanto esperávamos, nós que sobrevivemos, que se mantivesse a vida daquele que, perto de nós, repousa imóvel, nossa espera, de repente, se resolve em *nada*. Não que um cadáver seja *nada*, mas esse objeto, esse cadáver está marcado desde o princípio pelo signo *nada*. Para nós que sobrevivemos, esse cadáver, cuja purulência próxima nos ameaça, não corresponde ele próprio a nenhuma expectativa semelhante àquela que tínhamos desse homem estendido, quando estava vivo, mas a um temor: assim, esse objeto é menos que *nada*, pior que *nada*.

Em relação com esse caráter, o temor, que é o fundamento do nojo, não é motivado por um perigo objetivo. A ameaça de que se trata não é objetivamente justificável. Não há razão para ver no cadáver de um homem algo além do que se vê num animal morto, numa peça de caça, por exemplo. Nem mesmo o afastamento apavorado que uma corrupção avançada provoca tem um sentido inevitável. Temos na mesma ordem de ideias um conjunto de condutas artificiais. O horror que temos dos cadáveres é vizinho do sentimento que temos diante das dejeções alvinas de origem humana. Essa aproximação faz ainda mais sentido na medida em que temos um horror análogo aos aspectos da sensualidade que qualificamos de obscenos. Os condutos sexuais evacuam dejeções; nós os qualificamos de "partes pudendas", e associamos-lhes o orifício anal. Santo Agostinho insistia penosamente na obscenidade dos órgãos e da função de reprodução. "*Inter faeces et urinam nascimur*", dizia: "Nascemos entre as fezes e a urina." Nossas matérias fecais não são objeto de um interdito formulado por regras sociais meticulosas, análogas àquelas que incidiram sobre o cadáver ou sobre o sangue menstrual. Mas, no conjunto, por deslizamentos, se formou um domínio da imundície, da corrupção e da sexualidade cujas conexões são bastante sensíveis. Em princípio, contiguidades de fato, vindas de fora, determinaram o conjunto do domínio. Mas sua existência não deixa por isso de ter um caráter subjetivo: a náusea varia de acordo com as pessoas, e sua razão de ser objetiva se esquiva. Sucedendo ao homem vivo, o cadáver não é mais nada: do mesmo modo, nada de tangível nos provoca objetivamente a náusea, nosso sentimento é aquele de um vazio e o experimentamos no desfalecimento.

Não podemos falar facilmente dessas coisas que não são *nada* por si mesmas. Elas se manifestam, contudo, muitas vezes com uma força sensível que os objetos inertes, dos quais apenas as qualidades objetivas nos atingem, não têm. Como dizer que essa coisa fedorenta não é *nada*? Mas se protestamos é porque, humilhados, recusamos ver. Acreditamos que uma dejeção nos repugna por causa de seu fedor. Mas ela federia se não tivesse se tornado antes objeto de nosso nojo? Esquecemos muito rápido a dificuldade que temos para comunicar a nossos filhos as aversões que nos constituem, que fizeram de nós seres humanos. Nossos filhos não partilham nossas reações por si mesmos. Podem não gostar de um alimento, que recusam. Mas devemos lhes ensinar por meio de uma mímica e, se preciso, pela violência, a estranha aberração que é o nojo, que nos toca ao ponto mesmo de desfalecermos, e cujo contágio nos chega *desde os primeiros homens*; através de inúmeras gerações de crianças repreendidas.

Nosso erro é não levar a sério ensinamentos sagrados que, há milênios, transmitimos às crianças, mas que, antigamente, tinham uma forma diferente. O domínio do nojo e da náusea é em seu conjunto um efeito desses ensinamentos.

O movimento de prodigalidade da vida e o medo desse movimento

Feita essa leitura, o que poderia se abrir em nós é um vazio. O que disse não tem outro sentido senão esse vazio.

Lâmina V. Hans Baldung Grien. A morte beija uma mulher nua diante da tumba aberta. Museu de Basileia (*Fotografia de Haufstaengl-Giraudon*).

"A morte é, em princípio, o contrário de uma função cujo fim é o nascimento, mas a oposição é redutível." (p. 79)

Mas esse vazio se abre num ponto determinado. É, por exemplo, a morte que o abre: é o cadáver no interior do qual a morte introduz a ausência, é a putrefação ligada a essa ausência. Posso aproximar meu horror pela putrefação (tão profundamente interdita que em mim a imaginação a sugere e não a memória) do sentimento que tenho da obscenidade. Posso me dizer que a repugnância, que o horror, é o princípio do meu desejo; e que seu objeto, por abrir em mim um vazio tão profundo quanto a morte, move esse desejo que nasceu justamente do seu contrário que é o horror.

No primeiro movimento, esse pensamento excede a medida.

É preciso muita força para perceber a ligação da promessa de vida, que é o sentido do erotismo, com o aspecto luxuoso da morte. Que a morte seja também a juventude do mundo é algo que a humanidade teima em não reconhecer. Com uma venda nos olhos, recusamos ver que só a morte assegura incessantemente um ressurgimento sem o qual a vida declinaria. Recusamos ver que a vida é a armadilha oferecida ao equilíbrio, que ela é inteiramente a instabilidade, o desequilíbrio em que precipita. É um movimento tumultuoso que evoca incessantemente a explosão. Mas a explosão incessante não cessando de esgotá-la, a vida só pode prosseguir sob uma condição: que os seres por ela engendrados, e cuja força de explosão esteja esgotada, cedam lugar a novos seres que entrem na roda com uma força nova.[16]

Não poderíamos imaginar procedimento mais dispendioso. Em certo sentido, a vida é *possível*, ela se produziria facilmente sem exigir esse gasto imenso, esse luxo do aniquilamento que fere a imaginação. Comparado ao de um infusório, o organismo do mamífero é um abismo em que se perdem loucas quantidades de energia. Elas não são reduzidas a *nada* se permitem o desenvolvimento de outras possibilidades. Mas

---

[16] Embora essa verdade geralmente não seja reconhecida, Bossuet a exprime em seu *Sermon sur la mort* (1662): "A natureza, diz ele, quase invejosa do bem que nos faz, declara-nos com frequência e nos dá a entender que não pode nos deixar muito tempo esse pouco de matéria que nos empresta, que não deve permanecer nas mesmas mãos, e que deve estar eternamente no comércio: ela precisa dele para outras formas, ela o pede de volta para outras obras. Esse contínuo recrescimento do gênero humano, quero dizer, as crianças que nascem, à medida que avançam, parecem nos puxar pelo ombro e nos dizer: Retirem-se, agora é nossa vez. Assim, como vemos outros passarem diante de nós, outros nos verão passar que, por sua vez, devem o mesmo espetáculo a seus sucessores".

devemos conceber até o final o ciclo infernal. O crescimento dos vegetais supõe o interminável amontoamento de substâncias dissociadas, *corrompidas* pela morte. Os herbívoros engolem pilhas de substância vegetal viva antes de serem eles próprios comidos, antes de corresponderem dessa forma ao movimento de devoração do carnívoro. Nada resta ao final, senão esse predador feroz, ou seus despojos que se tornam por sua vez a presa das hienas e dos vermes. Do ponto de vista que corresponderia ao sentido desse movimento, quanto mais os procedimentos que engendram a vida são dispendiosos, quanto mais a produção de organismos novos é custosa, mais a operação é bem-sucedida! O desejo de produzir a baixo custo é pobremente humano. Mesmo assim vigora na humanidade o princípio estreito do capitalista, do administrador de uma "sociedade", do indivíduo isolado que revende na esperança de engolir benefícios acumulados no final (pois eles sempre são engolidos de alguma maneira). Se consideramos globalmente a vida humana, ela aspira à prodigalidade até a angústia, *até a angústia, até o limite em que a angústia não é mais tolerável.* O resto é conversa de moralista. Como, lúcidos, não o veríamos? tudo o indica! uma agitação febril em nós pede à morte que exerça suas devastações a nossas custas.

Vamos ao encontro dessas provações multiplicadas, desses recomeços estéreis, dessa dissipação de forças vivas que se realiza na passagem dos seres que envelhecem a outros mais jovens. *Desejamos no fundo* a condição inadmissível que resulta disso, a do ser isolado, prometido à dor e ao horror do aniquilamento: se não fosse a náusea ligada a essa condição – tão horrível que, muitas vezes, o pânico nos dá em silêncio o sentimento do impossível – não estaríamos satisfeitos. Mas nossos julgamentos se formam sob o impacto de incessantes decepções e da expectativa obstinada de um apaziguamento que acompanham esse movimento; a faculdade que temos de nos fazer entender é diretamente proporcional à cegueira em que estamos resolvidos a permanecer. Pois no auge da convulsão que nos forma, a teimosia da ingenuidade, que espera sua cessação, não pode mais que agravar a angústia por meio da qual a vida inteira, condenada ao movimento inútil, acrescenta à fatalidade o luxo de um suplício amado. Pois, se é inevitável para o homem ser um luxo, o que dizer do luxo que é a angústia?

O "não" oposto pelo homem à natureza

As reações humanas, em última instância, precipitam o movimento: a angústia precipita o movimento e o torna ao mesmo tempo mais sensível. Em princípio, a atitude do homem é a recusa. O homem se encabritou para não mais seguir o movimento que o arrebatava, mas não pôde, dessa forma, mais que precipitá-lo, que tornar sua rapidez vertiginosa.

Se vemos nos interditos essenciais a recusa que o ser opõe à natureza encarada como uma dissipação de energia viva e como uma orgia do aniquilamento, não podemos mais diferenciar a morte da sexualidade. A sexualidade e a morte são apenas os momentos agudos de uma festa que a natureza celebra com a multidão inesgotável dos seres; uma e outra têm o sentido do desperdício ilimitado a que a natureza procede contrariando o desejo de durar, que é próprio a cada ser.

A longo ou curto prazo, a reprodução exige a morte daqueles que engendram, que nunca engendram senão para estender o aniquilamento (assim como a morte de uma geração exige uma geração nova). A analogia no espírito humano entre a podridão e os aspectos variados da atividade sexual acaba de misturar as náuseas que nos opõem àquela e a estes. Os interditos em que tomou forma uma reação única a dois fins podem não ter sido simultâneos, mesmo um longo período é concebível entre o interdito ligado à morte e aquele de que a reprodução é objeto (muitas vezes as coisas perfeitas só se formam de maneira tateante, por aproximações sucessivas). Mas sua unidade não é menos sensível para nós: para nós, é de um complexo indivisível que se trata. Como se, inconscientemente, o homem tivesse captado de uma só vez o que a natureza tem de impossível (o que nos é *dado*) ao exigir dos seres que suscita a participação nessa fúria de destruir que a anima e que nada saciará. A natureza exigia que eles cedessem, que estou dizendo? ela exigia que eles se jogassem de cabeça: a possibilidade humana dependeu do momento em que, tomado de uma vertigem insuperável, um ser se esforçou por responder *não*.

Um ser se esforçou? Nunca, com efeito, os homens opuseram à violência (ao excesso de que se trata) um *não* definitivo. Em momentos de desfalecimento, eles se fecharam ao movimento da natureza: tratava-se de um *tempo* de parada, não de uma imobilidade derradeira.

Para além do interdito devemos agora considerar a transgressão.

CAPÍTULO V
A transgressão

A transgressão não é a negação do interdito, mas o supera e o completa

O que faz com que seja tão difícil falar do interdito não é apenas a variabilidade dos objetos, mas um caráter ilógico. Jamais, a propósito do mesmo objeto, uma proposição oposta é impossível. Não há interdito que não possa ser transgredido. Frequentemente a transgressão é admitida, muitas vezes ela é até prescrita.

Somos tentados a rir, pensando no solene mandamento: "Não matarás", seguido pela bênção dos exércitos e pelo "Te Deum" da apoteose. O interdito é seguido sem rodeios pela cumplicidade com o assassinato! Seguramente, a violência das guerras trai o Deus do Novo Testamento, mas não se opõe da mesma maneira ao Deus dos Exércitos do Antigo. Se o interdito fosse dado nos limites da razão, ele significaria a condenação das guerras e nos colocaria diante da escolha: aceitá-lo e fazer tudo para eliminar a matança militar; ou lutar e tomar a lei por uma enganação. Mas os interditos, sobre os quais repousa o mundo da razão, nem por isso são racionais. De início, uma oposição calma à violência não teria bastado para separar claramente os dois mundos: se a própria oposição não tivesse, de certa maneira, participado da violência; se algum sentimento violento negativo não tivesse tornado a violência horrível para todos, a razão, por si só, não teria podido definir com suficiente autoridade os limites do deslizamento. Só o horror e o pavor irracionais podiam subsistir em face de desencadeamentos desmesurados. Tal é a natureza do *tabu*, que torna possível um mundo da calma e da razão, mas é ele próprio, em princípio, um tremor que não se impõe à inteligência, mas à *sensibilidade*, como o faz a própria violência (essencialmente, a violência humana é o efeito não de um cálculo, mas de estados sensíveis: a cólera, o medo, o desejo...). Devemos levar em conta o caráter irracional dos interditos se queremos compreender uma indiferença à lógica que não cessa de lhes estar ligada. No domínio irracional, em que nos encerram nossas considerações, devemos dizer: "Por vezes, um interdito intangível é violado, isso não quer dizer que ele tenha cessado de ser intangível." Podemos mesmo chegar à proposição absurda: "o interdito está aí para ser violado." Essa proposição não é, como parece inicialmente, uma simples provocação, mas o enunciado correto de uma relação inevitável entre emoções de sentido contrário. Sob o impacto da emoção negativa, devemos obedecer ao interdito. Nós o violamos se a emoção é positiva. A violação cometida não é de natureza a suprimir a possibilidade e o sentido da emoção oposta: ela é mesmo sua justificação e sua fonte. Não seríamos terrificados da mesma maneira pela violência se não soubéssemos, ou não tivéssemos ao menos obscuramente consciência de que ela poderia nos levar, nós mesmos, ao pior.

A proposição: "o interdito está aí para ser violado" deve tornar inteligível o fato de que o interdito do assassinato, embora universal, nunca se opôs à guerra. Estou mesmo seguro de que, sem o interdito, a guerra é impossível, inconcebível!

Os animais, que não conhecem o interdito, não conheceram, a partir de seus combates, a empresa organizada que é a guerra. A guerra, em certo sentido, se reduz à organização coletiva de movimentos de agressividade. É, como o trabalho, coletivamente organizada; como o trabalho, ela se atribui uma finalidade, corresponde ao projeto refletido daqueles que a conduzem. Isso não quer dizer que a guerra e a violência se oponham. Mas a guerra é uma violência *organizada*. A transgressão do interdito não é a violência animal. É ainda a violência, exercida por um ser capaz de razão (colocando no caso a sabedoria a serviço da violência). No mínimo, o interdito é o limiar somente para além do qual o assassinato é possível; e, coletivamente, a guerra é determinada pelo limiar transposto.

Se a transgressão propriamente dita, opondo-se à ignorância do interdito, não tivesse esse caráter limitado, ela seria retorno à violência – à animalidade da violência. Mas não é nada disso o que ocorre de fato. A transgressão organizada forma com o interdito um conjunto que define a vida social. A frequência – e a regularidade – das transgressões não abala a firmeza intangível do interdito, de que é sempre o complemento esperado – como um movimento de diástole completa um de sístole, ou como uma explosão é provocada por uma compressão que a precede. Longe de obedecer à explosão, a compressão a torna nervosa. Essa verdade parece nova, embora esteja fundada na experiência imemorial. Mas ela é bastante contrária ao mundo do discurso de que a ciência deriva. É por isso que só foi tardiamente enunciada. Marcel Mauss, talvez o mais notável intérprete da história das religiões, teve consciência dela, e seu ensino oral a formulava. Mas essa visão essencial transparece apenas num pequeno número de frases significativas de sua obra impressa. Só Roger Caillois, utilizando o ensinamento e os conselhos de Mauss, ofereceu pela primeira vez, em sua "teoria da festa", um aspecto elaborado da transgressão.[17]

A transgressão indefinida

Muitas vezes a transgressão do interdito não está ela própria menos sujeita a regras do que o interdito. Não se trata de liberdade: *em tal momento e até este ponto, isso é possível* – esse é o sentido da transgressão. Mas uma primeira licença limitada pode desencadear o impulso ilimitado à violência: as barreiras não são simplesmente retiradas, pode mesmo ser necessário, no momento da transgressão, afirmar sua solidez. A preocupação com uma regra é por vezes a maior na transgressão: pois é mais difícil limitar um tumulto uma vez começado.

---

[17] CAILLOIS, Roger. Le sacré de transgression: théorie de la fête. In: *L'Homme et le sacré*. Paris: Gallimard, 1950, cap. IV, p. 125-168.

Todavia, como exceção, a transgressão ilimitada é concebível. Darei um exemplo digno de atenção.

Sucede às vezes que a violência, de alguma maneira, transborda o interdito. Parece – pode parecer – que, a lei tornando-se impotente, nada de firme pode desde então conter a violência. A morte, em sua base, excede o interdito oposto à violência que, teoricamente, é sua causa: o mais das vezes, o sentimento de ruptura que se segue acarreta um desarranjo menor, que os ritos fúnebres, que a festa – que ordenam ritualmente e que limitam as impulsões desordenadas – têm o poder de reabsorver. Mas, se a morte prevalece sobre um ser soberano, que parecia por essência ter triunfado dela, esse sentimento se sobrepõe, e a desordem não tem limites.

Caillois ofereceu essa imagem das condutas de certos povos da Oceania:

> Quando a vida da sociedade e da natureza, diz ele[18], se encontra resumida na pessoa sagrada de um rei, é a hora de sua morte que determina o instante crítico e é ela que desencadeia as licenças rituais. Estas tomam então o aspecto que corresponde estritamente à catástrofe ocorrida. O sacrilégio é de ordem social. É perpetrado às custas da majestade, da hierarquia e do poder... Jamais se opõe a mínima resistência ao frenesi popular: este é considerado tão necessário quanto o era a obediência ao defunto. Nas ilhas Sandwich, a multidão, ao saber da morte do rei, comete todos os atos vistos em tempos ordinários como criminosos: incendeia, pilha e mata, enquanto às mulheres cabe prostituir-se publicamente... Nas ilhas Fiji, os fatos são ainda mais nítidos: a morte do chefe dá o sinal para a pilhagem, as tribos subordinadas invadem a capital e ali cometem todas as bandidagens e todas as depredações.

> Essas transgressões, entretanto, não cessam de constituir sacrilégios. Infringem as regras que pareciam ser, na véspera, e estão destinadas a voltar a ser no dia seguinte, as mais santas e as mais invioláveis. Figuram realmente como sacrilégios maiores.[19]

É digno de nota que a desordem tenha lugar no "período agudo da infecção e da imundice que a morte representa", no "tempo de

---

[18] CAILLOIS. Le sacré de transgression: théorie de la fête, p. 151.

[19] CAILLOIS. Le sacré de transgression: théorie de la fête, p. 151.

sua plena e evidente virulência, eminentemente ativa e contagiosa". Ela "termina com a eliminação completa dos elementos putrescíveis do cadáver régio, quando não resta mais do despojo que um duro e são esqueleto incorruptível".[20]

O mecanismo da transgressão aparece nesse desencadeamento da violência. O homem quis, acreditou dominar a natureza, opondo-lhe geralmente a recusa do interdito. Limitando em si mesmo o movimento da violência, pensou limitá-lo ao mesmo tempo na ordem real. Mas se percebia a ineficácia da barreira que tentara oferecer à violência, os limites que ele mesmo pretendera observar perdiam o sentido que tinham para ele: suas impulsões contidas se desencadeavam, desde então matava livremente, parava de moderar sua exuberância sexual e não temia mais fazer em público e sem freio o que até então só fazia discretamente. Enquanto o corpo do rei estivesse sob o domínio de uma decomposição agressiva, a sociedade inteira estava, ela, em poder da violência. Uma barreira incapaz de proteger a vida do rei da virulência da morte não poderia se opor eficazmente aos excessos que não cessam de colocar em perigo a ordem social.

Nenhum limite bem definido organiza esses "sacrilégios maiores" a que a morte do rei dá livre curso. O retorno do defunto à pureza esquelética põe fim todavia a essa irrupção informe da licença. Mesmo nesse caso desfavorável, a transgressão nada tem a ver com a liberdade primeira da vida animal: ela abre um acesso para o além dos limites ordinariamente observados, mas reserva esses limites. A transgressão excede, sem o destruir, um mundo *profano* de que é o complemento. A sociedade humana não é apenas o mundo do trabalho. Simultaneamente – ou sucessivamente – o mundo *profano* e o mundo *sagrado* a compõem, sendo suas duas formas complementares. O mundo *profano* é aquele dos interditos. O mundo *sagrado* se abre a transgressões limitadas. É o mundo da festa, dos soberanos e dos deuses.

Essa maneira de ver é difícil uma vez que *sagrado* designa ao mesmo tempo os dois contrários. De uma maneira fundamental, é *sagrado* o que é objeto de um interdito. O interdito que designa negativamente a coisa sagrada não tem apenas o poder de nos dar – no

---

[20] CAILLOIS. Le sacré de transgression: théorie de la fête, p. 153.

plano da religião – um sentimento de pavor e de tremor. Esse sentimento se transforma, no limite, em devoção: torna-se adoração. Os deuses, que encarnam o *sagrado*, fazem tremer aqueles que os veneram, mas eles os veneram. Os homens são submetidos ao mesmo tempo a dois movimentos: de terror, que rejeita, e de atração que impõe o respeito fascinado. O interdito e a transgressão correspondem a esses dois movimentos contraditórios: o interdito rejeita, mas a fascinação introduz a transgressão. O interdito, o tabu, só em certo sentido se opõe ao divino, mas o divino é o aspecto fascinante do interdito: é o interdito transfigurado. A mitologia compõe – por vezes encavala – seus temas a partir desses dados. Somente o aspecto econômico dessas oposições permite introduzir uma distinção clara e apreensível dos dois aspectos. O interdito corresponde ao trabalho, o trabalho à produção: no tempo *profano* do trabalho, a sociedade acumula os recursos, o consumo é reduzido à quantidade necessária à produção. Por excelência, o tempo *sagrado* é a festa. A festa não significa necessariamente, como aquela de que falei, que segue a morte do rei, a supressão maciça dos interditos, mas, em tempo de festa, o que costuma ser interdito pode sempre ser permitido, por vezes exigido. Há, do tempo ordinário à festa, uma inversão dos valores cujo sentido Caillois sublinhou.[21] Sob o ângulo econômico, a festa consome em sua prodigalidade sem medida os recursos acumulados no tempo do trabalho. Trata-se desta vez de uma oposição clara. Não podemos afirmar categoricamente que a transgressão é, mais do que o interdito, o fundamento da religião. Mas a dilapidação funda a festa, e a festa é o ponto culminante da atividade religiosa. Acumular e gastar são as duas fases de que essa atividade se compõe: se partimos desse ponto de vista, a religião compõe um movimento de dança em que o recuo provoca um novo salto.

É essencial para o homem recusar a violência do movimento natural, mas a recusa não significa a ruptura; anuncia, ao contrário, um acordo mais profundo. Esse acordo reserva em segundo plano o sentimento que fundara o desacordo. Esse sentimento é tão bem mantido que o movimento que arrebata o acordo é sempre vertiginoso. A náusea, depois a superação da náusea, seguida pela vertigem, tais são as fases da dança paradoxal que as atitudes religiosas ordenam.

---

[21] CAILLOIS. Le sacré de transgression: théorie de la fête, p. 125-168.

No conjunto, apesar da complexidade do movimento, seu sentido aparece em plena luz: a religião rege essencialmente a transgressão dos interditos.

Mas a confusão é introduzida, e mantida, pelos sentimentos de pavor, sem os quais o fundo da religião é inconcebível. A cada momento, o recuo que provoca o novo salto é tomado pela essência da religião. Essa visão é evidentemente incompleta e seria fácil acabar com o mal entendido se a inversão profunda, que sempre condiz com as intenções do mundo racional, não servisse de base a um novo salto interior que nos despista. Nas religiões universais, do tipo do cristianismo e do budismo, o pavor e a náusea preludiam as escapadas de uma vida espiritual ardente. Ora, essa vida espiritual, que se funda no reforço dos interditos primeiros, tem, entretanto, o sentido da festa: é a transgressão, não a observação da lei. No cristianismo e no budismo, o êxtase se funda na superação do horror. O acordo com o excesso que arrebata todas as coisas é por vezes mesmo mais agudo nas religiões em que o pavor e a náusea mais profundamente roeram o coração. Não há sentimento que lance na exuberância com mais força do que aquele do nada. Mas a exuberância não é de modo algum o aniquilamento: é a superação da atitude aterrada, é a transgressão.

Se quero dizer com precisão o que a transgressão designa, em vez de exemplos menos complexos, devo colocar no ápice a exuberância cristã ou budista que indicam sua realização mais acabada. Mas devo falar antes das formas de transgressão menos complexas. Devo falar da guerra e do sacrifício. Depois, do erotismo dos corpos.

CAPÍTULO VI
O assassinato, a caça e a guerra

O canibalismo

Aquém da transgressão indefinida, cujo caráter é excepcional, os interditos são banalmente violados, segundo regras que ritos, ou ao menos costumes, preveem e organizam.

O jogo alternativo do interdito e da transgressão fica mais claro no erotismo. Sem o exemplo do erotismo, seria difícil ter um sentimento justo desse jogo. Reciprocamente, seria impossível ter uma visão coerente do erotismo sem partir desse jogo alternativo que, no conjunto, é característico do domínio religioso. Mas, antes de mais nada, considerarei aquilo que tange à morte.

Isto é digno de nota: ao interdito de que os mortos são objeto não corresponde um desejo que se oponha ao horror. À primeira vista, os objetos sexuais são a ocasião de uma alternância contínua da repulsão e da atração, em consequência do interdito e da suspensão do interdito. Freud fundou sua interpretação do interdito, cuja fraqueza é evidente, na necessidade primitiva de opor uma barreira protetora ao excesso de desejos dirigidos a objetos. Assim, se chega a falar do interdito que se opõe ao contato com o cadáver, ele deve postular que o tabu protegia o morto do desejo que outros tinham de comê-lo. Trata-se de um desejo que não atua mais em nós: jamais o experienciamos. Mas a vida das sociedades arcaicas apresenta, com efeito, a alternância do interdito e da suspensão do interdito do canibalismo. O homem, que jamais é visto como um animal de corte, frequentemente é comido de acordo com regras religiosas. Aquele que consome sua carne não ignora o interdito de que esse consumo é objeto. Mas viola religiosamente esse interdito que julga fundamental. O exemplo significativo é dado no repasto de comunhão que segue o sacrifício. A carne humana comida é tida então por sagrada: estamos longe de um retorno à ignorância animal dos interditos. O desejo não incide mais sobre o objeto que o animal indiferente teria cobiçado: o objeto é "interdito", é sagrado, e é a interdição que pesa sobre ele que o designou ao desejo. O canibalismo sagrado é o exemplo elementar do interdito criador do desejo: o interdito não cria o sabor da carne, mas é a razão pela qual o "pio" canibal a consome. Encontraremos no erotismo essa criação paradoxal do valor de atração pelo interdito.

O duelo, a vendeta e a guerra

Se o desejo de comer homens nos é profundamente estranho, o mesmo não acontece com o desejo de matar. Nem todos nós o experimentamos, mas quem ousaria pensar que ele não é conservado, entre a multidão, tão real, senão tão exigente, quanto a fome sexual? A frequência, através da história, dos massacres inúteis torna sensível o fato de que em todo homem existe um assassino em potencial. O desejo de matar se situa em relação ao interdito do assassinato como o desejo de uma atividade sexual qualquer ao complexo de interditos que a limita. A atividade sexual só é interdita em casos determinados, mas o mesmo se dá com o assassinato: se o interdito que a ele se opõe é mais pesadamente e mais geralmente formulado do que os interditos sexuais, ele se limita, como estes, a reduzir a possibilidade de matar a certas situações. Formula-se com uma simplicidade contundente: "Não matarás." E é verdade que é universal, mas evidentemente fica subentendido: "salvo em caso de guerra e em outras condições que o corpo social mais ou menos previu". De modo que é o paralelo quase perfeito do interdito sexual que se enuncia: "A obra da carne só consumarás em matrimônio", ao qual evidentemente se acrescenta: "Ou em certos casos previstos pelo costume".

A morte é aceitável no duelo, na vendeta e na guerra.

Ela é criminosa no assassinato. O assassinato provém da ignorância ou da negligência do interdito. O duelo, a vendeta e a guerra violam o interdito conhecido, mas em conformidade com uma regra. O duelo moderno e alambicado – em que, no final das contas, o interdito prevalece sobre a transgressão – tem pouca coisa a ver com a humanidade primitiva, que só encarou a violação do interdito religiosamente. Primitivamente, o duelo não deve ter tido o aspecto individual que assumiu desde a Idade Média. Foi de início uma forma que a guerra tomava, em que as populações hostis se confiavam, em seguimento a um desafio lançado segundo as regras, ao valor de seus campeões, que se encontravam em combate singular. Esse combate singular era oferecido em espetáculo à multidão daqueles que pretendiam se entrematar coletivamente.

A vendeta, assim como o duelo, tem suas regras. É em suma uma guerra cujos campos são determinados não pelo habitat num território, mas pelo pertencimento a um clã. A vendeta não está menos sujeita do que o duelo ou a guerra a regras meticulosas.

A caça e a expiação do assassinato do animal

No duelo e na vendeta – e na guerra, de que falaremos mais adiante – a morte de que se trata é aquela do homem. Mas a lei que interdiz matar é prévia a essa oposição em que o homem se distinguiu dos animais de grande porte. Com efeito, essa distinção é tardia. Inicialmente o homem se viu como semelhante ao animal; essa maneira de ver ainda vige entre os "povos caçadores" cujos costumes são arcaicos. Nessas condições, a caça arcaica ou primitiva não era menos do que o duelo, a vendeta ou a guerra uma forma de transgressão.

Há, todavia, uma diferença profunda: aparentemente, o assassinato dos semelhantes não ocorria no tempo dos primeiros homens, os mais vizinhos da animalidade.[22]

---

[22] Não há na animalidade *interdito* do assassinato dos semelhantes. Mas o assassinato do semelhante é excepcional no comportamento animal tal como o determina o instinto, por mais dificuldade que este apresente. Mesmo os *combates* entre animais da mesma espécie não culminam em princípio no assassinato.

Lâmina VI. Nicolas Manuel Deutsch. A Morte como lansquenê beija uma jovem mulher. Museu de Basileia.

"Posso me dizer que a repugnância, que o horror, é o princípio do meu desejo." (p. 84)

Nesses tempos, ao contrário, a caça dos outros animais devia ser habitual. Poderíamos nos dizer que a caça é o resultado do trabalho, que só a fabricação de ferramentas e de armas de pedra a tornou possível. Mesmo que o interdito seja geralmente a consequência do trabalho, essa consequência não pôde ser tão rápida a ponto de que não devamos supor um longo tempo em que a caça se desenvolveu sem que o interdito do assassinato do animal tivesse atingido a consciência humana. Seja como for, só podemos pensar num reino do interdito após uma resoluta transgressão, seguida por um retorno à caça. O caráter do interdito, o que aparece no interdito da caça, é, aliás, um caráter geral dos interditos. Insisto no fato de que existe de maneira global um interdito da atividade sexual. Dele só podemos ter uma visão inteligível se consideramos o interdito de que a caça é objeto entre os povos caçadores! O interdito não significa necessariamente a abstenção, mas a prática em forma de transgressão. Nem a caça, nem a atividade sexual puderam ser interditas de fato. O interdito não pode suprimir as atividades necessárias à vida, mas pode lhes dar o sentido da transgressão religiosa. Ele as submete a limites e regula suas formas. Pode impor uma expiação a quem se torna *culpado* por elas. Devido ao assassinato, o caçador ou o guerreiro assassino eram *sagrados*. Para voltar à sociedade profana, era preciso que eles se lavassem dessa mácula, se purificassem. Os ritos da expiação tinham por fim purificar o caçador, o guerreiro. As sociedades arcaicas tornaram familiares os exemplos desses ritos.

Os pré-historiadores costumam dar às pinturas das cavernas o sentido de uma operação mágica. Os animais representados, objetos da cobiça dos caçadores, o teriam sido na esperança de que a imagem do desejo realizasse efetivamente o desejo. Não estou seguro disso. A atmosfera secreta, religiosa, das cavernas não poderia corresponder ao caráter religioso de transgressão que certamente se tornou o sentido da caça? Ao jogo da transgressão teria correspondido o jogo da figuração. Seria difícil provar isso. Mas se os pré-historiadores se colocassem na perspectiva dada pela alternativa do interdito e da transgressão, se percebessem claramente o caráter sagrado dos animais na morte que lhes é dada, esse não sei quê de pobre que, na hipótese da figuração mágica, os deixa talvez desconfortáveis, seria substituído, acredito, por uma maneira de ver mais condizente com a importância da religião na gênese do homem. As imagens das cavernas teriam tido por finalidade figurar o momento em que, o animal aparecendo, o assassinato necessário, e ao mesmo tempo condenável, revelava a ambiguidade religiosa da vida: da vida que o homem angustiado recusa, que, no entanto, ele consuma na superação maravilhosa de sua recusa. Essa hipótese repousa sobre o fato de que a expiação consecutiva ao assassinato do animal é de regra entre os povos cuja vida se assemelha sem dúvida àquela dos pintores das cavernas. E tem o mérito de propor uma interpretação coerente da pintura do poço de Lascaux, em que um bisão moribundo encara o homem que talvez o tenha matado, a que o pintor deu o aspecto de um morto. O tema dessa célebre pintura, que suscitou explicações contraditórias, numerosas e frágeis, seria *o assassinato e a expiação*.[23]

Ao menos, essa maneira de ver tem o mérito de substituir a interpretação mágica (utilitária), evidentemente pobre, das imagens das cavernas, por uma interpretação religiosa, mais condizente com um caráter de jogo supremo, que geralmente é próprio à arte e ao qual corresponde o aspecto dessas pinturas prodigiosas que nos chegaram do fundo das eras.

O mais antigo testemunho da guerra

De qualquer maneira, devemos ver na caça uma forma de transgressão primitiva, aparentemente prévia à guerra, que os homens das cavernas pintadas "franco-cantábricas", cuja existência atravessou toda a fase do Paleolítico superior, não parecem ter conhecido. A guerra ao menos não teria tido para esses homens, que foram verdadeiramente nossos primeiros semelhantes, essa importância de primeiro plano que passou a ter a seguir: esses primeiros homens lembram com efeito os esquimós que, em sua maioria, viveram até hoje na ignorância da guerra.

Foram os homens das pinturas rupestres do Levante espanhol que pela primeira vez figuraram a guerra. Aparentemente, suas pinturas datam em parte do fim do Paleolítico superior, em parte dos tempos que se seguiram. Por volta do fim do Paleolítico superior, quinze ou

---

[23] Remeto a BATAILLE, Georges. *Lascaux ou la naissance de l'art*. Genève: Skira, 1955, p. 139-140, onde resumi e critiquei as diversas explicações existentes até então. Outras explicações, não menos frágeis, foram publicadas desde então. Eu tinha, em 1955, renunciado a propor uma hipótese pessoal.

dez mil anos antes de nós, a guerra começou a organizar a transgressão do interdito que, opondo-se em seu princípio ao assassinato dos animais, considerados como idênticos aos homens, opunha-se também ao assassinato do próprio homem.

Como os interditos ligados à morte, a transgressão desses interditos deixou, como vemos, traços muito longínquos: já o dissemos, os interditos sexuais e sua transgressão só são conhecidos com evidência a partir dos tempos históricos. Há diversas razões para falar em primeiro lugar, num trabalho consagrado ao erotismo, da transgressão em geral e, em particular, daquela do interdito que se opõe ao assassinato. Não poderíamos, sem nos referir ao conjunto, apreender o sentido dos movimentos do erotismo: esses movimentos desconcertam, e não teríamos como segui-los se não tivéssemos antes percebido seus efeitos contraditórios num domínio em que são dados mais claramente e há mais tempo.

As pinturas do Levante espanhol não demonstram aliás mais do que a data antiga da guerra que organiza a luta de dois grupos um contra o outro. Mas temos geralmente sobre a guerra dados arcaicos abundantes. Por si só, a luta de dois grupos implica um mínimo de regras. A primeira regra evidentemente concerne à delimitação dos grupos hostis e à declaração prévia da hostilidade. Conhecemos explicitamente as regras de "declaração de guerra" dos povos arcaicos. A decisão interna do agressor podia bastar: a agressão surpreendia então o adversário. Mas pareceu frequentemente mais conforme ao espírito de transgressão preveni-lo de forma ritual. A sequência da guerra podia ela própria se desenvolver de acordo com certas regras. O caráter da guerra arcaica lembra o da festa. Mesmo a guerra moderna jamais está longe desse paradoxo. O gosto pelo traje de guerra magnífico e vistoso é arcaico. Primitivamente, a guerra bem parece ser um luxo. Não é o meio de aumentar pela conquista a riqueza de um soberano ou de um povo: é a exuberância agressiva, mantendo a prodigalidade da exuberância.

A oposição entre a forma ritual da guerra e sua forma calculada

Os uniformes militares mantiveram essa tradição até nossos dias, em que prevalece a preocupação de não designar os combatentes à mira do inimigo. Mas a preocupação de reduzir as perdas ao mínimo é estranha ao espírito inicial da guerra. Em geral, a transgressão do interdito tomou o sentido de um fim em si mesmo. Ela podia ser, subsidiariamente, o meio para algum outro fim: mas antes ela era em si mesma um fim. Pode-se pensar que a guerra, que não foi por isso menos cruel, obedeceu em primeiro lugar a preocupações semelhantes àquelas que transparecem na execução dos ritos. A evolução das guerras no tempo da China feudal, anterior à nossa era, é representada desta forma: "A guerra de baronia começa por um desafio. Alguns bravos, enviados por seu senhor, vêm se suicidar heroicamente diante do senhor rival, ou um carro de guerra corre a toda velocidade para insultar as portas da cidade inimiga. Segue-se a contenda dos carros de guerra em que os senhores, antes de se entrematarem, rivalizam em manifestações de cortesia...".[24] Os aspectos arcaicos das guerras homéricas têm um caráter universal. Tratava-se de um verdadeiro jogo, mas cujos resultados eram tão graves que logo o cálculo se sobrepôs à observação das regras do jogo. A história da China o esclarece: "[...] à medida que avançamos, esses costumes cavalheirescos se perdem. A antiga guerra cortês degenera em luta sem piedade, em choque das massas em que toda a população de uma província era lançada contra as populações vizinhas".

De fato, a guerra sempre oscilou entre o primado da observação das regras que correspondem à preocupação com um fim válido em si mesmo, e o do resultado político esperado. Até hoje, duas escolas se enfrentam no seio dos meios especializados. Clausewitz se opôs aos militares de tradição cavalheiresca enfatizando a necessidade de destruir sem piedade as forças do adversário. "A guerra, escreve, é um ato de violência, e não há limite para a manifestação dessa violência".[25] É certo que, no conjunto, uma tal tendência, a partir de um passado ritual, de que a velha escola não cessava de sentir a fascinação, foi lentamente prevalecendo no mundo moderno. Não devemos confundir, com efeito, a humanização da guerra e sua tradição fundamental.

---

[24] GROUSSET, René; REGANAULT-GAUTIER, Sylvie. *L'Histoire universelle*. Paris: Gallimard, 1955. t. I, p. 1552-1553. (Bibliothéque de la Pléiade).

[25] CLAUSEWITZ, Carl Von. *De la guerre*. Tradução de D. Naville. Paris: Minuit, 1955, p. 53.

Até certo ponto, as exigências da guerra deram lugar ao desenvolvimento dos direitos humanos. O espírito das regras tradicionais pôde favorecer esse desenvolvimento, mas essas regras não correspondiam à preocupação moderna de limitar as perdas dos combates ou os sofrimentos dos combatentes. A transgressão do interdito era, com efeito, limitada, mas formalmente. A impulsão agressiva não era desencadeada de forma geral, as condições deviam ser determinadas, as regras meticulosamente observadas, mas, uma vez desencadeado, o furor tinha livre curso.

A crueldade ligada ao caráter organizado da guerra

A guerra, que diferia das violências animais, desenvolveu uma crueldade de que os animais são incapazes. Em particular, o combate, frequentemente seguido pelo massacre dos adversários, preludiava normalmente o suplício dos prisioneiros. Essa crueldade é o aspecto especificamente humano da guerra. Empresto a Maurice Davie estes traços pavorosos:

> Na África, diz-nos ele, torturam-se e matam-se com frequência os prisioneiros de guerra, ou deixa-se que morram de fome. Entre os povos de língua Tchi, os prisioneiros são tratados com uma barbárie chocante. Homens, mulheres e crianças – mães com seus bebês nas costas e outros pequenos mal em idade de andar – são despidos e amarrados com cordas em volta do pescoço em bandos de dez ou quinze; cada prisioneiro, ainda por cima, é preso pelas mãos, fixadas a um grosso bloco de madeira que deve ser carregado sobre a cabeça. Assim entravados, e insuficientemente alimentados, de maneira a serem reduzidos ao estado de esqueletos, são arrastados, mês após mês, atrás do exército vitorioso; seus brutais guardas os tratam com uma crueldade extrema; e se os vencedores sofrem reveses, são imediatamente massacrados sem distinção, por medo de que recobrem a liberdade. Ramseyer e Kühne mencionam o caso de um prisioneiro – um nativo de Accra – que foi "posto no tronco", ou seja, amarrado ao tronco de uma árvore cortada com a ajuda de um gancho de ferro passado em torno do peito, mal alimentado durante quatro meses, e morreu desses maus-tratos. Outra feita, os mesmos exploradores notaram entre os prisioneiros um pobre menino raquítico que, quando ordenaram que se levantasse, "ergueu-se com dificuldade, mostrando uma carcaça arruinada de que todos os ossos eram

visíveis". Os prisioneiros observados nessa ocasião, em sua maioria, não eram mais do que esqueletos ambulantes. Um rapaz estava tão emagrecido pelas privações que seu pescoço não podia mais suportar o peso de sua cabeça que, quando estava sentado, recaía quase sobre seus joelhos. Outro, igualmente descarnado, tinha uma tosse semelhante ao estertor da agonia; outra criança, mais nova, estava tão fraca por falta de alimentação que não conseguia ficar de pé. Os achantis ficaram surpresos ao verem os missionários comovidos por esses espetáculos; certa vez, estes tentaram dar comida a algumas crianças esfomeadas, mas os guardas os afastaram brutalmente. Em Daomé [...] recusa-se qualquer socorro aos prisioneiros feridos, e todos os prisioneiros que não são destinados à escravidão são mantidos num estado de semi-inanição que os reduz prontamente ao estado esquelético [...] O maxilar inferior é troféu muito prezado [...] e, muitas vezes, é arrancado aos inimigos feridos ainda vivos [...] As cenas que se seguiam ao saque de uma fortaleza nas ilhas Fiji são horríveis demais para serem descritas em detalhe. Um dos traços menos atrozes, é que não se poupava nem sexo nem idade. Inumeráveis mutilações, praticadas às vezes sobre vítimas vivas, atos de crueldade misturada com paixão sexual, tornavam o suicídio preferível à captura. Com o fatalismo inato ao caráter melanésio, muitos vencidos nem tentavam fugir, mas inclinavam passivamente a cabeça para o golpe da maça. Se eram suficientemente infortunados para se deixarem prender vivos, sua sorte era sinistra. Conduzidos à aldeia central, eram entregues a rapazes de alta classe que se engenhavam em torturá-los; ou, aturdidos por um golpe da maça, eram introduzidos em fornos superaquecidos e, quando o calor lhes devolvia a consciência da dor, suas convulsões frenéticas faziam estourar de rir os espectadores...[26]

A violência, que não é em si mesma cruel, é, na transgressão, o feito de um ser que a *organiza*. A crueldade é uma das formas da violência organizada. Não é forçosamente erótica, mas pode derivar para outras formas da violência que a transgressão organiza. Como a crueldade, o erotismo é meditado. A crueldade e o erotismo se ordenam no *espírito* possuído pela resolução de ir além dos limites do interdito. Essa resolução não é geral, mas sempre é possível deslizar de um domínio ao outro: trata-se de domínios vizinhos, fundados

---

[26] DAVIES, M. R. *La guerre dans les sociétés primitives*. Tradução do inglês. Paris: Payot, 1931, p. 439-440.

ambos na embriaguez de escapar resolutamente ao poder do interdito. A resolução é tanto mais eficaz uma vez que se reserva o retorno à estabilidade sem a qual o jogo seria impossível: isso supõe ao mesmo tempo o transbordamento e a previsão do recuo das águas. A passagem de um domínio ao outro é aceitável na medida em que não coloca em jogo os enquadramentos fundamentais.

A crueldade pode derivar para o erotismo e, do mesmo modo, eventualmente, o massacre dos prisioneiros pode ter o canibalismo por fim. Mas o retorno à animalidade, o esquecimento definitivo dos limites, é inconcebível na guerra. Subsiste sempre uma reserva que afirma o caráter humano de uma violência entretanto desenfreada. Mesmo sedentos de sangue, guerreiros delirantes não se massacram uns aos outros. Essa regra, que organiza o furor em sua base, é intangível. Do mesmo modo, a manutenção do interdito do canibalismo coincide com o desencadeamento das paixões mais desumanas.

Devemos fazer observar que as formas mais sinistras não estão necessariamente ligadas à selvageria primeira. A organização que funda suas operações eficazes na disciplina, e que acaba por excluir a massa dos combatentes da felicidade de exceder os limites, engaja a guerra num mecanismo estranho aos impulsos que a exigiram: a guerra moderna não tem mais com a guerra de que falei senão relações muito longínquas; é a mais triste aberração, tendo um sentido puramente político. A própria guerra primitiva é pouco defensável: desde o início ela anunciava, trazia em seus desenvolvimentos inevitáveis a guerra moderna. Mas só a organização atual, para além da organização primeira inerente à transgressão, deixaria o gênero humano no impasse.[27]

---

[27] Se chegasse a ser acionada.

CAPÍTULO VII
O assassinato e o sacrifício

A suspensão religiosa do interdito da morte, o sacrifício e o mundo da animalidade divina

O desencadeamento global do desejo de matar, que é a guerra, excede em seu conjunto o domínio da religião. O sacrifício – que é, como a guerra, suspensão do interdito do assassinato –, ao contrário, é o ato religioso por excelência.

É verdade que, antes de tudo, o sacrifício é tido por uma oferenda. O caráter sangrento pode lhe faltar. Lembremos que, o mais das vezes, o sacrifício sangrento imola vítimas animais. Muitas vezes, os animais foram vítimas substitutivas: a civilização se desenvolvendo, a imolação de um homem passou a parecer horrível. Mas, inicialmente, a substituição não foi a origem do sacrifício animal: o sacrifício humano é mais recente, os sacrifícios mais antigos que conhecemos tinham animais por vítimas. Aparentemente, o abismo que separa a nossos olhos o animal do homem é posterior à domesticação, que ocorreu nos tempos neolíticos. Os interditos tendiam bastante a separar o animal do homem: só o homem, com efeito, os observa. Mas, diante da humanidade primeira, os animais não se diferenciavam dos homens. Por não observarem interditos, os animais tiveram mesmo, inicialmente, um caráter mais *sagrado,* mais divino do que os homens.

Em sua maioria, os deuses mais antigos eram animais, alheios a interditos que limitam em sua base a soberania de um homem. Inicialmente, o assassinato do animal inspirou talvez um forte sentimento de sacrilégio. A vítima coletivamente imolada assumiu o sentido da divindade. O sacrifício a consagrava, a divinizava.

Por ser animal, a vítima já era sagrada de antemão. O caráter sagrado exprime a maldição ligada à violência, e jamais o animal se separa da violência que inocentemente o anima. Aos olhos da humanidade primeva, o animal não podia ignorar uma lei fundamental; não podia ignorar que seu próprio movimento, essa violência, é a violação dessa lei: essa lei, ele a infringia por essência, consciente e soberanamente. Mas, sobretudo, pela morte, auge da violência, a violência nele era desencadeada e o possuía sem reserva. Uma violência tão divinamente violenta eleva a vítima acima de um mundo chato, onde os homens levam sua vida calculada. Em relação a essa vida calculada, a morte e a violência deliram, não podendo se deter diante do respeito, da lei, que ordenam socialmente a vida humana. A morte, na consciência ingênua, só pode vir de uma ofensa, de uma infração. Ainda uma vez, a morte derruba violentamente a ordem legal.

A morte realiza cabalmente um caráter de transgressão que é próprio ao animal. Entra na profundeza do ser do animal; é, no rito sangrento, a revelação dessa profundeza.

Voltemos agora ao tema lançado na introdução: segundo o qual, "para nós, que somos seres descontínuos, a morte tem o sentido da continuidade do ser". A propósito do sacrifício, eu escrevia:

> A vítima morre enquanto os assistentes participam de um elemento que sua morte revela. Esse elemento é o que podemos nomear, com os historiadores das religiões, o *sagrado*. O sagrado é justamente a continuidade do ser revelada àqueles que fixam sua atenção, num rito solene, sobre a morte de um ser descontínuo. Há, em decorrência da morte violenta, ruptura da *descontinuidade* de um ser: o que subsiste e que, no silêncio que cai, experimentam espíritos ansiosos, é a *continuidade* do ser, à qual a vítima é devolvida. Somente uma imolação espetacular, operada em condições que a gravidade e a coletividade da religião determinam, é capaz de revelar o que normalmente escapa à atenção. Não poderíamos, além do mais, conceber o que aparece

no mais secreto do ser dos assistentes, se não pudéssemos nos referir às experiências religiosas que fizemos pessoalmente, mesmo que em nossa infância. Tudo nos leva a crer que, essencialmente, o *sagrado* dos sacrifícios primitivos é análogo ao *divino* das religiões atuais.[28]

No plano definido pelo desenvolvimento que agora persigo, a continuidade divina está ligada à transgressão da lei que funda a ordem dos seres descontínuos. Os seres descontínuos que os homens são se esforçam por perseverar na descontinuidade. Mas a morte, ao menos a contemplação da morte, devolve-os à experiência da continuidade.

Isso é essencial.

No movimento dos interditos, o homem se separava do animal. Ele tentava escapar ao jogo excessivo da morte e da reprodução (da violência), em poder do qual o animal está sem reserva.

Mas, no movimento secundário da transgressão, o homem se reaproximou do animal. Viu no animal aquilo que escapa à regra do interdito, que permanece aberto à violência (ao excesso) que rege o mundo da morte e da reprodução. Aparentemente, o acordo secundário do homem e do animal, o novo salto, correspondeu à humanidade das cavernas pintadas, ao homem completo, semelhante a nós, que substituiu o *Homem de Neandertal*, ainda vizinho ao antropoide. Esse homem deixou do animal as imagens maravilhosas que hoje nos são familiares. Mas só muito raramente representou a si mesmo: se o fez, se disfarçou, por assim dizer, se dissimulou sob os traços de algum animal cuja máscara levava sobre o rosto. Ao menos as imagens menos informes do homem têm esse caráter estranho. A humanidade deve então ter tido vergonha de si mesma, e não, como nós, da animalidade inicial. Ela não voltou atrás nas decisões fundamentais de um primeiro movimento: o homem do Paleolítico superior mantivera o interdito ligado à morte, continuava a sepultar os cadáveres de seus próximos; além do mais, não temos razão para supor que ele ignorou um interdito sexual que, sem dúvida, o *Homem de Neandertal* conheceu (esse interdito que rege o incesto e o horror ao sangue menstrual é o fundamento de todas nossas condutas). Mas o acordo com a animalidade excluía a forma unilateral de sua observação; seria difícil introduzir entre

---

[28] Ver p. 45.

o Paleolítico médio, tempo do *Homem de Neandertal,* e o Paleolítico superior (quando verossimilmente se introduziram esses regimes de transgressão que conhecemos tanto pelos costumes dos povos arcaicos quanto pelos documentos da Antiguidade) uma diferença de estrutura precisa. Estamos no domínio das hipóteses. Mas podemos pensar de uma maneira coerente que, se os caçadores das cavernas pintadas praticavam, como se admite, a magia simpática, tiveram ao mesmo tempo o sentimento da divindade animal. A divindade animal implica a observação dos interditos mais antigos e ao mesmo tempo uma transgressão limitada desses interditos, análoga àquela que se verificou mais tarde. A partir do momento em que os homens cedem, em certo sentido, à animalidade, entramos no mundo da transgressão; formando, na manutenção do interdito, a síntese da animalidade e do homem, entramos no mundo *divino* (o mundo *sagrado*). Ignoramos as formas que manifestaram essa mudança, ignoramos se o sacrifício era praticado,[29] sabemos pouca coisa da vida erótica desses tempos longínquos (devemos nos limitar a citar as frequentes figurações itifálicas do homem), mas sabemos desse mundo nascente que ele era aquele da animalidade divina, e que, desde sua origem, deve ter sido sublevado pelo espírito de transgressão. O espírito de transgressão é aquele do deus animal que morre, desse deus cuja morte anima a violência e que não é limitado pelos interditos que atingem a humanidade. Os interditos não concernem, com efeito, nem à esfera animal real, nem ao domínio da animalidade mítica: não concernem aos homens soberanos cuja humanidade se disfarça sob a máscara do animal. O espírito desse mundo nascente é inicialmente ininteligível: é o mundo natural misturado ao divino; todavia, ele é facilmente concebível para aquele que está à altura do movimento[30]: *é o mundo humano que, formado na negação da animalidade, ou da*

---

[29] Entretanto, a modelagem do urso sem cabeça da caverna de Montespan (BREUIL, H. *Quatre cents siècles d'art parietal.* Paris: Montignac, 1953, p. 236-238) poderia sugerir uma cerimônia próxima à de um sacrifício do urso, que pertenceria ao Paleolítico superior tardio. As imolações rituais do urso, cativo, entre os caçadores da Sibéria ou entre os Ainos do Japão têm, parece-me, caracteres muito arcaicos. Poderíamos aproximá-las daquilo que a modelagem de Montespan sugere.

[30] Se preferirmos: para aquele cujo pensamento é dialético, suscetível de ser desenvolvido por inversões.

natureza,[31] *nega a si mesmo e, nessa segunda negação, se supera sem todavia voltar ao que negara inicialmente.*

O mundo assim representado não corresponde certamente ao do Paleolítico superior. Se acreditamos que ele foi já aquele do homem das cavernas pintadas, a compreensão dessa época e de suas obras é fácil. Mas sua existência só é assegurada numa época mais tardia, que a história mais antiga dá a conhecer. Sua existência é ademais confirmada pela etnografia, pela observação que a ciência moderna pôde fazer dos povos arcaicos. À humanidade histórica do Egito e da Grécia, o animal deu o sentimento de uma existência soberana, a primeira imagem, que a morte no sacrifício exaltava, de seus deuses.

Essa imagem se situa no prolongamento do quadro que inicialmente esbocei dos caçadores primitivos. Eu devia falar em primeiro lugar do mundo da caça primitiva em que a animalidade, por assim dizer, compôs a catedral em que a violência humana se enterrava para se condensar. Em verdade, a animalidade das cavernas pintadas e a esfera do sacrifício animal não podem ser compreendidas uma sem a outra. O que sabemos do sacrifício animal abre à compreensão das cavernas pintadas. As pinturas das cavernas abrem à compreensão do sacrifício.

A superação da angústia

A atitude angustiada que fundou os interditos opunha a recusa – o recuo – dos primeiros homens ao movimento cego da vida. Os primeiros homens, a consciência despertada pelo trabalho, se sentiram desconfortáveis diante de um movimento vertiginoso: renovação incessante, exigência de morte incessante. Considerada em seu conjunto, a vida é o imenso movimento que a reprodução e a morte compõem. A vida não cessando de engendrar, mas para aniquilar o que engendra. Os primeiros homens tiveram o sentimento confuso disso. Opuseram à morte e à vertigem da reprodução a recusa representada pelos interditos. Mas jamais se fecharam na recusa; ou antes, se fecharam para dela sair o mais rápido possível: e saíram da mesma maneira que entraram, bruscamente resolutos. A angústia, ao que

---

[31] Exatamente: formado pelo trabalho.

parece, constitui a humanidade: não a angústia unicamente, mas a angústia superada, a superação da angústia. A vida é em sua essência um excesso, a vida é a prodigalidade da vida. Sem limite, esgota suas forças e seus recursos; sem limite, aniquila aquilo que criou. A multidão dos seres vivos é passiva nesse movimento. No extremo, todavia, queremos resolutamente o que coloca nossa vida em perigo.

Não temos sempre a força de querê-lo, nossos recursos se esgotam, e por vezes o desejo é impotente. Se o perigo se torna pesado demais, se a morte é inevitável, em princípio, o desejo é inibido. Mas se a sorte nos leva, o objeto que desejamos mais ardentemente é o mais capaz de nos arrastar a loucas despesas e de nos arruinar. Diferentes indivíduos suportam de maneira desigual grandes perdas de energia ou de dinheiro – ou graves ameaças de morte. Na medida em que podem (é uma questão – quantitativa – de força), os homens buscam as maiores perdas e os maiores perigos. Acreditamos facilmente no contrário, porque eles têm o mais das vezes pouca força. Se lhes calha a força, querem imediatamente se despender e se expor ao perigo. Quem tem a força para tanto se entrega a contínuas despesas e se expõe incessantemente ao perigo.

A fim de ilustrar essas afirmações, cujo valor é geral, pararei por ora de me remeter a tempos muito antigos ou a costumes arcaicos. Alegarei um fato familiar, cuja experiência é aquela da multidão no seio da qual vivemos. Apoio-me na literatura mais difundida, nos romances vulgares que são os "policiais". Esses livros são feitos comumente dos infortúnios de um herói e das ameaças que pairam sobre ele. Sem suas dificuldades, sem sua angústia, sua vida não teria nada que prendesse, que apaixonasse e que engajasse a vivê-la lendo suas aventuras. O caráter gratuito dos romances, o fato de que o leitor está de toda maneira ao abrigo do perigo impedem normalmente de ver isso com clareza, mas vivemos *por procuração* o que não temos a energia de viver nós mesmos. Trata-se, suportando-o sem demasiada angústia, de *gozar* do sentimento de perda ou de estar em perigo que a aventura de um outro nos dá. Se dispuséssemos sem conta de recursos morais, amaríamos viver assim nós mesmos. Quem não sonhou ser o herói de um romance? Esse desejo é menos forte que a prudência – ou a covardia –, mas se falamos da vontade profunda, que apenas a fraqueza impede de realizar, as histórias que lemos com paixão nos oferecem seu sentido.

A literatura se situa de fato na esteira das religiões, de que é herdeira. O sacrifício é um romance, um conto, ilustrado de maneira sangrenta. Ou antes, é, em estado rudimentar, uma representação teatral, um drama reduzido ao episódio final, em que a vítima, animal ou humana, atua só, mas atua até a morte. O rito é bem a representação, retomada em data fixa, de um mito, ou seja, essencialmente da morte de um deus. Nada aqui deveria nos surpreender. Sob uma forma simbólica, acontece o mesmo, cada dia, com o sacrifício da missa.

O jogo da angústia é sempre o mesmo: a maior angústia, a angústia até a morte, é o que os homens desejam, para encontrar ao final, para além da morte, e da ruína, a superação da angústia. Mas a superação da angústia é possível apenas sob uma condição: que a angústia esteja à altura da sensibilidade que a evoca.

Nos limites do possível, a angústia é desejada no sacrifício. Mas, atingidos esses limites, um recuo é inevitável.[32] Muitas vezes, o sacrifício humano substituiu o sacrifício animal, sem dúvida na medida em que o homem, afastando-se do animal, a morte deste, em parte, perdeu seu valor angustiante. Mais tarde, inversamente, a civilização se afirmando, vítimas animais substituíram por vezes as vítimas humanas, cujo sacrifício passou a parecer bárbaro. Mais tardiamente, os sacrifícios sangrentos dos israelitas passaram a causar repulsa. Os cristãos nunca conheceram outro sacrifício que não o simbólico. Foi preciso encontrar o acordo com uma exuberância cujo termo é a profusão da morte, mas ainda foi preciso ter a força para tanto. Se não, a náusea prevalecia, reforçando o poder dos interditos.

---

[32] Entre os astecas, a quem os sacrifícios eram familiares, foram previstas multas para aqueles que não podiam suportar ver passar as crianças conduzidas à morte e se desviavam do cortejo.

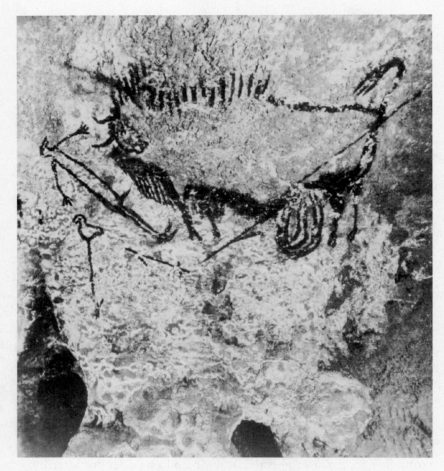

Lâmina VII. Bisão eviscerado diante de um homem de cabeça de pássaro, talvez morto. Pintura do "poço" da caverna de Lascaux (Dordogne). Paleolítico superior (*Fotografia de Giraudon*).

"[...] um bisão moribundo encara o homem que talvez o tenha matado, a que o pintor deu o aspecto de um morto. O tema dessa célebre pintura, que suscitou explicações contraditórias, numerosas e frágeis, seria *o assassinato e a expiação*." (p. 99)

CAPÍTULO VIII
Do sacrifício religioso ao erotismo

O cristianismo e a incompreensão
da santidade da transgressão

Falei na *Introdução* da aproximação que os antigos faziam entre o ato de amor e o sacrifício. Os antigos tinham mais do que nós o sentimento imediato do sacrifício. Nós estamos muito longe de sua prática. O sacrifício da missa é uma reminiscência disso, mas apenas raramente consegue atingir a sensibilidade de uma maneira bastante viva. Qualquer que seja a obsessão pela imagem do Crucificado, a imagem de um sacrifício sangrento e a missa não coincidem facilmente.

A principal dificuldade reside na repugnância que o cristianismo tem geralmente pela transgressão da lei. É verdade, o Evangelho encoraja a suspensão de interditos formais, praticados ao pé da letra enquanto seu sentido se perde. Trata-se desde então de transgredir uma lei, não apesar da consciência de seu valor, mas como contestação desse valor. O essencial é que, na ideia do sacrifício da Cruz, o caráter de transgressão é deformado. Esse sacrifício é por certo um assassinato, ele é sangrento. É uma transgressão no sentido de que essa imolação é claramente um pecado: é mesmo, de todos os pecados, o mais pesado. Mas, na transgressão de que falei, se há pecado, se há expiação, o pecado e a expiação são a consequência de um ato resoluto, que não cessou de estar conforme à intenção. Esse acordo da vontade é o que hoje torna ininteligível a atitude arcaica: é o escândalo do pensamento. Não podemos conceber sem mal-estar a transgressão voluntária de uma lei que parece santa. Mas o pecado da crucifixão é renegado pelo padre que celebra o sacrifício da missa. A culpa é da *cegueira* de seus autores, de que devemos pensar que, *se soubessem*, não teriam cometido essa falta. *Felix culpa*! canta, é verdade, a Igreja: a feliz culpa! Há, portanto, um ponto de vista de acordo com o qual a necessidade de cometer essa falta se revela. A ressonância da liturgia se harmoniza com o pensamento profundo que animava a humanidade primeira. Mas destoa da lógica do sentimento cristão. A incompreensão da santidade da transgressão é para o cristianismo um fundamento. Mesmo se, no auge, os religiosos atingem os paradoxos revoltantes que liberam, que excedem os limites.

A comparação antiga entre o sacrifício e a conjunção erótica

De todos os modos, essa incompreensão da transgressão privou de sentido a aproximação feita pelos antigos. Se a transgressão não é fundamental, o sacrifício e o ato de amor não têm nada em comum. O sacrifício, se é uma transgressão voluntária, é a ação deliberada cujo fim é a súbita transformação do ser que é sua vítima. Esse ser é imolado. Antes de sua imolação, ele estava encerrado na particularidade individual. Como disse na *Introdução*,[33] sua existência é então descontínua. Mas esse ser, na morte, é reconduzido à continuidade do ser, à ausência de particularidade. Essa ação violenta, que priva a vítima de seu caráter limitado e lhe dá o ilimitado, o infinito que pertence à esfera sagrada, é desejada em sua consequência profunda. Ela é desejada como a ação daquele que despe sua vítima, que ele deseja e quer penetrar. O amante não desagrega menos a mulher amada do que o sacrificador que sangra o homem ou o animal imolado. A mulher, nas mãos daquele que a assalta, é despossuída de seu ser. Perde, com seu pudor, essa firme barreira que, separando-a de outrem, a tornava impenetrável: bruscamente, ela se abre à violência do jogo

---

[33] Ver p. 41.

sexual desencadeado nos órgãos da reprodução, abre-se à violência impessoal que a transborda de fora.

É duvidoso que os antigos estivessem em condições de expor os detalhes de uma análise que só a familiaridade com uma imensa dialética tornou possível. A presença inicial e a conjugação de temas numerosos eram necessárias para apreender na precisão dos movimentos as similitudes de duas experiências profundas. Os aspectos mais profundos se furtavam e o conjunto escapava à consciência. Mas a *experiência interior* da piedade no sacrifício e do erotismo desencadeado podia por sorte ser dada à mesma pessoa. A partir daí, se não a precisão da aproximação, ao menos um *sentimento* de semelhança era possível. Essa possibilidade desapareceu no cristianismo em que a piedade se afastou de uma vontade de atingir o segredo do ser pela violência.

A carne no sacrifício e no amor

O que a violência exterior do sacrifício revelava era a violência interior do ser percebida sob a luz da efusão do sangue e do jorro dos órgãos. Esse sangue, esses órgãos cheios de vida, não eram aquilo que a anatomia vê neles: só uma experiência interior, não a ciência, poderia restituir o sentimento dos antigos. Podemos presumir que então aparecia a pletora dos órgãos inchados de sangue, a pletora impessoal da vida. Ao ser individual, descontínuo, do animal, sucedera, na morte do animal, a continuidade orgânica da vida, que o repasto sagrado encadeia à vida comunial da assistência. Um relento de bestialidade subsistia nessa deglutição ligada a um jorro de vida carnal, e ao silêncio da morte. Hoje comemos apenas carnes preparadas, inanimadas, abstraídas do fervilhamento orgânico em que apareceram inicialmente. O sacrifício ligava o fato de comer à verdade da vida revelada na morte.

É geralmente próprio ao sacrifício fazer concordar a vida e a morte, dar à morte o jorro da vida, à vida o peso, a vertigem e a abertura da morte. É a vida misturada com a morte, mas nele, no mesmo instante, a morte é signo de vida, abertura ao ilimitado. Hoje o sacrifício sai do campo de nossa experiência: devemos substituir a prática pela imaginação. Mas, se o próprio sacrifício e sua significação religiosa nos escapam, não podemos ignorar a reação ligada aos elementos do espetáculo que ele oferecia: é a náusea. Devemos ver no sacrifício uma superação da náusea. Mas, sem a transfiguração sagrada, seus aspectos tomados separadamente podem no limite provocar a náusea. O abate ou o esquartejamento do gado nauseiam bastante comumente os homens de hoje: nada deve recordá-los nos pratos apresentados à mesa. Assim, pode-se dizer da experiência contemporânea que ela *inverte* as condutas da piedade no sacrifício.

Essa inversão encontra todo seu sentido se consideramos agora a similitude do ato de amor e do sacrifício. O que o ato de amor e o sacrifício revelam é *a carne*. O sacrifício substitui a vida ordenada do animal pela convulsão cega dos órgãos. O mesmo se dá com a convulsão erótica: ela libera órgãos pletóricos cujos jogos cegos prosseguem além da vontade refletida dos amantes. A essa vontade refletida, sucedem os movimentos animais desses órgãos inchados de sangue. Uma violência, que a razão não controla mais, anima esses órgãos, tensiona-os até a explosão e, de repente, é a alegria dos corações de ceder ao excesso dessa tempestade. O movimento da *carne* excede um limite na ausência da vontade. *A carne* é em nós esse excesso que se opõe à lei da decência. A carne é o inimigo nato daqueles a quem obseda o interdito cristão, mas se, como creio, existe um interdito vago e global que se opõe sob formas que dependem dos tempos e dos lugares à liberdade sexual,[34] *a carne* é a expressão de um retorno dessa liberdade ameaçadora.

A carne, a decência e o interdito da liberdade sexual

Falando inicialmente desse interdito global, esquivei-me por não poder – ou não querer – defini-lo. Na verdade, ele não é definível de uma maneira que torne fácil falar dele. A decência é aleatória e varia sem cessar. Varia mesmo individualmente. De modo que naquele momento falei de interditos palpáveis, como o do incesto ou do sangue menstrual, remetendo a mais tarde voltar a uma maldição

---

[34] Ver p. 73-74.

mais geral da sexualidade. Só falarei disso mais adiante: considerarei as transgressões desse interdito vago antes mesmo de tentar defini-lo.

Gostaria antes de remontar mais alto.

Se há interdito, é, a meus olhos, de alguma violência elementar. Essa violência é dada *na carne*: na carne, que designa o jogo dos órgãos reprodutores.

Tentarei atingir através da objetividade do jogo dos órgãos a expressão interior fundamental em que o excesso da carne se dá.

Gostaria de destacar em sua base a *experiência interior* da *pletora* que, como disse, o sacrifício revela no animal morto. Na base do erotismo, temos a experiência de um estouro, de uma violência no momento da explosão.

CAPÍTULO IX
A pletora sexual e a morte

A atividade reprodutora considerada como uma forma de crescimento

O erotismo em seu conjunto é infração à regra dos interditos: é uma atividade humana. Mas ainda que ele comece onde termina o animal, a animalidade não deixa de ser seu fundamento. Desse fundamento, a humanidade se desvia com horror, mas ao mesmo tempo o mantém. A animalidade é mesmo tão bem mantida no erotismo, que o termo animalidade, ou bestialidade, não cessa de lhe estar ligado. É abusivamente que a transgressão do interdito tomou o sentido de retorno à natureza, de que o animal é a expressão. Todavia, a atividade a que o interdito se opõe é semelhante à dos animais. Sempre associada ao erotismo, a sexualidade física está para o erotismo assim como o cérebro está para o pensamento: da mesma maneira, a fisiologia permanece o fundamento objetivo do pensamento. Devemos acrescentar a função sexual do animal aos outros dados se é preciso situar na relatividade objetiva a experiência interior que temos do erotismo. Devemos mesmo levá-la em conta em primeiro lugar. Com efeito, a função sexual do animal tem aspectos cuja consideração nos aproxima da experiência interior.

Assim, para chegar à experiência interior do erotismo, falaremos agora de suas condições físicas.

No plano da realidade objetiva, a vida mobiliza sempre, salvo em caso de impotência, um excesso de energia que é preciso gastar; esse excesso se gasta, com efeito, seja no crescimento da unidade considerada, seja numa perda pura e simples.[35] Quanto a isso, o aspecto da sexualidade é, de uma maneira fundamental, ambíguo: mesmo uma atividade sexual independente de seus fins genésicos não é menos, em seu princípio, uma atividade de crescimento. As gônadas crescem, consideradas em seu conjunto. Para perceber o movimento de que se trata, é preciso que nos fundemos na cissiparidade, o modo mais simples de reprodução. Há crescimento do organismo cissíparo, mas uma vez atingido esse crescimento, mais dia menos dia esse organismo único se transforma em dois. Seja o infusório *a* tornando-se *a' + a''*: a passagem do primeiro estado ao segundo não é independente do crescimento de *a*, *a' + a''* representando mesmo, em relação ao estado anterior que *a* representa, o crescimento deste último.

O que é preciso notar, então, é que *a'*, sendo outro que *a''*, não é, não mais que este último, outro que *a*. Alguma coisa de *a* subsiste em *a'*, alguma coisa de *a* subsiste em *a''*. Voltarei ao caráter desconcertante de um crescimento que coloca em causa a unidade do organismo que cresce. Reterei inicialmente este fato: que a reprodução não é senão uma forma de crescimento. Isso se depreende em geral da multiplicação dos indivíduos, o resultado mais claro da atividade sexual. Mas o crescimento da espécie na reprodução sexuada não é mais do que um aspecto do crescimento na cissiparidade primitiva, na esfera da reprodução assexuada. Como o conjunto das células do organismo individual, as gônadas sexuadas são elas próprias cissíparas. Na base, toda unidade viva cresce. Se, ao crescer, atinge o estado pletórico, ela pode se dividir, mas o crescimento (a pletora) é a condição da divisão a que, no mundo vivo, chamamos reprodução.

---

[35] Tudo fica claro quando se trata da atividade econômica da sociedade. A atividade do organismo nos escapa mais: há sempre uma relação entre o crescimento e o desenvolvimento das funções sexuais que dependem ambas da hipófise. Não podemos medir com suficiente precisão os gastos de calorias do organismo para assegurar que eles se fazem no sentido do crescimento ou da atividade genésica. Mas a hipófise aproveita a energia ora para o desenvolvimento das funções sexuais, ora para o crescimento. Assim, o gigantismo contraria a função sexual; a puberdade precoce poderia, mas é duvidoso, coincidir com uma parada do crescimento.

O crescimento do conjunto e o dom dos indivíduos

Objetivamente, se fazemos amor, é a reprodução que está em jogo.

É portanto, se me seguiram, o crescimento. Mas esse crescimento não é *o nosso*. Nem a atividade sexual, nem a cissiparidade asseguram o crescimento do próprio ser que se reproduz, quer ele se acasale, quer, mais simplesmente, se divida. O que a reprodução coloca em jogo é o crescimento impessoal.

A oposição fundamental, que afirmei antes de mais nada, entre a perda e o crescimento é, portanto, redutível, em um caso, a uma outra diferença, em que o crescimento impessoal, e não a perda pura e simples, se opõe ao pessoal. O aspecto fundamental, egoísta, do crescimento só é dado se o indivíduo cresce sem alteração. Se o crescimento tem lugar em proveito de um ser ou de um conjunto que nos ultrapassa, não é mais um crescimento, e sim um *dom*. Para aquele que o faz, o dom é a perda daquilo que tem. Aquele que dá, se reencontra naquilo que dá, mas antes deve dar; antes, mais ou menos inteiramente, é-lhe preciso renunciar àquilo que, para o conjunto que o adquire, tem o sentido do crescimento.

A morte e a continuidade na reprodução assexuada e sexuada

Devemos primeiramente considerar de perto a situação aberta na divisão.

Havia continuidade no *interior* do organismo assexuado *a*.

Quando *a'* e *a"* apareceram, a continuidade não foi suprimida de imediato. Não importa saber se ela desapareceu no começo ou no final da crise, mas houve um momento suspenso.

Nesse momento, o que não era ainda *a'* era contínuo com *a"*, mas a pletora colocava em jogo a continuidade. É a pletora que começa um deslizamento em que o ser se divide, mas ele se divide no próprio momento, no momento do deslizamento, no momento crítico em que esses seres, que logo se oporão um ao outro, ainda não se opõem. A crise separadora nasce da pletora: ainda não é a separação, é a ambiguidade. Na pletora, o ser passa da calma do repouso ao estado de agitação violenta: essa turbulência, essa agitação, atingem o ser inteiro, atingem-no em sua continuidade. Mas a violência da agitação, que inicialmente tem lugar no seio da continuidade, evoca a violência da separação, de que a descontinuidade procede. A calma, enfim, se restabelece na separação acabada, em que se encontram dois seres distintos.

A pletora da célula que, nessas condições, leva à crise criadora de um, de dois seres novos, é rudimentar em relação à pletora dos órgãos machos e fêmeas que culmina na crise da reprodução sexuada.

Mas as duas crises têm em comum aspectos essenciais. A superabundância está na origem nos dois casos. Assim como o crescimento considerado no conjunto dos seres, reprodutores e reproduzidos. Enfim, a desaparição individual.

É, com efeito, erroneamente que a imortalidade é atribuída às células que se dividem. A célula a não sobrevive nem em a', nem em a'', a' é outro que a, outro que a''; positivamente, a, na divisão, cessa de ser, a desaparece, a morre. Não deixa vestígio, cadáver, mas morre. A pletora da célula acaba na morte criadora, ao final da crise em que a continuidade dos novos seres (a' e a'') apareceu, já que na origem eles não são mais que um, mas para logo se esquivarem em sua divisão definitiva.

A significação deste último aspecto, comum aos dois modos de reprodução, é de importância decisiva.

A continuidade global dos seres se revela em última instância nos dois casos. (Objetivamente, essa continuidade é dada de um ser a outro e de cada ser à totalidade dos outros nas *passagens* da reprodução.) Mas a morte, que sempre suprime a descontinuidade individual, aparece cada vez que, profundamente, a continuidade se revela. A reprodução assexuada a oculta ao mesmo tempo que a assume: nela, a morte desaparece na morte, é sutilizada. Nesse sentido, a reprodução assexuada é a verdade última da morte: a morte anuncia a descontinuidade[36] fundamental dos seres (e do ser). Apenas o ser descontínuo morre e a morte revela a mentira da descontinuidade.

---

[36] Embora tanto na edição Minuit (Paris, 2007), que serve de base à presente tradução, quanto no tomo X das *Œuvres Complètes de Georges Bataille* (Paris: Gallimard, 1987), apareça a palavra descontinuidade (*discontinuité*), estou convencido de que há um equívoco. O "correto" seria aqui continuidade (*continuité*): *A morte anuncia a* continuidade *fundamental dos seres (e do ser)*. Note-se que o próprio título da subseção é *A morte e a* continuidade *na reprodução assexuada e sexuada*. (N.T.)

Retorno à experiência interior

Nas formas da reprodução sexuada, a descontinuidade dos seres é menos frágil. Morto, o ser descontínuo não desaparece inteiramente, deixa um vestígio que pode mesmo ser infinitamente durável. Um esqueleto pode durar milhões de anos. No ápice, o ser sexuado é tentado, ou mesmo forçado a crer na imortalidade de um princípio descontínuo que existiria nele. Ele vê sua "alma", sua descontinuidade, como sua verdade profunda, abusada por uma sobrevivência do ser corporal, que, entretanto, se reduz, mesmo que esta seja imperfeita, à decomposição dos elementos que o formavam. A partir da permanência dos ossamentos, ele chegou mesmo a imaginar "a ressurreição da carne". Os ossamentos deviam, "no julgamento final", voltar a se juntar, e os corpos ressuscitados deviam reconduzir as almas a sua verdade primeira. Nessa hipertrofia de uma condição exterior, o que escapa é a continuidade que não é menos fundamental na reprodução sexuada: as células genéticas se dividem e, de uma à outra, é possível apreender objetivamente a unidade inicial. De uma divisão cissípara à outra, a continuidade é sempre evidente na base.

No plano da descontinuidade e da continuidade dos seres, o único fato novo que intervém na reprodução sexuada é a fusão dos dois seres ínfimos, das células que são os gametas machos e fêmeas. Mas a fusão termina de revelar a continuidade fundamental: nela, fica claro que a continuidade perdida pode ser reencontrada. Da descontinuidade dos seres sexuados procede um mundo pesado, opaco, onde a separação individual está fundada no que há de mais pavoroso; a angústia da morte e da dor deram ao muro dessa separação a solidez, a tristeza e a hostilidade de um muro de prisão. Nos limites desse mundo triste, entretanto, a continuidade desgarrada é reencontrada no caso privilegiado da fecundação: a fecundação – a fusão – seria inconcebível se a descontinuidade aparente dos seres animados mais simples não fosse um engodo.

Só a descontinuidade dos seres complexos parece à primeira vista intangível. Aparentemente, não podemos conceber a redução à unidade ou o desdobramento (a "colocação em questão") de sua descontinuidade. Os momentos de pletora em que os animais são tomados pela febre sexual são momentos de crise de seu isolamento.

Nesses momentos, o temor da morte e da dor é superado. Nesses momentos, o sentimento de continuidade relativa entre animais de mesma espécie, que não cessa de manter em segundo plano, mas sem graves consequências, uma contradição da ilusão descontínua, é bruscamente revigorado. Coisa estranha, ele não o é ordinariamente em condições de perfeita similitude entre indivíduos de mesmo sexo: parece que, em princípio, apenas uma diferença secundária tenha o poder de tornar sensível uma identidade profunda que com o passar do tempo se tornava indiferente. Do mesmo modo, ocorre que se sinta mais intensamente aquilo que escapa no instante da desaparição. Aparentemente, a diferença de sexo aviva, decepcionando-o, tornando-o penoso, esse vago sentimento de continuidade que a similitude de espécie conserva. É contestável, após esse exame dos dados objetivos, aproximar a reação dos animais da experiência interior do homem. A visão da ciência é simples: a reação animal é determinada por realidades fisiológicas. A bem da verdade, a similitude de espécie é, para o observador, uma realidade fisiológica. A diferença de sexo também. Mas a ideia de uma similitude tornada mais sensível por uma diferença se funda numa experiência interior. Não posso mais que sublinhar, de passagem, a mudança de plano. É característico desta obra. Creio que um estudo que tem o homem por objeto está condenado a essa constante mudança de perspectiva. Mas o estudo que se quer científico reduz a parte da experiência subjetiva, enquanto eu, por método, reduzo, ao contrário, a parte do conhecimento objetivo. De fato, só trouxe à luz os dados da ciência sobre a reprodução com a segunda intenção de transpô-los. Sei, não posso ter a experiência interior dos animais, menos ainda dos animálculos. Tampouco posso conjecturá-la. Mas os animálculos têm, assim como os animais complexos, uma experiência de dentro: não posso ligar à complexidade, ou à humanidade, a passagem da existência *em si* à existência *para si*. Atribuo mesmo à partícula inerte, abaixo do animálculo, essa existência *para si* que prefiro nomear experiência de dentro, experiência interior, mas que jamais pode ser designada de maneira verdadeiramente satisfatória. Da experiência interior que não posso ter, nem mesmo representar por hipótese, não posso entretanto ignorar que, por definição, ela implica em sua base um *sentimento de si*. Esse sentimento elementar não é a *consciência de si*. A consciência de si é consecutiva àquela dos objetos, que só se dá distintamente na humanidade. Mas o sentimento de si varia necessariamente na medida em que aquele que o experimenta se isola em sua descontinuidade. Esse isolamento é maior ou menor em função das facilidades oferecidas à descontinuidade objetiva, em razão inversa às possibilidades oferecidas à continuidade. Trata-se da firmeza, da estabilidade de um limite concebível, mas o sentimento de si varia segundo o grau de isolamento. A atividade sexual é um momento de crise do isolamento. Essa atividade é conhecida por nós de fora, mas sabemos que enfraquece o sentimento de si, que o coloca em questão. Falamos de crise: é o efeito interior de um acontecimento objetivamente conhecido. Conhecida objetivamente, a crise não deixa por isso de introduzir um dado interior fundamental.

Os dados objetivos gerais próprios à reprodução sexuada

O fundamento objetivo da crise é a pletora. Na esfera dos seres assexuados, esse aspecto se faz evidente desde o princípio. Há crescimento: o crescimento determina a reprodução – consequentemente, a divisão –, determina, portanto, a morte do indivíduo pletórico. Esse aspecto é menos claro na esfera dos seres sexuados. Mas a superabundância da energia também é a base da entrada em atividade dos órgãos sexuais. E, como para os seres mais simples, essa superabundância traz em si a morte.

Ela não a traz diretamente. Regra geral, o indivíduo sexuado sobrevive à superabundância e mesmo aos excessos a que o conduz a superabundância. A morte só é o resultado da crise sexual em raros casos, cuja significação, é preciso dizer, é contundente. Para nossa imaginação, tão contundente, que a prostração consecutiva ao paroxismo final é tida por uma "pequena morte". A morte é sempre, *humanamente*, o símbolo do recuo das águas que segue a violência da agitação, mas ela não é apenas figurada por uma longínqua equivalência. Não devemos jamais esquecer que a multiplicação dos seres é solidária da morte. Aqueles que se reproduzem sobrevivem ao nascimento daqueles que engendram, mas essa sobrevida não é mais que uma prorrogação. Um prazo é dado, efetivamente votado, por um lado, à assistência dada aos recém-chegados, mas a aparição desses recém chegados é a garantia da desaparição dos predecessores. Se a reprodução dos seres sexuados não leva à morte imediata, leva a ela a longo prazo.

A superabundância tem por consequência inevitável a morte, só a estagnação assegura a manutenção da descontinuidade dos seres (de seu isolamento). Essa descontinuidade é um desafio ao movimento que fatalmente derrubará essas barreiras que separam os indivíduos distintos uns dos outros. A vida – o movimento da vida – exige talvez por um instante essas barreiras, sem as quais nenhuma organização complexa seria possível, nenhuma organização eficaz. Mas a vida é movimento, e nada no movimento está ao abrigo do movimento. Os seres assexuados morrem de seu próprio desenvolvimento, de seu próprio movimento. Os seres sexuados não opõem a seu próprio movimento de superabundância – assim como à agitação geral – mais que uma resistência provisória. É verdade que eles só sucumbem às vezes ao enfraquecimento de suas próprias forças, à ruína de sua organização. Mas não podemos nos enganar com isso. Só a morte inumerável tira do impasse esses seres que se multiplicam. O pensamento de um mundo onde a organização artificial asseguraria o prolongamento da vida humana evoca a possibilidade de um pesadelo, sem deixar entrever nada além de um ligeiro retardo. No fim, lá estará a morte, que a multiplicação exige, que a superabundância da vida exige.

A aproximação dos dois aspectos elementares percebidos dos pontos de vista de fora e de dentro

Esses aspectos da vida em que a reprodução se liga à morte têm um caráter objetivo inegável, mas, como disse, mesmo a vida elementar de um ser é certamente uma experiência interior. E podemos até falar dessa experiência elementar, mesmo admitindo que ela não nos é comunicável. É a crise do ser: o ser tem a experiência interior do ser na crise que o põe à prova, é a colocação em jogo do ser numa passagem que vai da continuidade à descontinuidade, ou da descontinuidade à continuidade. O ser mais simples tem, nós o admitimos, o sentimento de si, o sentimento de seus limites. Se esses limites mudam, ele é atingido nesse sentimento fundamental: esse golpe é a crise do ser que tem o sentimento de si.

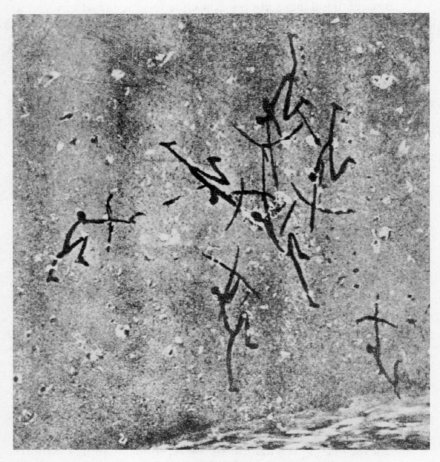

Lâmina VIII. Combates de arqueiros. Pintura rupestre do Levante espanhol, Morella la Vella (Castellon). Segundo F. Benitez.

"Foram os homens das pinturas rupestres do Levante espanhol que pela primeira vez figuraram a guerra. Aparentemente, suas pinturas datam em parte do fim do Paleolítico superior, em parte dos tempos que se seguiram. Por volta do fim do Paleolítico superior, quinze ou dez mil anos antes de nós, a guerra começou a organizar a transgressão do interdito que, opondo-se em seu princípio ao assassinato dos animais, considerados como idênticos aos homens, opunha-se também ao assassinato do próprio homem." (p. 99-100)

Da reprodução sexuada, disse que os aspectos objetivos eram no final das contas os mesmos que na divisão cissípara. Mas, se consideramos a experiência humana que dela temos no erotismo, aparentemente nos afastamos desses aspectos fundamentais, dados na objetividade. No erotismo, em particular, o sentimento de pletora que temos não está ligado à consciência de engendrar. E mesmo, em princípio, quanto mais o gozo erótico é pleno, menos nos preocupamos com os filhos que podem resultar dele. Por outro lado, a tristeza consecutiva ao espasmo final pode dar um antegosto da morte, mas a angústia da morte e a morte estão nos antípodas do prazer. Se a aproximação dos aspectos objetivos da reprodução e da experiência interior dada no erotismo é possível, ela repousa sobre outra coisa. Há um elemento fundamental: o fato objetivo da reprodução coloca em jogo no plano da interioridade o sentimento de si, aquele do ser e dos limites do ser isolado. Coloca em jogo a descontinuidade a que se liga necessariamente o sentimento de si porque ela funda seus limites: o sentimento de si, mesmo que vago, é o sentimento de um ser descontínuo. Mas a descontinuidade nunca é perfeita. Na sexualidade, em particular, o sentimento *dos outros*, para além do sentimento *de si*, introduz entre dois ou vários uma continuidade possível que se opõe à descontinuidade primeira. Os *outros*, na sexualidade, não cessam de oferecer uma possibilidade de continuidade, os *outros* não cessam de ameaçar, de provocar um rasgão no vestido sem costura da descontinuidade individual. Através das vicissitudes da vida animal, os *outros*, os semelhantes, aparecem meio de canto: é um fundo de figuras neutras, elementar sem dúvida, mas sobre o qual uma mudança crítica se opera no tempo da atividade sexual. Nesse momento, o *outro* não aparece ainda positivamente, mas negativamente ligado à perturbadora violência da pletora. Cada ser contribui para a negação que o *outro* faz de si mesmo, mas essa negação não culmina de modo algum no reconhecimento do parceiro. É, ao que parece, menos a similitude que atua na aproximação do que a *pletora* do *outro*. A violência de um se oferece à violência do *outro*: trata-se de cada lado de um movimento interno que obriga a estar *fora de si* (fora da descontinuidade individual). Ocorre assim o encontro de dois seres que, lentamente na fêmea, mas por vezes de maneira fulminante no macho, a pletora sexual projeta *fora de si*. O casal animal, no momento da conjunção, não é formado por dois seres descontínuos se aproximando, se unindo por uma corrente de continuidade momentânea: a bem dizer, não há união, mas dois indivíduos, sob o império da violência, associados pelos reflexos ordenados da conexão sexual, partilham um estado de crise em que um e outro estão fora de si. Os dois seres estão ao mesmo tempo abertos à continuidade. Mas nada disso subsiste nas consciências vagas: após a crise, a descontinuidade de cada um dos dois seres continua intacta. É a crise ao mesmo tempo mais intensa e mais insignificante que há.

Os elementos fundamentais da experiência interior do erotismo

Nesse desenvolvimento sobre a experiência animal da sexualidade, afastei-me dos dados objetivos da reprodução sexuada que anteriormente expus. Tentei tomar um caminho que conduza à experiência interior animal a partir dos dados reduzidos tirados da vida dos seres ínfimos. Fui guiado por nossa experiência interior humana e pela consciência que necessariamente tenho daquilo que falta à experiência animal. Em verdade, pouco me afastei daquilo que a necessidade de considerar um fundamento permite postular. Além disso, uma evidência singular sustenta minhas afirmações.

Mas não examinei o quadro dos dados objetivos da reprodução sexuada para depois simplesmente deixá-lo de lado.

Tudo se encontra no *rendez-vous* do erotismo.

Com a vida do homem, entramos diretamente na experiência interior. Os elementos exteriores que discernimos se reduzem, enfim, à sua interioridade. A meu ver, o que confere seu caráter às passagens da descontinuidade à continuidade no erotismo se deve ao conhecimento da morte que, desde o princípio, associa no espírito do homem a ruptura da descontinuidade – e o deslizamento que se segue rumo a uma continuidade possível – à morte. Esses elementos, nós os *discernimos* de fora, mas se não tivéssemos primeiro a experiência de dentro deles, sua significação escaparia. Há, além disso, um salto de um dado objetivo, que nos mostra a necessidade da morte ligada à superabundância, a essa perturbação vertiginosa que o conhecimento interior da morte introduz no homem. Essa perturbação, ligada à pletora da atividade sexual, leva a um desfalecimento profundo. Como, se não percebesse de fora uma identidade, eu teria reconhecido, na experiência paradoxal da pletora e do desfalecimento ligados um ao outro, o jogo do ser que supera, na morte, a descontinuidade individual – sempre provisória – da vida?

O que, desde o início, é sensível no erotismo é o abalo, por uma desordem pletórica, de uma ordem que exprime uma realidade parcimoniosa, uma realidade fechada. A sexualidade do animal coloca em jogo essa mesma desordem pletórica, mas nenhuma resistência, nenhuma barreira lhe é oposta. Livremente, a desordem animal se abisma numa violência indefinida. A ruptura se consome, uma onda tumultuosa se perde, então a solidão do ser descontínuo se fecha de novo. A única modificação da descontinuidade individual a que o animal é suscetível é a morte. O animal morre, se não, passada a desordem, a descontinuidade intacta permanece. Na vida humana, ao contrário, a violência sexual abre uma chaga. Raramente a chaga volta a se fechar por si só: é necessário fechá-la. E sem uma constante atenção, que a angústia funda, ela não pode permanecer fechada. A angústia elementar ligada à desordem sexual é significativa da morte. A violência dessa desordem, quando o ser que a experimenta tem o conhecimento da morte, reabre nele o abismo que a morte lhe revelou. A associação da violência da morte e da violência sexual tem esse duplo sentido. De um lado, a convulsão da carne é tanto mais precipitada quanto mais próxima está do desfalecimento, e, de outro, o desfalecimento, desde que lhe deixe tempo, favorece a volúpia. A angústia mortal não inclina necessariamente à volúpia, mas a volúpia, na angústia mortal, é mais profunda.

A atividade erótica não tem sempre abertamente esse aspecto nefasto, não é sempre *essa fissura*; mas, profundamente, secretamente, essa fissura, sendo aquilo que é próprio à sensualidade humana, é a fonte do prazer. O que, na apreensão da morte, retira o fôlego, de alguma maneira, no momento supremo, deve cortar a respiração.

O princípio mesmo do erotismo parece de início contrário a esse horror paradoxal. É a pletora dos órgãos genitais. É um movimento animal em nós que é a origem da crise. Mas o transe dos órgãos não é *livre*. Ele não pode ter livre curso sem o acordo da vontade. O transe dos órgãos bagunça um ordenamento, um sistema sobre o qual repousam a eficácia e o prestígio. O ser, em verdade, se divide, sua unidade se rompe desde o primeiro instante da crise sexual. Nesse momento, a crise pletórica da carne se choca contra a resistência do espírito. Mesmo o acordo aparente não basta: a convulsão da carne, para além do consentimento, exige o silêncio, exige a ausência do espírito. O movimento carnal é singularmente estranho à vida humana: desencadeia-se fora dela, sob a condição de que ela se cale, sob a condição de que ela se ausente. Aquele que se abandona a esse movimento não é mais humano, é, à maneira das feras, uma cega violência que se reduz ao desencadeamento, que goza por ser cega e por ter esquecido. Um interdito vago e geral se opõe à liberdade dessa violência, que conhecemos menos por uma informação dada de fora do que, diretamente, por uma experiência interior de seu caráter inconciliável com nossa humanidade fundamental. O interdito geral não é formulado. No quadro das conveniências, manifestam-se apenas aspectos aleatórios que variam de acordo com as situações e as pessoas, sem falar dos tempos e das regiões. O que a teologia cristã diz do pecado da carne representa, tanto por uma impotência da interdição enunciada quanto pelo exagero dos comentários multiplicados (penso na Inglaterra da época vitoriana), a aleatoriedade, a inconsistência, e ao mesmo tempo a violência que responde à violência, das reações de recusa. Só a experiência dos estados em que ficamos banalmente na atividade sexual, de sua discordância com as condutas socialmente aceitas, nos permite reconhecer um aspecto *inumano* dessa atividade. A pletora dos órgãos leva a esse desencadeamento de mecanismos estranhos ao ordenamento habitual das condutas humanas. Um inchaço de sangue abala o equilíbrio sobre o qual a vida se fundava. Uma fúria bruscamente se apossa de um ser. Essa fúria nos é familiar, mas podemos imaginar facilmente a surpresa de alguém que não a conhecesse e que, por uma maquinação, descobrisse sem ser visto os transportes amorosos de uma mulher cuja distinção o impressionara. Ele veria aí uma doença, análoga à raiva dos cães. Como se uma cadela enraivecida tivesse substituído a personalidade daquela que recebia tão dignamente... É até muito pouco falar em doença. Nesse momento, a personalidade está *morta*.

Sua *morte*, nesse momento, cede lugar à cadela, que se aproveita do silêncio, *da ausência da morta*. A cadela goza – goza gritando – desse silêncio e dessa ausência. O retorno da personalidade a arrefeceria, colocaria fim à volúpia em que está perdida. O desencadeamento não tem sempre a violência implicada em minha representação. Esta não deixa de ser significativa de uma oposição primeira.

É inicialmente um movimento natural, mas esse movimento não pode ter livre curso sem quebrar uma barreira. De forma que, no espírito, curso natural e barreira derrubada se confundem. O curso natural significa a barreira derrubada. A barreira derrubada significa o curso natural. A barreira derrubada não é a morte. Mas, assim como a violência da morte derruba inteiramente – definitivamente – o edifício da vida, a violência sexual derruba em um ponto, por um tempo, a estrutura desse edifício. A teologia cristã, com efeito, assimila à morte a ruína moral consecutiva ao pecado da carne. Há, necessariamente ligada ao momento da volúpia, uma ruptura menor evocadora da morte: em contrapartida, a evocação da morte pode servir à ativação dos espasmos voluptuosos. O mais das vezes, isso se reduz ao sentimento de uma transgressão perigosa para a estabilidade geral e a conservação da vida – sem a qual seria impossível um livre desencadeamento. Mas a transgressão não é apenas necessária de fato a essa liberdade. Acontece que, sem a evidência de uma transgressão, não experimentamos mais esse sentimento de liberdade que a plenitude da realização sexual exige. De modo que uma situação escabrosa é às vezes necessária ao espírito embotado para chegar ao reflexo do gozo final (ou, se não a própria situação, sua representação mantida no tempo da conjunção, como num sonho acordado). Essa situação não é sempre terrificante: muitas mulheres não conseguem gozar sem se contarem uma história em que são violadas. Mas uma violência ilimitada permanece no fundo da ruptura significativa.[37]

---

[37] As possibilidades de acordo entre o dilaceramento erótico e a violência são gerais e aterradoras. Refiro-me a uma passagem de Marcel Aymé (*Uranus*. Paris: Gallimard, p. 151-152) que tem o mérito de representar as coisas em sua próxima banalidade, sob uma forma imediatamente sensível. Eis sua frase final: "A visão desses dois pequeno-burgueses prudentes, mesquinhos, hipócritas, espreitando os supliciados de sua sala de jantar Renascença e, semelhantes a cães, abraçando-se e contorcendo-se nas pregas da cortina...". Trata-se de uma execução de milicianos, precedida de horrores sangrentos, observada por um casal de simpatizantes das vítimas.

O paradoxo do interdito geral, senão da sexualidade, da liberdade sexual

O que é digno de nota no interdito sexual é que ele se revela plenamente na transgressão. A educação desvela um aspecto seu, mas ele nunca é resolutamente formulado. A educação não procede menos por silêncios do que por advertências veladas. É diretamente pela descoberta furtiva – de início parcial – do domínio proibido que o interdito nos aparece. No começo, nada é mais misterioso. Somos admitidos ao conhecimento de um prazer em que a noção de prazer se mistura ao mistério, expressivo do interdito que determina o prazer ao mesmo tempo que o condena. Essa revelação dada na transgressão não é certamente igual a si mesma através dos tempos: há cinquenta anos, esse aspecto paradoxal da educação era mais sensível. Mas em toda parte – e sem dúvida desde os tempos mais antigos – nossa atividade sexual é adstrita ao segredo; em toda parte, embora em graus variáveis, ela é vista como contrária a nossa dignidade. Jamais, humanamente, o interdito se mostra sem a revelação do prazer, nem jamais o prazer sem o sentimento do interdito. Um movimento natural está em sua base e, na infância, só o movimento natural existe. Mas o prazer não é dado *humanamente* nesse tempo de que jamais temos a memória. Imagino objeções – e exceções. Essas objeções e essas exceções não podem abalar uma posição tão segura.

Na esfera humana, a atividade sexual se separa da simplicidade animal. Ela é essencialmente uma transgressão. Não é, após o interdito, o retorno à liberdade primeira. A transgressão é própria à humanidade organizada pela atividade laboriosa. A própria transgressão é organizada. O erotismo é, no conjunto, uma atividade organizada; é na medida em que é organizado que ele muda através do tempo. Esforçar-me-ei para oferecer um quadro do erotismo considerado em sua diversidade e em suas transformações. O erotismo aparece inicialmente na transgressão de primeiro grau que, apesar de tudo, o casamento é. Mas ele só se dá verdadeiramente sob formas mais complexas, nas quais, de grau em grau, o caráter de transgressão se acentua.

O caráter de transgressão, o caráter de pecado.

CAPÍTULO X
A transgressão no casamento e na orgia

O casamento considerado como uma transgressão e o direito da primeira noite[38]

O mais das vezes, o casamento é considerado como se pouco tivesse a ver com o erotismo.

Falamos de erotismo todas as vezes que um ser humano se conduz de uma maneira que apresenta com as condutas e os juízos habituais uma oposição contrastada. O erotismo deixa entrever o *avesso* de uma fachada cuja aparência correta jamais é desmentida: no *avesso*, revelam-se sentimentos, partes do corpo e maneiras de ser de que comumente temos *vergonha*. Digamo-lo com insistência: esse aspecto, que parece estranho ao casamento, jamais deixou de ser sensível nele.

O casamento é, antes de mais nada, a moldura da sexualidade lícita. "O ato da carne não consumarás – a não ser no casamento". Mesmo nas sociedades mais puritanas, o casamento ao menos não é questionado. Falo, entretanto, de um caráter de transgressão, que permanece na base do casamento. É contraditório à primeira vista,

---

[38] *Droit de cuissage*: direito da primeira noite (*jus primae noctis*), direito das primícias, ou direito da pernada. (N.T.)

mas devemos pensar em outros casos de transgressão em pleno acordo com o sentido geral da lei transgredida. Em particular, o sacrifício é essencialmente, já o dissemos, a violação ritual de um interdito: todo o movimento da religião implica o paradoxo de uma regra que admite a ruptura regular da regra em certos casos. Assim, a transgressão que a meu ver seria o casamento é, sem dúvida, um paradoxo, mas o paradoxo é inerente à lei que prevê a infração e a tem por legal: assim, da mesma forma que o assassinato levado a cabo no sacrifício é interdito e, ao mesmo tempo, ritual, o ato sexual inicial, que constitui o casamento, é uma violação sancionada.

Os parentes próximos, se tinham sobre suas irmãs, ou suas filhas, um direito exclusivo de posse, dispuseram talvez desse direito em favor de estrangeiros que, vindos de fora, tinham um poder de irregularidade que os qualificava para a transgressão que era, no casamento, o primeiro ato sexual. Não é mais que uma hipótese, mas, se queremos determinar o lugar do casamento no domínio do erotismo, esse aspecto talvez não seja negligenciável. Seja como for, um caráter durável de transgressão ligado ao casamento cai sob o golpe da experiência banal, que apenas as núpcias populares se encarregariam de tornar sensível. O ato sexual sempre teve um valor de ultraje, no casamento, fora do casamento. Tem-no sobretudo quando se trata de uma virgem: tem-no sempre um pouco *a primeira vez*. Nesse sentido, acreditei possível falar de um *poder de transgressão* que o estrangeiro talvez tivesse e que talvez não tivesse tido, inicialmente, aquele que vivia, sujeito às mesmas regras, no mesmo local de habitação.

O recurso a um poder de transgressão que não era dado a qualquer um parece ter sido comumente tido por favorável, quando se tratava de um ato grave como a violação, operada pela *primeira vez* numa mulher, desse interdito vago que coloca o acasalamento sob o signo da vergonha. Muitas vezes, a operação era confiada aos que tinham geralmente aquilo que o próprio noivo não tinha: o poder de transgressão de um interdito. Estes deviam ter de alguma maneira um caráter soberano, que os fizesse escapar ao interdito que atinge geralmente a espécie humana. O sacerdócio designava em princípio aqueles que deviam possuir pela primeira vez a noiva. Mas, no mundo cristão, tornou-se impensável recorrer aos ministros de Deus, e o costume de solicitar ao senhor feudal a defloração se estabeleceu.[39] A atividade sexual, ao menos quando se tratava de estabelecer um primeiro contato, era evidentemente tida por interdita, e perigosa, não fosse a força possuída pelo soberano, pelo sacerdote, de tocar sem demasiado risco nas coisas sagradas.

A repetição

O caráter erótico, ou mais simplesmente o caráter de transgressão do casamento escapa o mais das vezes porque a palavra *casamento* designa a uma só vez a passagem e o estado. Ora, esquecemos a passagem e consideramos apenas o estado. Há muito tempo, aliás, o valor econômico da mulher passou a dar a maior importância ao estado: são os cálculos, é a expectativa e o resultado que interessam no estado, não os momentos de intensidade, que valem apenas no próprio instante. Esses momentos não são levados em conta quando o que importa é a expectativa do resultado, o lar, os filhos, e as obras que estes demandam.

O mais grave é que o hábito frequentemente atenua a intensidade e que o casamento implica o hábito. Há um notável acordo entre a inocência e a ausência de perigo que a repetição apresentava (já que só o primeiro contato ficava sujeito a certa apreensão) e a ausência de valor, no plano do prazer, comumente atribuída a essa repetição. Esse acordo não deve ser negligenciado: ele remete à própria essência do erotismo. Mas o florescimento da vida sexual também não deve sê-lo. Sem uma secreta compreensão dos corpos, que só se estabelece a longo prazo, a conjunção é furtiva e superficial, não pode se *organizar*, seu movimento é quase animal, rápido demais e, muitas vezes, o prazer esperado se furta. O gosto pela mudança é sem dúvida doentio, e sem dúvida leva apenas à frustração renovada. O hábito, pelo contrário, tem o poder de aprofundar o que a impaciência desconhece.

No que tange à repetição, os dois pontos de vista opostos se completam. Não há dúvida de que os aspectos, as figuras e os signos

---

[39] De qualquer modo, o direito da primeira noite, que habilitava, porque ele era o soberano de seu domínio, o senhor feudal a esse serviço, não era, como se acreditou, o privilégio exorbitante de um tirano a que ninguém teria ousado resistir. Ao menos sua origem era outra.

que compõem a riqueza do erotismo exigiram primordialmente movimentos de irregularidade. A vida carnal teria sido pobre, vizinha à estagnação animal, se jamais ocorresse livremente o bastante, em resposta a explosões caprichosas. Se é verdade que o hábito intensifica, podemos dizer até que ponto uma vida feliz não prolonga o que a perturbação suscitou, o que a irregularidade descobriu? O próprio hábito é tributário do desenvolvimento mais intenso que dependeu da desordem e da infração. Assim, o amor profundo, que o casamento de modo algum paralisa, seria acessível sem o contágio dos amores ilícitos, que, só eles, tiveram o poder de dar ao *amor* o que ele tem de mais forte do que a lei?

A orgia ritual

De qualquer modo, o quadro regular do casamento dava apenas uma saída estreitamente limitada à violência refreada.

Para além do casamento, as festas asseguraram a possibilidade da infração; asseguraram ao mesmo tempo a possibilidade da vida normal, consagrada à atividade ordenada.

Mesmo a "festa da morte do rei" de que falei, apesar de seu caráter informe e prolongado, previa no tempo o limite de uma desordem que parecia, de início, ilimitada. Uma vez os despojos régios reduzidos ao esqueleto, a desordem e os excessos cessavam de prevalecer, o jogo dos interditos recomeçava.

As orgias rituais, muitas vezes associadas a festas menos desordenadas, não previam mais que uma furtiva interrupção do interdito que se opõe à liberdade do impulso sexual. Por vezes, a licença se limitava aos membros de uma confraria, como nas festas de Dioniso, mas ela podia ter, para além do erotismo, um sentido mais precisamente religioso. Temos apenas um conhecimento vago dos fatos; podemos sempre imaginar a vulgaridade, a grosseria, prevalecendo sobre o frenesi. Mas seria vão negar a possibilidade de uma superação em que a embriaguez comumente ligada à orgia, o êxtase erótico e o êxtase religioso se compusessem.

O movimento da festa adquire na orgia essa força transbordante que leva geralmente à negação de todo limite. A festa é por si mesma negação dos limites da vida que o trabalho ordena, mas a orgia é o signo de uma perfeita inversão. Não foi o acaso que quis que, nas orgias das Saturnais, a ordem social fosse ela própria invertida, o senhor servindo o escravo, o escravo estendido no leito do senhor. Esses transbordamentos extraíram seu sentido mais agudo do acordo arcaico entre a volúpia sensual e o arrebatamento religioso. É nessa direção que a orgia, qualquer que fosse a desordem que introduzia, organizou o erotismo para além da sexualidade animal.

Nada disso aparecia no erotismo rudimentar do casamento. Tratava-se ainda de transgressão, violenta ou não, mas a transgressão do casamento não tinha consequências, era independente de outros desenvolvimentos, possíveis sem dúvida, mas que o costume não exigia e mesmo desfavorecia. A rigor, o *gracejo malicioso* é, hoje em dia, um aspecto popular do casamento, mas o gracejo tem o sentido do erotismo inibido, transformado em descargas furtivas, em dissimulações brincalhonas, em alusões. O frenesi sexual, afirmando ao contrário um caráter sagrado, é próprio da orgia. Da orgia procede um aspecto arcaico do erotismo. O erotismo orgíaco é em sua essência excesso perigoso. Seu contágio explosivo ameaça indistintamente todas as possibilidades da vida. O rito primeiro queria que as mênades, numa crise de ferocidade, devorassem vivos seus filhos pequenos. Mais tarde, a sangrenta omofagia dos cabritos, que as mênades anteriormente aleitavam, recordava essa abominação.

A orgia não se orienta para a religião *fasta*, extraindo da violência fundamental um caráter *majestoso*, calmo e conciliável com a ordem profana: sua eficácia se averigua do lado *nefasto*, ela leva ao frenesi, à vertigem e à perda da consciência. Trata-se de engajar a totalidade do ser num deslizamento cego rumo à perda, que é o momento decisivo da religiosidade. Esse movimento é dado no acordo que, em segundo lugar, a humanidade estabeleceu com a proliferação sem medida da vida. A recusa implicada nos interditos conduzia ao isolamento avaro do ser, oposto a essa imensa desordem de indivíduos desgarrados uns nos outros e cuja própria violência abria à violência da morte. Num sentido oposto, o refluxo dos interditos, liberando o movimento vertiginoso da exuberância, atingia a fusão ilimitada dos seres na orgia. De modo algum essa fusão poderia se limitar àquela solicitada pela pletora dos órgãos geradores. Ela era desde o início efusão religiosa: em princípio, desordem do ser que se perde e não opõe mais nada à proliferação desvairada da vida. Esse imenso desencadeamento pareceu divino, de tanto que elevava o homem acima da condição a que ele mesmo se condenara. Desordem dos gritos, desordem dos gestos violentos e das danças, desordem dos agarramentos, desordem, enfim, dos sentimentos, que uma convulsão sem medida embriagava. As perspectivas da perda exigiam essa fuga na indistinção, em que os elementos estáveis da atividade humana se furtavam, em que nada mais havia que não perdesse pé.

A orgia como rito agrário

As orgias dos povos arcaicos costumam ser interpretadas num sentido em que nada do que me esforcei para mostrar aparece. Devo, portanto, antes de prosseguir, falar da interpretação tradicional que tende a reduzi-las a ritos de magia contagiosa. Aqueles que as ordenavam acreditaram com efeito que elas asseguravam a fecundidade dos campos. Ninguém contesta a exatidão dessa relação. Mas não dissemos tudo se reconduzimos ao rito agrário uma prática que evidentemente o excede. Mesmo se a orgia tivesse, em toda parte e em todos os tempos, tido esse sentido, caberia ainda perguntar se foi o único sentido que tinha. Se é, por certo, de grande interesse perceber o caráter agrário de um costume, que o liga historicamente à civilização agrícola, é ingênuo ver uma explicação suficiente dos fatos na crença em sua virtude eficaz. O trabalho e a utilidade material certamente determinaram, ou ao menos condicionaram, as condutas dos povos ainda pouco civilizados, as condutas religiosas assim como as profanas. Isso não quer dizer que um costume extravagante se relacione *essencialmente* à preocupação de fertilizar plantações. O trabalho determinou a oposição entre o mundo sagrado e o mundo profano. Ele é o princípio mesmo dos interditos que opuseram a recusa do homem à natureza. Por outro lado, o limite do mundo do trabalho, que os interditos apoiavam e mantinham na luta contra a natureza, determinou o mundo sagrado como seu contrário. O mundo sagrado, em certo sentido, não é mais do que o mundo natural subsistente na medida em que este não é inteiramente redutível à ordem instaurada pelo trabalho, ou seja, à ordem profana. Mas só em certo sentido o mundo sagrado é apenas o mundo natural. Em outro sentido, ele *supera* o mundo anterior à ação conjugada do trabalho e dos interditos. O mundo sagrado é nesse sentido uma negação do mundo profano, mas é também determinado por aquilo que nega. O mundo sagrado é também o resultado do trabalho, uma vez que tem por origem e por razão de ser, não a existência imediata das coisas que a natureza criou, mas o nascimento de uma nova ordem de coisas, num contragolpe suscitado pela oposição à natureza do mundo da atividade útil. O mundo sagrado está separado da natureza pelo trabalho; seria ininteligível para nós se não percebêssemos em que medida o trabalho o determinou.

O espírito humano, que o trabalho formara, atribuiu geralmente à ação uma eficácia análoga à do trabalho. No mundo sagrado, a explosão de uma violência que o interdito rechaçara não teve apenas o sentido de uma explosão, mas de uma ação, a que uma eficácia era atribuída. Inicialmente, as explosões da violência recalcada pelos interditos, como a guerra ou o sacrifício – ou a orgia – não eram explosões calculadas. Mas, enquanto transgressões praticadas por homens, foram explosões organizadas, foram atos cuja eficácia possível apareceu em segundo lugar, mas sem contestação.

O efeito da ação que foi a guerra era da mesma ordem que o efeito do trabalho. No sacrifício, era posta em jogo uma força à qual, arbitrariamente, eram atribuídas consequências, como se fosse a força de uma ferramenta que um homem teria manejado. O efeito atribuído à orgia é de uma ordem diferente. Na esfera humana, o exemplo é contagioso. Um homem entra na dança porque a dança o obriga a dançar. Uma ação contagiosa, real nesse caso, passou por ser capaz de arrastar não apenas outros homens, mas a natureza. Assim, a atividade sexual que, como disse, é crescimento em seu conjunto, passou por ser capaz de arrastar a vegetação ao crescimento.

Mas a transgressão é apenas em segundo lugar uma ação empreendida em vista de sua eficácia. Na guerra ou no sacrifício – ou na orgia – o espírito humano organizou uma convulsão explosiva, sem levar em conta seu efeito real ou imaginário. A guerra não é em seu princípio inicial um empreendimento político, nem o sacrifício uma ação mágica. Do mesmo modo, a origem da orgia não é o desejo de colheitas abundantes. A origem da orgia, da guerra e do sacrifício é a mesma: deve-se à existência de interditos que se opunham à liberdade da violência mortífera ou da violência sexual. Inevitavelmente, esses interditos determinaram o movimento explosivo da transgressão. Isso não quer dizer que nunca se recorreu à orgia – à guerra e ao sacrifício – com vistas aos efeitos que errônea ou acertadamente lhes foram atribuídos. Mas se tratava desde então da entrada – secundária e inevitável – de uma violência desvairada nas engrenagens do mundo humano organizado pelo trabalho.

Essa violência não tinha mais, nessas condições, o sentido unicamente animal da natureza: a explosão, que a angústia precedera, assumia, para além da satisfação imediata, um sentido *divino*. Tornara-se religiosa. Mas tomou, no mesmo movimento, um sentido *humano*: integrou-se no ordenamento de causas e efeitos que, sobre o princípio do trabalho, construíra a comunidade das obras.

Lâmina IX. Homem com cabeça de bisão. Gravura rupestre. Caverna dos Três-Irmãos (Ariège). Segundo o levantamento do Abade Breuil, em "Quatre cents siècles d'Art Pariétal", fig. 1389 (*Fotografia de Giraudon*).

"[...] se os caçadores das cavernas pintadas praticavam, como se admite, a magia simpática, tiveram ao mesmo tempo o sentimento da divindade animal. [...] Os interditos não concernem, com efeito, nem à esfera animal real, nem ao domínio da animalidade mítica: não concernem aos homens soberanos cuja humanidade se disfarça sob a máscara do animal." (p. 108)

CAPÍTULO XI
O cristianismo

A licenciosidade e a formação do mundo cristão

É preciso de toda maneira excluir uma interpretação moderna da orgia: ela suporia a remissão do pudor, ou a falta de pudor daqueles que se entregavam a ela. Essa maneira de ver é superficial, implica uma animalidade relativa dos homens de civilização arcaica. Sob certos aspectos, com efeito, esses homens nos parecem frequentemente mais próximos que nós do animal, e está comprovado que alguns deles partilharam esse sentimento. Mas nossos julgamentos estão ligados à ideia de que os modos de vida que nos são próprios indicam melhor a diferença entre o homem e o animal. Homens arcaicos não se opõem à animalidade da mesma maneira, mas, mesmo se veem irmãos nos animais, as reações que fundam neles a humanidade estão longe de ser menos rigorosas que as nossas. Os animais que eles caçavam viviam, é verdade, em condições materiais bastante próximas das deles, mas então eles atribuíam, por engano, sentimentos humanos aos animais. Em todo caso, o pudor primitivo (ou arcaico) nem sempre é mais fraco do que o nosso. É apenas muito diferente: é mais formalista, não entrou do mesmo modo que o nosso num automatismo inconsciente; não é por isso menos vivo, e procede de crenças que um fundo de angústia mantém vivas. É por isso que, quando falamos da orgia, considerando-a de maneira muito geral, não temos razão de ver nela uma prática de permissividade, mas, bem pelo contrário, um momento de intensidade, de desordem, sem dúvida, mas, ao mesmo tempo, de febre religiosa. No mundo às avessas da festa, a orgia é o momento em que a verdade do avesso revela sua força transtornadora. Essa verdade tem o sentido de uma fusão ilimitada. É a violência báquica que é a medida do erotismo nascente, cujo domínio, na origem, é o da religião.

Mas a verdade da orgia nos chegou através do mundo cristão, em que os valores foram invertidos uma vez mais. A religiosidade primitiva extraiu dos interditos o espírito da transgressão. Mas, no conjunto, a religiosidade cristã se opôs ao espírito de transgressão. A tendência a partir da qual um desenvolvimento religioso foi possível nos limites do cristianismo está ligada a essa oposição relativa.

É essencial determinar a medida em que a oposição atuou. Se o cristianismo tivesse voltado as costas ao movimento fundamental de que partia o espírito da transgressão, ele não teria, penso, mais nada de religioso. Pelo contrário, no cristianismo, o espírito religioso reteve o essencial, percebendo-o, a princípio, na continuidade. A continuidade nos é dada na experiência do sagrado. O divino é a essência da continuidade. A resolução cristã, na força de seu movimento, deu todo valor à continuidade. A ponto de negligenciar as *vias* dessa continuidade, as vias que uma tradição minuciosa regrara; nem sempre, no entanto, mantendo sensível sua origem. A nostalgia (o desejo) que abriu essas vias pôde em parte se perder nos detalhes – e nos cálculos – em que muitas vezes se comprazia a piedade tradicional.

Mas houve, no cristianismo, um duplo movimento. Ele quis, em seu fundamento, abrir-se às possibilidades de um amor que não contava mais com nada. A continuidade perdida, reencontrada em Deus, exigia, segundo ele, para além das violências regradas de delírios rituais, o amor desvairado, sem cálculo, do fiel. Os homens, que a continuidade divina transfigurava, eram elevados, em Deus, ao amor uns pelos outros. Jamais o cristianismo abandonou a esperança de reduzir enfim esse mundo da descontinuidade egoísta ao reino da continuidade, que o amor faz arder. O movimento inicial da transgressão foi assim derivado, no cristianismo, para a visão de uma superação da violência, transformada em seu contrário.

Houve algo de sublime e de fascinante nesse sonho.

Houve, todavia, uma contrapartida: a conformação do mundo do sagrado, do mundo da continuidade, ao mundo da descontinuidade, que subsistia. O mundo divino teve que se adentrar num mundo de coisas. Esse aspecto múltiplo é paradoxal. A vontade resoluta de dar todo o valor à continuidade teve seu efeito, mas esse primeiro efeito teve que se compor com um efeito simultâneo no outro sentido. O Deus cristão é a forma mais bem construída a partir do sentimento mais deletério, aquele da continuidade. A continuidade é dada na superação dos limites. Mas o efeito mais constante do movimento a que dei o nome de transgressão é o de organizar o que por essência é desordem. Pelo fato de introduzir a superação num mundo organizado, a transgressão é o princípio de uma desordem organizada. Ela deve seu caráter organizado à organização atingida por aqueles que a praticam. Essa organização, fundada no trabalho, funda-se ao mesmo tempo na descontinuidade do ser. O mundo organizado do trabalho e o mundo da descontinuidade são um só e mesmo mundo. As ferramentas e os produtos do trabalho são *coisas* descontínuas, aquele que se serve da ferramenta e fabrica os produtos é ele próprio um ser descontínuo, e a consciência de sua descontinuidade se aprofunda no emprego ou na criação de objetos descontínuos. É em relação ao mundo descontínuo do trabalho que a morte se revela: para os seres cujo trabalho revela a descontinuidade, a morte é o desastre elementar que põe em evidência a inanidade do ser descontínuo.

Diante da precária descontinuidade do ser pessoal, o espírito humano reagiu de duas maneiras que, no cristianismo, se combinam. A primeira corresponde ao desejo de reencontrar essa continuidade perdida de que temos o irredutível sentimento de que é a essência do ser. Num segundo movimento, a humanidade tenta escapar ao limite da descontinuidade pessoal, que é a morte, ela imagina então uma descontinuidade que a morte não atinge, *ela imagina a imortalidade de seres descontínuos*.

Seu primeiro movimento dava à continuidade todo valor, mas, num segundo movimento, o cristianismo teve o poder de retirar o que sua generosidade sem cálculo havia dado. Da mesma forma que a transgressão organizava a continuidade nata da violência, o cristianismo fez entrar essa continuidade, a que queria dar todo valor, no quadro da descontinuidade. Ele não fez mais, é verdade, do que ir até o fim de uma tendência já forte. Mas levou a cabo o que antes dele fora apenas esboçado. Reduziu o sagrado, o divino, à pessoa descontínua de um Deus criador. Bem mais, fez, geralmente, do além desse mundo real, o prolongamento de todas as almas descontínuas. Povoou o céu e o inferno de multidões condenadas com Deus à descontinuidade eterna de cada ser isolado. Eleitos e danados, anjos e demônios, tornaram-se os fragmentos imperecíveis, para sempre divididos, arbitrariamente distintos uns dos outros, arbitrariamente separados dessa totalidade do ser a que é preciso, no entanto, restituí-los.

A multidão das criaturas de acaso e o Criador individual negavam sua solidão no amor recíproco de Deus e dos eleitos – ou a afirmavam no ódio aos danados. Mas o próprio amor reservava o isolamento definitivo. O que nessa totalidade atomizada se perdia era a via que conduz do isolamento à fusão, do descontínuo ao contínuo, a via da violência, que a transgressão traçara. O momento de arrancamento, de derrubada, era substituído, mesmo quando ainda durava a lembrança da crueldade primeira, pela busca de acordo, de conciliação, no amor e na submissão. Falei mais acima[40] da evolução cristã do sacrifício. Tentarei agora oferecer de forma geral uma visão das mudanças que o cristianismo introduziu na esfera do sagrado.

A ambiguidade primeira e a redução cristã do sagrado a seu aspecto bendito; o rechaço cristão do sagrado maldito ao domínio profano

No sacrifício cristão, a responsabilidade do sacrifício não está na vontade do fiel. O fiel só contribui para o sacrifício da cruz na medida de suas faltas, de seus pecados. Por isso, a unidade da esfera sagrada é rompida. No estágio pagão da religião, a transgressão fundava o sagrado, cujos aspectos impuros não eram menos sagrados do que os aspectos contrários. O conjunto da esfera sagrada se compunha do puro e do impuro.[41] O cristianismo rechaçou a impureza. Rechaçou

---

[40] Ver p. 113.
[41] Ver CAILLOIS. *L'Homme et le sacré*, p. 35-72. Esse texto de Caillois foi publicado também em *Histoire générale des religions* (Quillet, 1948, t. I) sob o título "L'Ambiguïté du sacré".

a culpabilidade, sem a qual o sagrado não é concebível, já que só a violação do interdito lhe dá acesso.

O sagrado puro, ou fasto, dominou desde a antiguidade pagã. Mas, mesmo que se reduzisse ao prelúdio de uma superação, o sagrado impuro, ou nefasto, era o fundamento. O cristianismo não podia rechaçar inteiramente a impureza, não podia rechaçar a mácula. Mas definiu à sua maneira os limites do mundo sagrado: nessa nova definição, a impureza, a mácula, a culpabilidade eram rechaçadas para fora desses limites. O sagrado impuro foi desde então relegado ao mundo profano. Nada pôde subsistir, no mundo sagrado do cristianismo, que denunciasse claramente o caráter fundamental do pecado, da transgressão. O diabo – o anjo ou o deus da transgressão (da insubmissão e da revolta) – foi cassado do mundo divino. Ele era de origem divina, mas na ordem cristã das coisas (que prolongava a mitologia judaica), a transgressão não era mais o fundamento de sua divindade, mas de sua queda. O diabo estava destituído do privilégio divino que possuíra apenas para o perder. A bem da verdade, ele não se tornara profano: guardava do mundo sagrado, de que surgira, um caráter sobrenatural. Mas não havia nada que não se fizesse para privá-lo de sua qualidade religiosa. O culto que, sem dúvida, jamais cessou de lhe ser votado, sobrevivência daquele das divindades impuras, foi podado do mundo. A morte nas chamas estava prometida a quem quer que se recusasse a obedecer e tirasse do pecado o poder e o sentimento do sagrado. Nada podia fazer com que Satã deixasse de ser divino, mas essa duradoura verdade era negada com o rigor dos suplícios. Num culto que sem dúvida mantivera aspectos da religião, não se viu mais que a derrisão criminosa da religião. Na medida mesma em que parecia sagrado, viu-se nele uma profanação.

O princípio da profanação é o uso profano do sagrado. A mácula podia mesmo, no seio do paganismo, resultar de um contato impuro. Mas é somente no cristianismo que a existência do mundo impuro se tornou em si mesma uma profanação. Havia profanação no fato de *que ela existia*, mesmo se as coisas puras não estivessem elas próprias maculadas. A oposição primeira entre o mundo profano e o sagrado passou, no cristianismo, ao segundo plano.

Um lado do profano se aliou ao hemisfério puro, outro ao hemisfério impuro do sagrado. O mal que há no mundo profano se uniu à parte diabólica do sagrado, e o bem à parte divina. O bem, qualquer que fosse seu sentido de obra prática, recolheu a luz da santidade. A palavra santidade, primitivamente, designava o sagrado, mas esse caráter se ligou à vida consagrada ao bem, consagrada ao mesmo tempo ao bem e a Deus.[42]

A profanação retomou o sentido primeiro de contato profano que tinha no paganismo. Mas passou a ter outro alcance. Essencialmente, a profanação, no paganismo, era um infortúnio, deplorado de todos os pontos de vista. Só a transgressão possuía, apesar de um caráter perigoso, o poder de abrir um acesso ao mundo sagrado. A profanação, no cristianismo, não foi nem a transgressão primeira, de que era vizinha, nem a profanação antiga. Ela estava próxima sobretudo da transgressão. De uma maneira paradoxal, a profanação cristã, sendo contato com o impuro, atingia o sagrado essencial, atingia o domínio interdito. Mas esse sagrado em profundidade era para a Igreja ao mesmo tempo o profano e o diabólico. Apesar de tudo, formalmente, a atitude da Igreja tinha uma lógica. O que ela própria tinha por sagrado, limites precisos, limites formais, tornados tradicionais, o separavam do mundo profano. O erótico, ou o impuro, ou o diabólico não estavam separados do mesmo modo do mundo profano: faltava-lhes um caráter formal, um limite de fácil apreensão.

No domínio da transgressão primeira, o impuro era ele próprio bem definido, tendo formas estáveis marcadas por ritos tradicionais. O que o paganismo tinha por impuro era, ao mesmo tempo, formalmente, tido por sagrado. Aquilo que o paganismo condenado, ou o cristianismo, considerou impuro não foi mais, ou não se tornou, objeto de uma atitude formal. Se houve um formalismo dos sabás, ele jamais teve a estabilidade definida que o teria imposto. Rechaçado do formalismo sagrado, o impuro estava condenado a se tornar profano.

A confusão entre o sagrado impuro e o profano pareceu por muito tempo contrária ao sentimento que a memória guardara da natureza íntima do sagrado, mas a estrutura religiosa invertida do cristianismo a exigia. Essa confusão é perfeita na medida em que o sentimento do sagrado não cessa de se atenuar no interior de um formalismo que

---

[42] Entretanto, a afinidade *profunda* da santidade e da transgressão não cessou de ser sensível. Aos olhos dos próprios crentes, o devasso está mais próximo dos santos que o homem sem desejo.

parece em parte obsoleto. Um dos signos desse declínio é a pouca atenção prestada hoje em dia à existência do diabo: crê-se nele cada vez menos, eu ia dizer que não se crê mais nele: isso quer dizer que o sagrado negro, estando mais do que nunca mal definido, deixa de ter, com o passar do tempo, qualquer sentido. O domínio do sagrado se reduz ao do Deus do Bem, cujo limite é aquele da luz: não há mais nada nesse domínio que seja maldito.

Essa evolução teve consequências no domínio da ciência (interessada no sagrado do ponto de vista profano da ciência; mas devo dizer, *en passant*, que, pessoalmente, minha atitude não é a da ciência: sem entrar num formalismo, considero, meu livro considera, o *sagrado* de um ponto de vista sagrado). O acordo entre o bem e o sagrado aparece no trabalho, não obstante notável, de um discípulo de Durkheim. Robert Hertz insiste com razão na diferença, humanamente significativa, entre os "lados" direito e esquerdo.[43] Uma crença geral associa o *fasto* ao lado direito, o *nefasto* ao lado esquerdo e, em consequência, o direito ao puro e o esquerdo ao impuro. Apesar da morte prematura[44] de seu autor, o estudo permaneceu célebre: ele se antecipava a outros trabalhos sobre uma questão que, até então, raramente se colocara. Hertz identificava o puro e o sagrado, o impuro e o profano. Seu trabalho era posterior àquele que Henri Hubert e Marcel Mauss tinham consagrado à magia,[45] que deixava clara a complexidade do domínio religioso; mas a coerência multiplicada dos testemunhos da "ambiguidade do sagrado" só bem mais tarde alcançou um reconhecimento geral.

Os sabás

O erotismo caiu no domínio profano ao mesmo tempo que se tornou objeto de uma condenação radical. A evolução do erotismo

---

[43] Hertz, se não era cristão, participava evidentemente de uma moral análoga à cristã. Seu estudo apareceu primeiro na *Revue philosophique* e foi retomado numa coletânea de seus trabalhos (*Mélanges de sociologie religieuse et de folklore*, 1928).

[44] Ele foi morto durante a Primeira Guerra.

[45] "Esquisse d'une théorie générale de la magie", no *Année sociologique*, 1902-1903. A posição prudente dos autores se opunha à de Frazer (vizinha à de Hertz). Frazer via na atividade mágica uma atividade profana. Hubert e Mauss têm a magia por religiosa, ao menos *lato sensu*. A magia está frequentemente do lado esquerdo, do lado impuro, mas coloca questões complexas que não abordo aqui.

é paralela à da impureza. A assimilação ao Mal é solidária da incompreensão de um caráter sagrado. Enquanto esse caráter foi comumente sensível, a violência do erotismo podia angustiar, e mesmo enojar, mas não era assimilada ao Mal profano, à violação das regras que garantem razoavelmente, racionalmente, a conservação dos bens e das pessoas. Essas regras, que um sentimento de interdito sanciona, diferem das que procedem do movimento cego do interdito, uma vez que variam em função de uma utilidade calculada. No caso do erotismo, a conservação da família atuou, e a ela veio se juntar a decadência das mulheres de má vida, rejeitadas da vida familiar. Mas um conjunto coerente só se formou nos limites do cristianismo, em que o caráter primeiro, o caráter sagrado do erotismo, cessou de aparecer, ao mesmo tempo em que se afirmavam as exigências da conservação.

A orgia, em que se mantinha, para além do prazer individual, o sentido sagrado do erotismo, devia ser objeto de uma atenção particular da Igreja. A Igreja se opôs geralmente ao erotismo. Mas a oposição se fundava num caráter profano do Mal, que era a atividade sexual fora do casamento. Foi preciso antes que, a qualquer preço, desaparecesse o sentimento a que dava acesso a transgressão do interdito.

A luta que a Igreja travou é a prova de uma dificuldade profunda. O mundo religioso, de que o impuro era rejeitado, em que as violências sem nome e sem medida eram estritamente condenáveis, não se impôs de saída.

Mas não sabemos nada, ou pouca coisa, das festas noturnas da Idade Média – ou dos inícios dos tempos modernos. Em parte, a culpa recai sobre a crueldade da repressão de que foram objeto. As confissões que os juízes arrancaram dos infelizes submetidos à tortura são nossas fontes de informação. A tortura fazia as vítimas repetirem o que a imaginação dos juízes lhes impingia. Devemos apenas supor que a vigilância cristã não pôde evitar que festas pagãs sobrevivessem, ao menos nas regiões de landas desertas. Pode-se imaginar uma mitologia semicristã, conforme à sugestão teológica, em que Satã substituiria as divindades que os camponeses da alta Idade Média adoravam. Não é absurdo, a rigor, postular no diabo um *Dionysos redivivus*.

Alguns autores duvidaram da existência dos sabás. Hoje, do mesmo modo, duvida-se da existência de um culto *vodu*. O culto *vodu* não deixa por isso de existir, mesmo se tem por vezes, agora, um uso turístico. Tudo leva a crer que o culto satânico, com que o *vodu* apresenta semelhanças, mesmo que tenha sido mais raro de fato do que no espírito dos juízes, realmente existiu.

Eis, a seguir, o que podemos deduzir dos dados facilmente acessíveis.

Os sabás, votados nas solidões da noite ao culto clandestino desse deus que era o *inverso* de Deus, não puderam senão aprofundar os traços de um rito que partia do movimento de inversão da festa. Os juízes dos processos de bruxaria puderam sem dúvida levar suas vítimas a se acusarem de uma paródia dos ritos cristãos. Mas, assim como os juízes podem ter sugerido essas práticas, os mestres do sabá podem tê-las imaginado. Não temos como saber se um aspecto isolado provém da imaginação dos juízes ou do culto real. Mas ao menos podemos crer que o *sacrilégio* foi o princípio da invenção. O nome de *missa negra*, surgido no fim da Idade Média, pôde corresponder no conjunto ao movimento da festa infernal. A missa negra a que Huysmans assistiu, e que descreve em *Là-Bas*, é certamente autêntica. Dos ritos atestados no século XVII ou XIX, parece-me excessivo pensar que procedem unicamente dos suplícios da Idade Média. A atração dessas práticas pôde se fazer sentir antes que os interrogatórios dos juízes propusessem sua tentação.

Imaginários ou não, os sabás correspondem, aliás, a uma forma que se impôs de alguma maneira à imaginação cristã. Descrevem o desencadeamento de paixões que o cristianismo implicava, que o cristianismo continha: aquilo que, imaginários ou não, eles definem, é a situação cristã. Relativamente, a transgressão, na orgia religiosa anterior ao cristianismo, era lícita: a piedade a exigia. À transgressão se opunha o interdito, mas a suspensão deste permanecia possível, desde que os limites fossem observados. O interdito, no mundo cristão, se tornou absoluto. A transgressão teria revelado o que o cristianismo velou: que o sagrado e o interdito se confundem, que o acesso ao sagrado é dado na violência de uma infração. Como disse, o cristianismo postulou, no plano religioso, este paradoxo: *o acesso ao sagrado é o Mal*; ao mesmo tempo, *o Mal é profano*. Mas o fato de estar no Mal e de ser livre, de estar livremente no Mal (já que o mundo profano escapa às restrições do sagrado) foi não apenas a condenação, mas também a recompensa do culpado. O excessivo gozo do licencioso correspondeu ao horror do fiel. Para o fiel, a licenciosidade condenava o licencioso, demonstrava sua corrupção. Mas a corrupção, mas o Mal, mas Satã, foram para o pecador objetos de adoração, a que o pecador ou a pecadora queriam bem. A volúpia mergulhou no mal. Ela era em essência transgressão, superação do horror, e quanto maior o horror, mais profunda era a alegria. Imaginários ou não, os relatos do sabá têm um sentido: é o sonho de uma alegria monstruosa. Os livros de Sade os prolongam, e vão bem mais longe, mas no mesmo sentido. Trata-se sempre de ter acesso ao contrapé do interdito. A suspensão ritual rechaçada, uma imensa possibilidade se abriu no sentido da liberdade profana: a possibilidade de profanar. A transgressão era organizada e limitada. Mesmo cedendo à tentação de uma atitude ritual, a profanação levava em si essa abertura ao possível sem limite, designando ora a riqueza do ilimitado, ora sua miséria: o rápido esgotamento e a morte que se seguiria.

A volúpia e a certeza de fazer o mal

Da mesma forma que o simples interdito criou, na violência organizada das transgressões, o erotismo primeiro, o cristianismo, por meio de um interdito da transgressão organizada, aprofundou, por sua vez, os graus da perturbação sensual.

O que se elaborou de monstruoso nas noites — imaginárias ou reais — dos sabás, ou na solidão da prisão onde Sade escreveu os *Cento e vinte dias,* teve uma forma geral. Baudelaire enunciava uma verdade válida para todos ao escrever[46]: "Quanto a mim, eu digo: a volúpia única e suprema do amor jaz na certeza de fazer o *mal*.[47] E o homem e a mulher sabem de nascença que no mal se encontra toda a volúpia". Disse anteriormente que o prazer se ligava à transgressão. Mas o Mal não é a transgressão, ele é a transgressão condenada. O Mal é exatamente o pecado. É o pecado que Baudelaire designa. Por sua parte, os relatos de sabás correspondem à busca do pecado. Sade negou o Mal e o pecado. Mas teve que fazer intervir a ideia de *irregularidade* para dar conta do desencadeamento da crise voluptuosa.

---

[46] Em *Fusées*, III.
[47] Sublinhado por Baudelaire.

Recorreu mesmo frequentemente à blasfêmia. Sentiu a inanidade da profanação se o blasfemador negasse o caráter sagrado do Bem que a Blasfêmia queria macular. Mas não parava de blasfemar. A necessidade e a impotência das blasfêmias de Sade são, aliás, significativas. A Igreja inicialmente negara o caráter sagrado da atividade erótica visada na transgressão. Em contrapartida, os "espíritos livres" negaram aquilo que a Igreja tinha geralmente por divino. Em sua negação, a Igreja, com o passar do tempo, perdeu, em parte, o poder religioso de evocar uma presença sagrada: perdeu-o sobretudo na medida em que o diabo, em que o impuro, deixou de ordenar uma perturbação fundamental. Ao mesmo tempo, os espíritos livres deixaram de crer no Mal. Encaminharam-se dessa forma para um estado de coisas em que, o erotismo não sendo mais um pecado, não podendo desde então se encontrar "na certeza de fazer o *mal*", sua possibilidade acaba por desaparecer. Num mundo inteiramente profano, não haveria mais que a mecânica animal. Sem dúvida, a lembrança do pecado poderia se manter: ela se associaria à consciência de um engodo!

A superação de uma situação nunca é retorno ao ponto de partida. Há na liberdade a impotência da liberdade: a liberdade não deixa de ser por isso disposição de si. O jogo dos corpos podia, na lucidez, se abrir, apesar de um empobrecimento, à lembrança consciente de uma metamorfose interminável, cujos aspectos não cessariam de estar disponíveis. Mas, por um lado, veremos que, por um desvio, o erotismo negro se reencontra. Enfim, o erotismo dos corações – no fim das contas o erotismo mais ardente – ganharia aquilo que, em parte, o erotismo dos corpos teria perdido.[48]

---

[48] Não posso falar mais longamente, nos quadros desse livro, da significação de uma lembrança do erotismo negro no erotismo dos corações, que o ultrapassa. Posso dizer, entretanto, que o erotismo negro se resolve na consciência de um casal de parceiros apaixonados. Nessa consciência aparece, sob uma forma crepuscular, aquilo que o erotismo negro significa. A possibilidade do pecado se apresenta para logo se esquivar. Inapreensível, ela se apresenta no entanto. A lembrança do pecado não é mais o afrodisíaco que o pecado era, mas, no pecado, tudo, no fim, se furta: um sentimento de catástrofe, ou a desilusão, se segue ao gozo. O ser amado, no erotismo dos corações, não escapa mais, é capturado, na vaga lembrança de possibilidades sucessivas surgidas na evolução do erotismo. O que, acima de tudo, a consciência clara dessas possibilidades diversas, inscritas no longo desenvolvimento que vai até o poder da profanação, abre, é a unidade dos momentos extáticos que abrem os seres descontínuos ao sentimento da continuidade do ser. Uma lucidez extática é acessível a partir daí, ligada ao conhecimento dos limites do ser.

CAPÍTULO XII
O objeto do desejo: a prostituição

O objeto erótico

Falei da situação cristã a partir do erotismo sagrado, da orgia. Tive, enfim, ao falar do erotismo, que evocar uma situação final, em que o erotismo, transformado em pecado, sobrevive mal à liberdade de um mundo que não conhece mais o pecado.

Devo voltar atrás. A orgia não é o termo a que o erotismo chegou no quadro do mundo pagão. A orgia é o aspecto sagrado do erotismo, em que a continuidade dos seres, para além da solidão, atinge sua expressão mais sensível. Mas apenas num sentido. A continuidade, na orgia, é inapreensível; os seres, no limite, estão perdidos ali, mas num conjunto confuso. A orgia é necessariamente decepcionante. É, em princípio, negação acabada do aspecto individual. A orgia supõe, exige, a equivalência dos participantes. Não apenas a individualidade própria está submersa no tumulto da orgia, mas cada participante nega a individualidade dos outros. Aparentemente, é a completa supressão dos limites, mas não se pode fazer com que nada sobreviva de uma diferença entre os seres, à qual, além do mais, está ligada a atração sexual.

O sentido último do erotismo é a fusão, a supressão do limite. Em seu primeiro movimento, não obstante, o erotismo é significado pela posição de um *objeto do desejo*.

Esse objeto, na orgia, não se destaca: a excitação sexual é dada na orgia por um movimento exasperado, contrário à reserva habitual. Mas esse é o movimento de todos. É objetivo, mas não é percebido como um objeto: aquele que o percebe está ao mesmo tempo animado por ele. Pelo contrário, fora do tumulto da orgia, a excitação é ordinariamente provocada por um elemento distinto, um elemento objetivo. No mundo animal, o odor da fêmea determina muitas vezes a procura do macho. Os cantos, as exibições dos pássaros colocam em jogo outras percepções que significam para a fêmea a presença do macho e a iminência do choque sexual. O olfato, a audição, a vista, e mesmo o paladar, percebem signos objetivos, distintos da atividade que determinarão. São os signos anunciadores da crise. Nos limites humanos, esses signos anunciadores têm um valor erótico intenso. Uma bela moça nua é por vezes a *imagem* do erotismo. O objeto do desejo é diferente do erotismo, não é o erotismo inteiro, mas o erotismo passa por ele.

No mundo animal, esses signos anunciadores tornam sensível a diferença entre os seres. Em nossos limites, para além da orgia, eles trazem essa diferença à vista e, como os indivíduos dispõem dela desigualmente, de acordo com seus dons, seu estado de espírito e sua riqueza, acabam por aprofundá-la. O desenvolvimento dos signos tem esta consequência: o erotismo, que é fusão, que desloca o interesse no sentido de uma superação do ser pessoal e de todo limite, é, entretanto, expresso por um objeto. Estamos diante deste paradoxo: diante de um objeto significativo da negação dos limites de todo objeto, diante de *um objeto erótico*.

As mulheres, objetos privilegiados do desejo

Em princípio, tanto um homem pode ser objeto do desejo de uma mulher, quanto uma mulher pode ser objeto do desejo de um homem. Entretanto, o procedimento inicial da vida sexual é o mais das vezes a procura de uma mulher por parte de um homem. Os homens tendo a iniciativa, as mulheres têm o poder de provocar o desejo dos homens. Seria injustificável dizer das mulheres que elas são mais belas, ou mesmo mais desejáveis que os homens. Mas, na sua atividade passiva, elas tentam obter, suscitando o desejo, a conjunção a que os homens chegam perseguindo-as. Elas não são mais desejáveis, mas se propõem ao desejo.

Elas se propõem como objetos ao desejo agressivo dos homens.

Não há em cada mulher uma prostituta em potencial, mas a prostituição é a consequência da atitude feminina. Na medida de seu atrativo, uma mulher é alvo do desejo dos homens. A menos que ela se furte inteiramente, por um *parti pris* de castidade, a questão é em princípio saber a que preço, em que condições, ela cederá. Mas sempre, uma vez as condições preenchidas, ela se dá como um objeto. A prostituição propriamente dita não faz mais que introduzir uma prática de venalidade. Pelo cuidado que tem com seus adereços, pela preocupação com sua beleza, que seus adereços acentuam, uma mulher tem a si própria como um objeto que incessantemente propõe à atenção dos homens. Da mesma forma, ao se desnudar, ela revela o objeto do desejo de um homem, um objeto distinto, individualmente proposto à apreciação.

A nudez, oposta ao estado normal, tem certamente o sentido de uma negação. A mulher nua está próxima do momento de fusão, que sua nudez anuncia. Mas o objeto que ela é, embora signo de seu contrário, da negação do objeto, é ainda um objeto. É a nudez de um ser definido, mesmo se essa nudez anuncia o instante em que seu orgulho dará lugar ao monturo indistinto da convulsão erótica. Inicialmente, dessa nudez, é a beleza possível e o charme individual que se revelam. É, numa palavra, a diferença objetiva, o valor de um objeto comparável a outros.

A prostituição religiosa

O mais das vezes, o objeto oferecido à procura masculina se esquiva. Esquivar-se não significa que a proposição não teve lugar, mas as condições requeridas não estão dadas. Se estão dadas, a esquiva inicial, aparente negação da oferta, sublinha seu valor. O defeito da esquiva é a modéstia que lhe está logicamente ligada. O objeto do desejo não poderia ter correspondido à expectativa masculina, não poderia ter provocado a procura, e sobretudo a preferência, se, longe de se esquivar, não se tivesse designado pela expressão ou pelos adornos. Propor-se é a atitude feminina fundamental, mas o primeiro movimento – a

Lâmina X. Grunewald. O Cristo na cruz. Museu de pintura de Karlsruhe (*Fotografia de Bruckmann-Giraudon*).

"[...] o pecado da crucifixão é renegado pelo padre que celebra o sacrifício da missa. A culpa é da *cegueira* de seus autores, de que devemos pensar que, *se soubessem*, não teriam cometido essa falta. *Felix culpa*! canta, é verdade, a Igreja: a feliz culpa! Há, portanto, um ponto de vista de acordo com o qual a necessidade de cometer essa falta se revela. A ressonância da liturgia se harmoniza com o pensamento profundo que animava a humanidade primeva." (p. 144) proposição – é seguido do fingimento de sua negação. A prostituição formal é uma proposição que não é seguida pelo fingimento de seu contrário. Só a prostituição permitiu o adorno, sublinhando o valor erótico do objeto. Um tal adornar-se, em princípio, é contrário ao segundo movimento, em que uma mulher foge do ataque. O jogo é o emprego de adornos que têm o sentido da prostituição: a esquiva ou, por vezes, o fingimento da esquiva, em seguida atiça o desejo. Logo de saída, a prostituição não é exterior ao jogo. As atitudes femininas combinam contrários complementares. A prostituição de umas exige a esquiva das outras, e reciprocamente. Mas o jogo é falseado pela miséria. Na medida em que um movimento de fuga é interrompido unicamente pela miséria, a prostituição é uma praga.

Certas mulheres, é verdade, não têm reação de fuga: oferecendo-se sem reserva, aceitam ou mesmo solicitam os presentes sem os quais lhes seria mais difícil fazer-se desejáveis. A prostituição, inicialmente, é apenas uma consagração. Certas mulheres tornavam-se objetos no casamento, eram os instrumentos de um trabalho doméstico, em particular da agricultura. A prostituição fazia delas objetos do desejo masculino: esses objetos, ao menos, anunciavam o instante em que, na união carnal, nada havia que não desaparecesse, deixando subsistir tão somente a continuidade convulsiva. O primado do interesse na prostituição tardia, ou moderna, deixou esse aspecto na sombra. Mas, se inicialmente a prostituta recebeu somas de dinheiro ou coisas preciosas, foi como *dom*: ela empregava os dons que recebia nos dispêndios suntuosos e nos adornos que a tornavam mais desejável. Aumentava, assim, o poder que tivera desde o princípio de atrair para si os dons dos homens mais ricos. A lei dessa troca de *dons* não era a transação mercantil. O que uma puta dá fora do casamento não pode abrir a possibilidade de um uso produtivo. O mesmo acontece com os dons que a consagram à vida luxuosa do erotismo. Essa espécie de troca, mais que a regularidade comercial, se abria à desmedida. A provocação do desejo queimava: podia consumir até o fim a riqueza, podia consumir a vida daquele cujo desejo provocava.

Aparentemente, a prostituição não foi de início senão uma forma complementar do casamento. Enquanto passagem, a transgressão do casamento fazia entrar na organização da vida regular, e a divisão do trabalho entre o marido e a mulher se tornava possível a partir de então. Tal transgressão não podia consagrar à vida erótica. Simplesmente, as relações sexuais abertas tinham continuidade sem que a transgressão que as abria fosse sublinhada após o primeiro contato. Na prostituição, havia consagração da prostituta à transgressão. Nela, o aspecto sagrado, o aspecto interdito da atividade sexual não cessava de aparecer: sua vida inteira era votada à violação do interdito. Devemos encontrar a coerência dos fatos e das palavras que designam essa vocação: devemos perceber sob essa luz a instituição arcaica da prostituição sagrada. Resta sempre que, num mundo anterior – ou exterior – ao cristianismo, a religião, longe de ser contrária à prostituição, podia regular suas modalidades, como fazia com outras formas de transgressão. As prostitutas, em contato com o sagrado, em lugares eles próprios consagrados, tinham um caráter sagrado análogo ao dos sacerdotes.

    Considerada ao lado da moderna, a prostituição religiosa nos parece alheia à vergonha. Mas a diferença é ambígua. Não era na medida em que a cortesã de um templo guardava, senão o sentimento, a conduta da vergonha, que ela escapava à decadência da prostituta de nossas ruas? A prostituta moderna se gaba da vergonha em que está atolada, chafurda nela cinicamente. É alheia à angústia sem a qual a vergonha não é experimentada. A cortesã tinha uma reserva, não era votada ao desprezo e pouco diferia das outras mulheres. Seu pudor devia se embotar, mas mantinha o princípio do primeiro contato, que quer que uma mulher tenha medo de se entregar, e que o homem exija a reação de fuga de uma mulher.

    Na orgia, a fusão e o desencadeamento da fusão aniquilavam a vergonha. A vergonha se encontrava na consumação do casamento, mas desaparecia nos limites do hábito. Na prostituição sagrada, ela pôde se tornar ritual e se encarregar de significar a transgressão. Normalmente um homem não pode ter o sentimento de que a lei está sendo violada em si mesmo, é por isso que espera, mesmo que encenada, a confusão de uma mulher, sem a qual ele não teria a consciência de uma violação. É pela vergonha, encenada ou não, que uma mulher se harmoniza com o interdito que funda nela a humanidade. Vem o momento de passar além, mas, então, trata-se de marcar, pela vergonha, que o interdito não é esquecido, que a superação tem lugar apesar do interdito, na consciência do interdito. A vergonha só desaparece plenamente na baixa prostituição.

Contudo, nunca devemos esquecer que, fora dos limites do cristianismo, o caráter religioso, o caráter sagrado do erotismo pôde aparecer em plena luz, uma vez que o sentimento sagrado dominava a vergonha. Os templos da Índia abundam ainda em figurações eróticas talhadas na pedra, em que o erotismo se dá por aquilo que é de uma maneira fundamental: por divino. Numerosos templos da Índia nos recordam solenemente a obscenidade escondida no fundo de nosso coração.[49]

A baixa prostituição

Não é, na verdade, o pagamento que funda a decadência da prostituta. Um pagamento podia entrar no ciclo das trocas cerimoniais que não acarretava o aviltamento próprio ao comércio. Nas sociedades arcaicas, o dom que a mulher casada faz de seu corpo a seu marido (a prestação do serviço sexual) pode ele próprio ser objeto de uma contrapartida. Mas, por se tornar alheia ao interdito sem o qual não seríamos seres humanos, a baixa prostituta se degrada à categoria dos animais: ela suscita em geral um nojo semelhante àquele que a maior parte das civilizações demonstra pelas porcas.

O nascimento da baixa prostituição está aparentemente ligado ao das classes miseráveis que uma condição infortunada liberava da preocupação de observar escrupulosamente os interditos. Não penso no proletariado atual, mas no *Lumpenproletariat* de Marx. A extrema miséria desliga os homens dos interditos que fundam neles a humanidade: ela não os desliga como o faz a transgressão: uma espécie de rebaixamento, imperfeito sem dúvida, deixa livre curso ao impulso animal. O rebaixamento tampouco é uma volta à animalidade. O mundo da transgressão, que englobou o conjunto dos homens, diferiu essencialmente da animalidade: o mesmo acontece com o mundo

---

[49] Ver FOUCHET, Max-Pol. *L'Art amoureux des Indes.* Lausanne: La Guilde du Livre, 1957, in-4º (fora de comércio).

restrito do rebaixamento. Aqueles que vivem em sintonia com o interdito – com o sagrado – que não rejeitam do mundo profano em que vivem atolados, nada têm de animal, ainda que, muitas vezes, os outros lhes neguem a qualidade humana (eles estão mesmo abaixo da dignidade animal). Os diferentes objetos dos interditos não lhes causam horror ou náuseas, ou lhes causam muito pouco. Mas, mesmo sem senti-los intensamente, eles conhecem as reações dos outros. Aquele que, de um moribundo, diz que "ele vai esticar a canela", encara a morte de um homem como a de um cachorro, mas tem consciência da decadência, do rebaixamento operado pela linguagem chula que emprega. As palavras grosseiras que designam os órgãos, os produtos ou os atos sexuais, introduzem o mesmo rebaixamento. Essas palavras são *interditas*; em geral, é proibido nomear esses órgãos. Nomeá-los de uma maneira desavergonhada faz passar da transgressão à indiferença que coloca no mesmo patamar o profano e o mais sagrado.

A prostituta de baixo nível está no último grau do rebaixamento. Ela poderia não ser menos indiferente aos interditos que o animal, mas, impotente para chegar à perfeita indiferença, sabe dos interditos que outros os observam: e não apenas está decaída, mas é-lhe dada a possibilidade de conhecer sua decadência. Ela se sabe humana. Mesmo sem vergonha, ela pode ter consciência de viver como os porcos.

Em sentido inverso, a situação que a baixa prostituição define é complementar àquela que o cristianismo criou.

O cristianismo elaborou um mundo sagrado do qual excluiu os aspectos horríveis ou impuros. Por seu lado, a baixa prostituição criara o mundo profano complementar em que, no rebaixamento, o imundo se torna indiferente, de que a clara nitidez do mundo do trabalho está excluída.

A ação do cristianismo se distingue mal de um movimento mais amplo que ela drenou e do qual é a forma coerente.

Falei do mundo da transgressão, e afirmei que um dos seus aspectos que mais salta aos olhos tangia à aliança com o animal. A confusão do animal e do humano, do animal e do divino, é a marca da humanidade mais antiga (os povos caçadores em todo caso a mantém), mas a substituição das divindades animais pelas humanas é anterior ao cristianismo, ao qual conduz uma progressão lenta mais do que uma inversão súbita. Considerado em seu conjunto, o problema da passagem de um estado puramente religioso (que relaciono ao princípio da transgressão) aos tempos em que, gradualmente, a preocupação da moral se estabeleceu e, depois, se lhe sobrepôs, apresenta grandes dificuldades. Essa passagem não teve o mesmo aspecto em todas as regiões do mundo civilizado onde, ademais, a moral e o primado do interdito só prevaleceram tão nitidamente nos limites do cristianismo. Parece-me, não obstante, ser sensível uma relação entre a importância da moral e o desprezo pelos animais: esse desprezo quer dizer que o homem atribuiu a si mesmo, no mundo da moral, um valor que os animais não tinham e que o elevou bem acima deles. O valor supremo coube aos homens, em oposição aos seres inferiores, na medida em que "Deus fez o homem à sua imagem", em que, consequentemente, a divindade escapou definitivamente à animalidade. Só o diabo guardou a animalidade como atributo, a animalidade que a cauda simboliza e que, correspondendo inicialmente à transgressão, é, sobretudo, signo de decadência. É o rebaixamento que, de uma maneira privilegiada, contraria a afirmação do Bem e do dever que obriga à necessidade do Bem. Sem dúvida, o rebaixamento tem o poder de provocar mais completa e facilmente as reações da moral. O rebaixamento é indefensável; a transgressão não o era ao mesmo ponto. Foi, de qualquer forma, na medida em que o cristianismo atacava, antes de tudo, o rebaixamento, que ele pôde lançar sobre o erotismo, considerado em seu conjunto, a luz do Mal. O diabo foi inicialmente o anjo da rebelião, mas perdeu as cores brilhantes que a rebelião lhe dava: a decadência foi o castigo da rebelião; isso queria dizer antes de mais nada que o aspecto da transgressão se apagou, que o do rebaixamento prevaleceu sobre ele. A transgressão anunciava, na angústia, a superação da angústia e a alegria; a decadência só podia resultar numa decadência mais profunda. O que devia restar a seres decaídos? Eles podiam chafurdar, como os porcos, na decadência.

Digo bem, "como os porcos". Os animais não são mais nesse mundo cristão – em que a moral e o rebaixamento se conjugam – que objetos de repugnância. Digo "esse mundo cristão". O cristianismo é, com efeito, a forma acabada da moral, a única em que o equilíbrio das possibilidades se ordenou.

O erotismo, o Mal e a decadência social

O fundamento social da baixa prostituição é o mesmo que o da moral e do cristianismo. Aparentemente, a desigualdade das classes e a miséria, que provocaram no Egito uma primeira revolução, acarretaram, por volta do século VI antes de nossa era, nas regiões civilizadas, um mal-estar a que é possível ligar, entre outros movimentos, o profetismo judaico. Se consideramos as coisas sob o aspecto da prostituição degradada, cuja origem, para o mundo greco-romano, é possível localizar nessa época, a coincidência é paradoxal. A classe decaída quase não partilhou de uma tendência que aspirava à elevação dos humildes, à deposição dos poderosos: essa classe, a mais baixa, não aspirava a nada. Mesmo a moral só elevou os humildes para abater ainda mais essa classe. A maldição da Igreja pesou ainda mais intensamente sobre a humanidade degradada.

O aspecto sagrado do erotismo era o que mais importava à Igreja. Foi para ela a maior razão de punir. Ela queimou as bruxas e deixou as baixas prostitutas viverem. Mas afirmou a decadência da prostituição, servindo-se dela para sublinhar o caráter do pecado.

A situação presente é o resultado da dupla atitude da Igreja, cujo corolário é a atitude dos espíritos. À identificação do sagrado e do Bem, e à rejeição do erotismo sagrado, respondeu a negação racionalista do Mal. Seguiu-se um mundo onde a transgressão condenada não teve mais sentido, onde a própria profanação não teve mais que uma fraca virtude. Restava o desvio do rebaixamento. A decadência era para suas vítimas um impasse, mas o aspecto *decaído* do erotismo teve uma virtude de incitação que o aspecto diabólico perdera. Ninguém mais acreditava no diabo, e mesmo a condenação do erotismo como tal não agia mais. A decadência, ao menos, não podia deixar de ter a significação do Mal. Não se tratava mais de um Mal denunciado por outros, cuja condenação permanecia duvidosa. Na origem da decadência das prostitutas se encontra a concordância com sua condição miserável. Essa concordância é talvez involuntária, mas é, na forma da linguagem chula, *parti pris* de recusa: a linguagem chula tem o sentido de uma rejeição da dignidade humana. A vida humana sendo o Bem, há, na decadência aceita, decisão de cuspir no Bem, de cuspir na vida humana.

Em particular, os órgãos e os atos sexuais têm nomes que procedem do rebaixamento, cuja origem é a linguagem especial do mundo da decadência. Esses órgãos e esses atos têm outros nomes, mas uns são científicos, e os outros, de uso mais raro, pouco duradouro, participam da infantilidade e do pudor dos namorados. Os nomes chulos do amor não deixam por isso de ser associados, de uma maneira estreita e irremediável para nós, a essa vida secreta que levamos paralelamente aos sentimentos mais elevados. É, afinal, pela via desses nomes inomináveis, que o horror geral se formula em nós, que não pertencemos ao mundo decaído. Esses nomes exprimem esse horror com violência. Eles próprios são violentamente rechaçados do mundo honesto. De um mundo ao outro, não há discussão concebível.

O mundo decaído não pode se servir desse efeito para si mesmo. A linguagem chula exprime o ódio. Mas dá aos amantes no mundo honesto um sentimento vizinho àquele que outrora a transgressão e a profanação deram. A mulher de bem, dizendo àquele que abraça: "Adoro tua...", poderia dizer na esteira de Baudelaire: "a volúpia única e suprema do amor jaz na certeza de fazer o Mal". Mas ela sabe já do erotismo que ele não é o Mal em si mesmo. O Mal, ele só o é na medida em que leva à abjeção da escória, ou da baixa prostituição. Essa mulher é estranha a esse mundo, ela odeia sua abjeção moral. Ela admite do órgão designado que ele não é em si mesmo abjeto. Mas toma emprestado daqueles que se mantêm, hediondamente, do lado do Mal, a palavra que lhe revela enfim a verdade: que o órgão que adora é maldito, que ele é conhecido por ela na medida em que o horror que inspira se lhe torna sensível, no momento em que, entretanto, ela supera esse horror. Ela se quer do lado dos espíritos fortes, mas em vez de perder o sentido do interdito primeiro, sem o qual não há erotismo, ela recorre à violência daqueles que negam todo interdito, toda vergonha, e só podem manter essa negação na violência.

CAPÍTULO XIII
A beleza

A contradição fundamental do homem

Assim, a oposição entre a pletora do ser que se dilacera e que se perde na continuidade e a vontade de durar do indivíduo isolado se encontra através das mudanças. Quando a possibilidade da transgressão vem a faltar, ela abre a da profanação. A via da decadência, em que o erotismo é lançado à vala comum, é preferível à neutralidade que teria a atividade sexual conforme à razão, não dilacerando mais nada. Se o interdito deixa de atuar, se não cremos mais no interdito, a transgressão é impossível, mas um sentimento de transgressão é mantido, se preciso, na aberração. Esse sentimento não se funda numa realidade apreensível. Sem remontar ao dilaceramento inevitável para o ser que a descontinuidade vota à morte, como apreenderíamos essa verdade? Que só a violência, uma violência insensata, que quebra os limites de um mundo redutível à razão, nos abre à continuidade!

Esses limites, nós os definimos de toda maneira, estabelecemos o interdito, estabelecemos Deus, e até mesmo a decadência. E sempre, uma vez definidos, saímos deles. Duas coisas são inevitáveis: não podemos evitar morrer; não podemos evitar tampouco "sair dos limites". Morrer e sair dos limites são, aliás, uma mesma coisa.

Mas saindo dos limites, ou morrendo, esforçamo-nos por escapar ao pavor que a morte provoca, e que a visão de uma continuidade para além desses limites pode ela mesma provocar.[50]

À ruptura dos limites, atribuímos, se preciso, a forma de um objeto. Esforçamo-nos por tomá-la como um objeto. Por nós mesmos, só vamos até o extremo forçados, na relutância da morte. E sempre procuramos nos enganar, esforçamo-nos por atingir a perspectiva da continuidade, que supõe o limite transposto, sem sair dos limites dessa vida descontínua. Queremos atingir o *além* sem dar o passo decisivo, mantendo-nos comportadamente *aquém*. Não podemos conceber nada, imaginar nada, senão nos limites de nossa vida, para além dos quais nos parece que tudo se apaga. Para além da morte, com efeito, começa o inconcebível, que não temos ordinariamente a coragem de enfrentar. Esse inconcebível é, contudo, a expressão de nossa impotência: sabemo-lo, a morte não apaga nada, ela deixa a totalidade do ser intacta, mas não podemos conceber a continuidade do ser em seu conjunto a partir de nossa morte, a partir do que morre em nós. Desse ser que morre em nós, não aceitamos os limites. Esses limites, a qualquer custo, queremos transpô-los, mas gostaríamos de, ao mesmo tempo, excedê-los e mantê-los.

---

[50] Como, no caminho da continuidade, da morte, pudemos imaginar a pessoa de Deus, preocupada com a imortalidade individual, preocupada com um fio de cabelo de um ser humano? Sei que, no amor por Deus, às vezes, esse aspecto se dissipa; que, para além do concebível, do concebido, a violência se revela. Sei que a violência, que o desconhecido, jamais significaram a impossibilidade do conhecimento e da razão. Mas o desconhecido não é o conhecimento, a violência não é a razão, a descontinuidade não é a continuidade que a quebra, que a mata. Esse mundo da descontinuidade é chamado, no horror, a conceber – já que, a partir da descontinuidade, o conhecimento é possível – a conceber a morte: o além do conhecimento e do concebível. A distância é, portanto, fraca entre Deus, no qual coexistem a violência e a razão (a continuidade e a descontinuidade), e a perspectiva do dilaceramento aberta à existência intacta (a perspectiva do desconhecido aberta ao conhecimento). Mas aí está a experiência que designa em Deus o meio de escapar a esse delírio que o amor por Deus raramente atinge, que designa em Deus o "Bom Deus", o garantidor da ordem social e da vida descontínua. O que o amor por Deus atinge no ápice é em verdade *a morte* de Deus. Mas não podemos conhecer nada desse lado, senão o limite do conhecimento. Isso não significa que *a experiência* do amor por Deus não nos dê as indicações mais verdadeiras. Não devemos nos espantar de que os dados teóricos não falseiem a experiência possível. A procura é sempre a da continuidade, que o "estado teopático" atinge. As vias dessa procura nunca são retas.

No momento de dar o passo, o desejo nos lança fora de nós, não podemos mais, o movimento que nos leva exigiria que nos quebrássemos. Mas o objeto do desejo que excede, diante de nós, nos religa à vida que o desejo excede. Como é doce permanecer no desejo de exceder, sem ir até o fim, sem dar o passo. Como é doce permanecer longamente diante do objeto desse desejo, mantermo-nos em vida no desejo, em vez de morrer indo até o fim, cedendo ao excesso de violência do desejo. Sabemos que a posse desse objeto que nos queima é impossível. Das duas, uma: o desejo nos consumirá ou seu objeto cessará de nos queimar. Só o possuímos sob uma condição: que pouco a pouco o desejo que ele nos provoca se apazigue. Mas antes a morte do desejo que nossa morte! Satisfazemo-nos com uma ilusão. A posse de seu objeto nos dará sem morrer o sentimento de ir até o limite de nosso desejo. Não apenas renunciamos a morrer: anexamos o objeto ao desejo, que era em verdade o de morrer, nós o anexamos a nossa vida duradoura. Enriquecemos nossa vida em vez de perdê-la.

Na posse se acentua o aspecto objetivo do que nos conduzira a sair de nossos limites.[51] O objeto que a prostituição designa ao desejo (a prostituição não é em si mais do que o fato de oferecer ao desejo), mas que ela nos furta na decadência (se a baixa prostituição faz dele um lixo), se propõe à posse como um belo objeto. A beleza é seu sentido. Constitui seu valor. Com efeito, a beleza é, no objeto, o que o designa ao desejo. Em particular, se o desejo, no objeto, visa menos à resposta imediata (a possibilidade de exceder nossos limites) do que à longa e calma posse.

A oposição da pureza e da mácula na beleza

Falando da beleza de uma mulher, evitarei falar da beleza em geral.[52] Quero apenas apreender e limitar o papel da beleza no erotismo. Sob uma forma elementar, é possível a rigor admitir uma ação, na vida sexual dos pássaros, das plumagens coloridas e dos cantos. Não

---

[51] A negar a nós mesmos enquanto objeto.
[52] Tenho plena consciência do caráter incompleto desses desenvolvimentos. Quis dar do erotismo uma visão coerente, mas não o quadro exaustivo. Aqui, considero essencialmente a beleza feminina. Não é, neste livro, mais que uma lacuna entre muitas outras.

falarei do que significa a beleza dessas plumagens ou desses cantos. Não quero contestá-la, e, do mesmo modo, admitirei que os animais são mais ou menos bonitos de acordo com a resposta, melhor ou pior, que dão ao ideal de formas ligado à espécie. A beleza não deixa por isso de ser subjetiva, ela varia de acordo com a inclinação daqueles que a apreciam. Em certos casos, podemos crer que animais a apreciam como nós, mas a suposição é arriscada. Retenho apenas que, na apreciação da beleza humana, deve atuar a resposta dada ao ideal da espécie. Esse ideal varia, mas é dado num tema físico suscetível de variações, algumas delas muito infelizes. A margem de interpretação pessoal não é tão grande. Seja como for, eu devia reter um elemento muito simples, que atua tanto na apreciação por um homem da beleza animal, quanto naquela da beleza humana. (A juventude se acrescenta em princípio a esse elemento primeiro.)

Chego a outro elemento que, menos claro, nem por isso atua menos no reconhecimento da beleza de um homem ou de uma mulher. Um homem, uma mulher, são geralmente julgados belos na medida em que suas formas se afastam da animalidade.

A questão é difícil, e tudo se emaranha nela. Renuncio a examiná-la em detalhe. Limito-me a mostrar que ela se coloca. A aversão por aquilo que, num ser humano, recorda a forma animal é certa. Em particular, o aspecto do antropoide é odioso. O valor erótico das formas femininas está ligado, me parece, ao apagamento desse peso natural, que recorda o uso material dos membros e a necessidade de uma ossatura: quanto mais as formas são irreais, quanto menos claramente estão sujeitas à verdade animal, à verdade fisiológica do corpo humano, melhor correspondem à imagem geralmente difundida da mulher desejável. Só mais adiante falarei do sistema piloso, cujo sentido na espécie humana é singular.

Daquilo que disse, parece-me necessário reter uma verdade indubitável. Mas a verdade contrária, que só se impõe em segundo lugar, não é menos certa. A imagem da mulher desejável, dada em primeiro lugar, seria insípida – não provocaria o desejo – se não anunciasse, ou não revelasse, ao mesmo tempo, um aspecto animal secreto, mais pesadamente sugestivo. A beleza da mulher desejável anuncia suas partes vergonhosas: justamente suas partes peludas, suas partes animais. O instinto inscreve em nós o desejo por essas partes. Mas para além do instinto sexual, o desejo erótico responde a outros componentes. A beleza negadora da animalidade, que desperta o desejo, culmina na exasperação do desejo na exaltação das partes animais!

O sentido último do erotismo é a morte

Há na procura da beleza ao mesmo tempo um esforço por atingir, para além de uma ruptura, a continuidade, e um esforço por escapar a ela.

Esse esforço ambíguo jamais deixa de sê-lo.

Mas sua ambiguidade resume, retoma o movimento do erotismo.

A multiplicação bagunça um estado de simplicidade do ser, um excesso derruba os limites, culmina de alguma maneira no transbordamento.

Sempre é dado um limite com o qual o ser concorda. Ele identifica esse limite com aquilo que ele é. O horror o toma ao pensamento de que esse limite pode deixar de existir. Mas nos enganamos tomando a sério o limite e o acordo que o ser lhe dá. O limite só é dado para ser excedido. O medo (o horror) não indica a verdadeira decisão. Ele incita, pelo contrário, em contragolpe, a transpor os limites.

Se o experimentamos, sabemos disso, trata-se de corresponder à vontade inscrita em nós de exceder os limites. Queremos excedê-los, e o horror experimentado significa o excesso a que devemos chegar, ao qual, se não fosse o horror preliminar, não poderíamos chegar.

Se a beleza, cujo acabamento rejeita a animalidade, é apaixonadamente desejada, é que nela a posse introduz a mácula animal. Ela é desejada para que seja conspurcada. Não por si mesma, mas pela alegria sentida na certeza de profanar.

No sacrifício, a vítima era escolhida de tal maneira que sua perfeição acabasse de tornar sensível a brutalidade da morte. A beleza humana, na união dos corpos, introduz a oposição entre a humanidade mais pura e a animalidade hedionda dos órgãos. Do paradoxo da feiura oposta no erotismo à beleza, os *Cadernos*, de Leonardo da Vinci, oferecem esta expressão desconcertante: "O ato da cópula e os membros de que se serve são de uma feiura tal que, se não houvesse a beleza dos rostos, os ornamentos dos participantes e o impulso desenfreado, a natureza perderia a espécie humana". Leonardo não vê que o atrativo de um belo rosto, ou de uma bela roupa, atua na medida em que esse belo rosto anuncia aquilo que a roupa dissimula. Trata-se de profanar esse rosto, sua beleza. De profaná-lo primeiro revelando as partes secretas de uma mulher, em seguida introduzindo nelas o órgão viril. Ninguém duvida da feiura do ato sexual. Assim como a morte no sacrifício, a feiura da cópula leva à angústia. Mas quanto maior a angústia – na medida da força dos parceiros –, mais forte é a consciência de exceder os limites, a qual determina um transporte de alegria. O fato de que as situações variam de acordo com os gostos, e os hábitos, não pode fazer com que, em geral, a beleza (a humanidade) de uma mulher não contribua para tornar sensível – e chocante – a animalidade do ato sexual. Nada mais deprimente, para um homem, do que a feiura de uma mulher, que impossibilita o contraste com a feiura dos órgãos ou do ato. A beleza é de primeira importância porque a feiura não pode ser conspurcada, e a essência do erotismo é conspurcação. A humanidade, significativa do interdito, é transgredida no erotismo. É transgredida, profanada, conspurcada. Quanto maior a beleza, mais profunda a conspurcação.

As possibilidades são tão numerosas, tão deslizantes, que o quadro dos diversos aspectos decepciona. De uma a outra, as repetições, as contradições são inevitáveis. Mas o movimento apreendido nada deixa de obscuro. Sempre se trata de uma oposição em que se encontra a passagem da compressão à explosão. As vias mudam, a violência é a mesma, inspirando ao mesmo tempo o horror e a atração. A humanidade decaída tem o mesmo sentido que a animalidade, a profanação tem o mesmo sentido que a transgressão.

A propósito da beleza, falei de profanação. Poderia igualmente ter falado de transgressão, já que a animalidade, em relação a nós, tem o sentido da transgressão, uma vez que o animal ignora o interdito. Mas o sentimento de profanar é mais imediatamente inteligível para nós.

Não pude, sem me contradizer e repetir, descrever um conjunto de situações eróticas que, ademais, são de fato mais próximas umas das outras do que poderia fazer pensar um *parti pris* de distingui-las. Devia distingui-las para tentar tornar sensível, através das vicissitudes, aquilo que está em jogo. Mas não há forma em que não possa aparecer um aspecto da outra. O casamento está aberto a todas as formas do erotismo. A animalidade se mistura à decadência e o objeto do desejo pode se separar, na orgia, com uma precisão arrebatadora.

Da mesma maneira, a necessidade de tornar sensível uma verdade primordial apaga uma outra verdade, a da conciliação,[53] sem a qual o erotismo não existiria. Devia insistir na torção feita ao movimento inicial. Nessas vicissitudes, o erotismo aparentemente se afasta de sua essência, que o liga à nostalgia da continuidade perdida. A vida humana não pode seguir sem tremer – sem trapacear – o movimento que a arrasta para a morte. Representei-o trapaceando – bordejando – nas vias de que falei.

---

[53] Do desejo e do amor individual, da duração da vida e da atração pela morte, do frenesi sexual e do cuidado com os filhos.

Lâmina XI. Sacrifício humano. México. Iluminura de um manuscrito (*Codex Vaticanus* 3738, fol. 54 vº - Biblioteca do Vaticano), executado no início da ocupação espanhola por um asteca que, mais jovem, deve tê-lo testemunhado.

"É geralmente próprio ao sacrifício fazer concordar a vida e morte, dar à morte o jorro da vida, à vida o peso, a vertigem e a abertura da morte. É a vida misturada com a morte, mas nele, no mesmo instante, a morte é signo de vida, abertura ao ilimitado." (p. 115)

SEGUNDA PARTE
Estudos diversos sobre o erotismo

ESTUDO I
Kinsey, a escória e o trabalho[54]

> *Daí a ociosidade que devora os dias; pois os excessos no amor exigem repouso e repastos reparadores. Daí esse ódio por todo trabalho, que força essas pessoas a meios rápidos para conseguir dinheiro.*
> BALZAC, *Esplendores e misérias das cortesãs.*

O erotismo é uma experiência que não podemos apreciar de fora como uma coisa

Posso considerar o estudo das condutas sexuais do homem com o interesse do cientista que observa, numa espécie de ausência, a ação de uma luz sobre o voo de uma vespa. É óbvio que condutas humanas podem se tornar objeto de ciência: elas não são então consideradas mais humanamente do que se fossem condutas de insetos. O homem é antes de tudo um animal, ele pode estudar suas próprias reações como estuda a dos animais. Todavia, algumas delas não podem ser

---
[54] Esse estudo retoma um artigo publicado na revista *Critique* em duas partes: "La révolution sexuelle et le 'Rapport Kinsey', à propos de: Alfred C. Kinsey, Wardell B. Pomeroy, Clyde E. Martin, *Sexual behavior in the human male*" (n. 26, juil. 1948, p. 646-652 e n. 27, août 1948, p. 739-750). (N.T.)

inteiramente assimiladas aos dados científicos. Essas condutas são aquelas em que, por vezes, de acordo com o julgamento comum, o ser humano se rebaixa ao animal. Esse julgamento quer mesmo que elas sejam dissimuladas, caladas, e não tenham na consciência um lugar realmente legítimo. Essas condutas, comuns, em geral, aos homens e aos animais, deveriam ser consideradas à parte?

Por maior que seja a degradação de um homem, é verdade que ele nunca é simplesmente, como o animal, uma coisa. Uma dignidade permanece nele, uma nobreza fundamental, e uma verdade propriamente sagrada, que o afirmam como irredutível ao uso servil (ainda mesmo no momento em que, por abuso, o uso é praticado). Um homem nunca pode ser inteiramente tido por um meio; mesmo que apenas por algum tempo, ele guarda, em alguma medida, a importância soberana de um fim; resta nele, inalienável, aquilo que faz com que não se o possa matar, e menos ainda comer, sem horror. Sempre é possível matar, e por vezes mesmo comer, um homem. Mas muito raramente esses atos são insignificantes para um outro homem: no mínimo, ninguém pode ignorar, se for são de espírito, que eles têm um sentido pesado para os outros. Esse *tabu*, esse caráter sagrado da vida humana, é universal, como o são os interditos que atingem a sexualidade (como o incesto, o tabu do sangue menstrual e, sob formas variadas, mas constantes, as prescrições de decência).

Só o animal é, no mundo presente, redutível à coisa. Um homem pode fazer dele o que quiser, sem limitação, sem precisar prestar contas a quem quer que seja. Ele pode saber, no fundo, que o animal que abate não difere tanto dele. Mas, mesmo quando admite formalmente a similitude, seu reconhecimento furtivo é imediatamente contradito por uma negação fundamental e silenciosa. A despeito de crenças opostas, o sentimento que coloca o espírito no homem e o corpo no animal nunca é validamente contestado. O corpo é uma coisa, é vil, subordinado, servil, a mesmo título que uma pedra ou um pedaço de madeira. Só o espírito, cuja verdade é íntima, subjetiva, não pode ser reduzido à coisa. Ele é sagrado, permanecendo no corpo profano, que, por sua vez, só se torna ele próprio sagrado no momento em que a morte revela o valor incomparável do espírito.

Dito isso, que percebemos à primeira vista, o que se segue, que não tem essa simplicidade, revela-se com o tempo à atenção.

De toda maneira, somos animais. Sem dúvida, somos homens e espíritos: não podemos evitar que a animalidade sobreviva em nós e frequentemente transborde. No polo oposto ao espiritual, a exuberante sexualidade significa em nós a persistência da vida animal. Assim, nossas condutas sexuais, situadas do lado do corpo, poderiam, em certo sentido, ser consideradas como coisas: o sexo[55] é ele próprio uma coisa (uma parte desse corpo que, ele próprio, é uma coisa). Essas condutas representam uma atividade funcional da coisa que o sexo é. O sexo é em suma uma coisa a mesmo título que um pé (a rigor, uma mão é humana, e o olho exprime a vida espiritual, mas temos um sexo, pés, de maneira muito animal). Pensamos aliás que o delírio dos sentidos nos rebaixa ao nível dos animais.

Se todavia concluímos daí que o fato sexual é uma coisa, equivalente ao animal na pinça do vivisseccionista, e se pensamos que ele escapou ao controle do espírito humano, encontramos uma séria dificuldade. Se estamos em presença de uma coisa, temos dela a consciência clara. Os conteúdos da consciência são para nós fáceis de apreender na medida em que os abordamos pelo viés das coisas que os representam, que lhes dão seu aspecto de fora. Cada vez, ao contrário, que esses conteúdos nos são cognoscíveis de dentro, sem que possamos remetê-los aos efeitos exteriores distintos que os acompanham, só podemos falar deles vagamente.[56] Mas não há nada menos fácil de olhar de fora do que o fato sexual.

Consideremos os Relatórios Kinsey,[57] em que a atividade sexual é tratada de forma estatística, como um dado exterior. Seus autores não observaram realmente de fora nenhum dos inumeráveis fatos que relatam. Os fatos foram observados *de dentro* por aqueles que os viveram. Se são metodicamente estabelecidos, é pelo meio-termo de

---

[55] A genitália. (N.T.)

[56] Se falo clara e distintamente de *mim*, é postulando minha existência como uma realidade isolada, semelhante à dos outros homens que considero de fora; e só pude distinguir claramente os outros homens na medida em que eles têm, em sua aparência de isolamento, essa perfeita identidade a si mesmos que atribuo às coisas.

[57] KINSEY, Alfred C.; POMEROY, Wardell B.; MARTIN, Clyde E. *Le comportement sexuel de l'homme* (Éditions du Pavois, 1948); KINSEY, Alfred C.; POMEROY, Wardell B.; MARTIN, Clyde E.; GEBHARD, Paul H. *Le comportement sexuel de la femme* (Amiot Dumont, 1954).

confissões, de relatos, em que os pretensos observadores se fiaram. O questionamento dos resultados, ou ao menos do valor geral desses resultados, que se acreditou por vezes necessário, parece sistemático e superficial. Os autores se cercaram de precauções que não podem ser negligenciadas (verificação, repetição da enquete após longos intervalos, comparação de curvas obtidas nas mesmas condições por diferentes investigadores, etc.) As condutas sexuais de nossos semelhantes deixaram de nos ser tão perfeitamente inacessíveis graças a essa imensa enquete. Mais precisamente, esse mesmo esforço tem por efeito demonstrar que os fatos não estavam dados como coisas antes que fosse posta em marcha essa maquinaria. Antes dos relatórios, a vida sexual tinha apenas no mais baixo grau a verdade clara e distinta da coisa. Ora, essa verdade está agora, senão muito clara, bastante clara. É enfim possível falar das condutas sexuais como de coisas: até certo ponto é essa a novidade que os relatórios introduzem...

O primeiro movimento é o de contestar uma redução tão estranha, cujo peso parece muitas vezes insensato. Mas em nós a operação intelectual considera apenas o resultado imediato. Uma operação intelectual não é em resumo mais que uma passagem: para além do resultado desejado, ela tem consequências a que não visava. Os relatórios se fundavam no princípio de que os fatos sexuais eram coisas, mas e se eles tiverem tornado claro, no final das contas, que *os fatos sexuais não são coisas*? É possível que em geral a consciência queira essa dupla operação: que os conteúdos sejam considerados por ela, tanto quanto possível, como coisas, mas que eles nunca sejam melhor revelados, mais conscientes, do que no momento em que o aspecto de fora, revelando-se insuficiente, remete ao aspecto íntimo. Elucidarei esse jogo de vai e volta, uma vez que as desordens sexuais lhe darão o alcance de que é capaz.

As razões que se opõem à observação de fora da atividade genética não são apenas convencionais. Um caráter *contagioso* exclui a possibilidade da observação. Isso não tem nada a ver com o contágio das doenças microbianas. O contágio de que se trata é análogo ao do bocejo ou do riso. Um bocejo faz bocejar; muitas gargalhadas despertam, sem mais, a vontade de rir; se uma atividade sexual não se furta a nossa visão, é capaz de excitar. Pode também inspirar nojo. Pode-se dizer que a atividade sexual, mesmo que o que se anuncie esteja reduzido a uma perturbação pouco visível, ou à desordem das roupas, coloca facilmente a testemunha num estado de *participação* (ao menos se a beleza do corpo dá ao aspecto incongruente o sentido do jogo). Um tal estado é perturbador e exclui ordinariamente a observação metódica da ciência: vendo, escutando alguém rir, *participo de dentro* da emoção de quem ri. É essa emoção sentida dentro que, comunicando-se a mim, ri em mim. O que conhecemos na participação (na comunicação) é o que sentimos *intimamente*: rindo, conhecemos imediatamente o riso do outro, sua excitação, partilhando-a. É nisso justamente que o riso ou a excitação (mesmo o bocejo) não são coisas: não podemos em geral participar da pedra, da tábua, mas participamos da nudez da mulher que enlaçamos. Aquele que Lévy-Bruhl nomeava o "primitivo" podia, é verdade, participar da pedra, mas ela não era uma coisa diante dele, estava viva a seus olhos, como ele próprio. Sem dúvida, Lévy-Bruhl estava errado ao ligar esse modo de pensamento à humanidade primitiva. Basta-nos, na poesia, esquecer a identidade da pedra consigo mesma e falar de *pedra de lua*: ela participa, desde então, de minha intimidade (deslizo, falando dela, à intimidade da *pedra de lua*). Mas se a nudez ou o excesso do gozo não são coisas; e são, como a *pedra de lua*, inapreensíveis, decorrem daí consequências notáveis.

É singular acabar mostrando que a atividade sexual, rebaixada normalmente ao nível da vianda comestível (da carne), tem o mesmo privilégio que a poesia. É verdade que a poesia, hoje em dia, quer ser de baixo quilate e, quando pode, tende ao escândalo. Não deixa de ser estranho ver, pelo exame do fato sexual, que não é necessariamente o corpo que anuncia a servidão das coisas; que esse corpo, pelo contrário, é poético em sua animalidade, que ele é *divino*. É o que a amplitude e a bizarria dos métodos dos relatórios coloca em evidência, mostrando sua impotência de atingir seu objeto como um objeto (como objeto que pode ser objetivamente considerado). O *grande número* dos inevitáveis recursos à subjetividade compensa a rigor um caráter contrário à objetividade da ciência que é próprio às enquetes sobre a vida sexual dos sujeitos observados. Mas o imenso esforço que essa compensação exige (o recurso à multiplicidade, graças à qual parece anulado o aspecto subjetivo das observações) ressalta um elemento irredutível da atividade sexual: o elemento íntimo (oposto à coisa) que, para além dos gráficos e das curvas, os relatórios deixam entrever. Esse elemento permanece inacessível, alheio aos olhares de fora que buscam a frequência, a modalidade, a idade, a profissão e a classe: o que, efetivamente, percebe-se de fora, enquanto o essencial escapa. Devemos mesmo perguntar abertamente: esses livros falam da vida sexual? Falaríamos do homem limitando-nos a dar números, medidas, classificações de acordo com a idade ou a cor dos olhos? O que o homem significa a nossos olhos se coloca sem dúvida para além dessas noções: estas se impõem à atenção, mas não acrescentam a um conhecimento já dado senão aspectos inessenciais.[58] Do mesmo modo, o conhecimento autêntico da vida sexual do homem não poderia ser extraído dos relatórios; e essas estatísticas, essas frequências semanais, essas médias, só têm sentido na medida em que temos primeiro em vista o excesso de que se trata. Ou, se enriquecem o conhecimento que temos dela, é na direção que eu disse, se experimentamos ao lê-las o sentimento de um irredutível... Por exemplo, se rimos (pois a incongruência, que parecia impossível, está, não obstante, ali) ao ler sob as dez colunas de uma tabela este título: *Fontes do orgasmo para a população dos Estados-Unidos*, e sob a coluna das cifras estas palavras: *masturbação, jogos sexuais, relações conjugais ou não, bestialismo, homossexualidade*... A incompatibilidade é profunda entre essas classificações mecânicas, que ordinariamente anunciam as coisas (como as toneladas de aço ou de cobre), e as verdades íntimas. Ao menos uma vez, os próprios autores têm consciência disso, reconhecendo que as enquetes, as "histórias sexuais" que estão na base de sua análise, apareciam-lhes por vezes, apesar de tudo, à luz da intimidade: esta não era a questão deles, mas, dessas "histórias", eles confessam "que implicam muitas vezes a lembrança de profundas feridas, da frustração, da dor, dos desejos insatisfeitos, do desapontamento, de situações trágicas e de completas catástrofes". O caráter infeliz é exterior ao sentido íntimo do ato sexual, mas remete à profundidade onde ele ocorre, de onde não podemos retirá-lo sem privá-lo de verdade. Assim, os próprios autores perceberam sobre que abismo se situam os fatos que relatam. Mas, se tiveram o sentimento dessa dificuldade, não se detiveram nela.

---

[58] Mesmo os dados fundamentais da antropologia somática só têm sentido na medida em que são explicativos de uma realidade conhecida, em que situam o ser humano no reino animal.

Sua orientação e sua fraqueza ficam mais aparentes do que nunca por ocasião de uma exceção feita a seu método (fundado no relato dos próprios sujeitos, substituindo a observação). Sem tê-los observado com seus próprios olhos, eles publicam em certo ponto dados que decorrem da observação objetiva (terceiros puderam fornecê-las). Eles estudaram os tempos – muito curtos – de masturbação necessários a crianças pequenas (de seis a doze meses) a fim de chegar ao orgasmo. Esses tempos, é-nos dito, foram estabelecidos ora com relógios de pulso, ora com cronômetros. A incompatibilidade entre a observação e o fato observado, entre o método válido para as coisas e uma intimidade sempre incômoda, chega a um grau em que é difícil rir. Obstáculos mais pesados se opõem à observação dos adultos: entretanto, a impotência da criança e a ilimitada ternura que nos desarma diante dela, tornam penoso aqui o mecanismo do relógio. A despeito dos autores, a verdade surge: é preciso um evidente equívoco para confundir com a pobreza da coisa aquilo cujo caráter é *totalmente outro*, é *sagrado*; não podemos sem um mal-estar deixar passar à vulgaridade da esfera profana (da esfera das coisas) o que tem de muito pesado a nossos olhos a violência secreta do homem e da criança. A violência da sexualidade humana, entretanto animal, permanece a nossos olhos desconcertante: jamais esses olhos a observam sem *perturbação*.

O trabalho se liga em nós à consciência e à objetividade das coisas, ele reduz a exuberância sexual. Só a escória permanece exuberante

Volto ao fato de que, em princípio, a animalidade é justamente o que, normalmente, é redutível à coisa. Não há como insistir nisso o bastante: tentarei elucidar o problema colocado, desenvolvendo minha análise com a ajuda dos dados dos Relatórios.

Esses dados, tão abundantes, estão longe de ser elaborados: estamos diante de uma volumosa coletânea de fatos, brilhantemente executada, cujos métodos, que lembram os do Instituto Gallup, foram objeto de um admirável aprimoramento (mas é mais difícil admirar as concepções teóricas de que procedem).

A sexualidade é para os autores "uma função biológica normal, aceitável sob qualquer forma que se apresente". Mas restrições religiosas se opõem a essa atividade natural.[59] A mais interessante série de dados numéricos do primeiro relatório indica a frequência semanal do orgasmo. Variando de acordo com as idades e as categorias sociais, ela é, no conjunto, muito inferior a 7, número a partir do qual se fala de alta frequência (*high rate*). Mas a frequência normal do antropoide é uma vez por dia. A frequência normal do homem, asseguram os autores, poderia não ser inferior à do grande macaco se as restrições religiosas não lhe tivessem sido opostas. Os autores se apoiam nos resultados de sua enquete. Eles classificaram as respostas dos fiéis de diversas crenças opondo os praticantes aos não praticantes. Dos protestantes devotos, 7,4% contra 11,7% dos indiferentes atingem ou ultrapassam a frequência semanal de 7 orgasmos; do mesmo modo 8,1% dos católicos devotos se opõem a 20,5% dos indiferentes. Essas cifras são notáveis: a prática religiosa evidentemente freia a atividade sexual. Mas estamos diante de observadores imparciais e incansáveis. Eles não se contentam em estabelecer dados favoráveis a seu princípio. Em todos os sentidos, eles multiplicam as enquetes. A estatística das frequências é apresentada por categorias sociais: biscateiros, operários, "colarinhos brancos", profissões importantes. No seu conjunto, a população que trabalha dá uma proporção de cerca de 10% de alta frequência. Só a escória (*underworld*) atinge 49,4%. Esses dados numéricos são os mais notáveis. O fator que designam é menos incerto do que a devoção (recordemos os cultos de Kali ou de Dioniso, o tantrismo e tantas outras formas eróticas da religião): é o *trabalho*, cuja essência e função nada têm de ambíguo. É pelo trabalho que o homem ordena o mundo das coisas, e se reduz, nesse mundo, a uma coisa entre outras; é o trabalho que faz do trabalhador um meio. Só o trabalho humano, essencial ao homem, se opõe sem equívoco à animalidade. Essas relações numéricas separam aqui um mundo do trabalho e do trabalhador, redutível às coisas, excluindo a sexualidade, inteiramente íntima e irredutível.

Essa oposição, fundada pelas cifras, é paradoxal. Implica relações inesperadas entre os diversos valores. Essas relações se acrescentam

---

[59] Um crítico americano, Lionel Trilling, tem singularmente razão de insistir sobre a ingenuidade dos autores que pensaram ter resolvido a questão afirmando esse caráter *natural*.

àquelas que salientei há pouco, que atribuem paradoxalmente a irredutibilidade da exuberância animal à coisa. Isso exige a maior atenção.

O que disse antes mostrava que a oposição fundamental do homem à coisa não podia ser formulada sem implicar a identificação entre o animal e a coisa. Há, de um lado, um mundo exterior, o mundo das coisas, de que os animais fazem parte. De outro, um mundo do homem, essencialmente encarado como interior, como um mundo do espírito (do sujeito). Mas, se o animal não é mais do que uma coisa, se é esse o caráter que o separa do homem, ele não é uma coisa a mesmo título que um tijolo ou uma enxada. Só o objeto inerte, sobretudo se for fabricado, se for o produto de um trabalho, é a coisa, por excelência privada de todo mistério e subordinada a fins que lhe são exteriores. É coisa aquilo que, por sua própria conta, não é nada. Nesse sentido, os animais não são coisas em si mesmos, mas o homem os trata como tais: eles são coisas na medida em que são objeto de um trabalho (criação) ou instrumentos de trabalho (bestas de carga ou de tração). Se entra no ciclo das ações úteis como um meio, não como um fim, o animal é *reduzido* à coisa. Mas essa redução é a negação do que ele é apesar de tudo: o animal só é uma coisa na medida em que o homem tem o poder de negá-lo. Se não tivéssemos mais esse poder, se não estivéssemos mais em condições de agir como se o animal fosse uma coisa (se um tigre nos atacasse), o animal não seria mais em si mesmo uma coisa: não seria mais um puro objeto, seria um sujeito que teria para si mesmo uma verdade íntima.

Do mesmo modo, a animalidade subsistente do homem, sua exuberância sexual, só poderia ser considerada como uma coisa se tivéssemos o poder de negá-la, de existir como se ela não existisse. Nós a negamos, com efeito, mas em vão. A sexualidade, qualificada de imunda, de bestial, é mesmo o que mais se opõe à redução do homem à coisa: o orgulho íntimo de um homem se liga a sua virilidade. Ela não responde de modo algum em nós àquilo que é o animal negado, mas ao que o animal tem de íntimo e de incomensurável. É mesmo nela que não podemos ser reduzidos como bois à força de trabalho, ao instrumento, à coisa. Há, sem dúvida alguma, na *humanidade* – no sentido contrário de *animalidade* – um elemento irredutível à coisa e ao trabalho: sem dúvida alguma, em definitivo, o homem não pode ser submetido, suprimido, ao mesmo ponto que o animal. Mas isso só fica claro em segundo lugar: o homem é em primeiro lugar um animal que trabalha, se submete ao trabalho e, por essa razão, deve renunciar a uma parte de sua exuberância. Não há nada de arbitrário nas restrições sexuais: todo homem dispõe de uma soma de energia limitada e, se destina uma parte dela ao trabalho, retira-a à consumação erótica, que se vê assim diminuída. Assim, a humanidade, no tempo *humano, antianimal*, do trabalho é em nós o que nos reduz a coisas; e a animalidade é então o que guarda em nós o valor de uma existência do sujeito para si mesmo.

Vale a pena formular isso com precisão.

A "animalidade", ou a exuberância sexual, é em nós aquilo pelo que não podemos ser reduzidos a coisas.

A "humanidade", ao contrário, no que tem de específico, no tempo do trabalho, tende a fazer de nós coisas, às custas da exuberância sexual.

O trabalho, oposto à exuberância sexual, é a condição da consciência das coisas

A esses primeiros princípios, os dados numéricos do primeiro Relatório Kinsey correspondem com uma minúcia notável. Só a escória, que não trabalha, e cujas condutas, no conjunto, equivalem a uma negação da "humanidade", apresenta uma proporção de 49,4% de alta frequência. Em média, essa proporção corresponde, para os autores do relatório, à frequência normal dada na natureza – na animalidade do antropoide. Mas ela se opõe, em sua unicidade, ao conjunto das condutas propriamente humanas que, variando de acordo com os grupos, são designadas por proporções de alta frequência que vão de 16,1 a 8,9%. O detalhe dos índices é aliás notável. É, no conjunto, de acordo com a maior ou menor *humanização* que o índice varia: quanto mais os homens são humanizados, mais sua exuberância é reduzida. Precisemos: a proporção das altas frequências é de 15,4% entre os biscateiros, 16,1% entre os operários semiqualificados, 12,1% entre os qualificados, 10,7% entre os "colarinhos brancos" inferiores e 8,9% entre os superiores.

Lâmina XII. Um homem e uma mulher copulando de pé. Relevo do templo de Konarak, Índia, Orissa, século XIII (*Fotografia de Max-Pol Fouchet*).

"O sacrifício substitui a vida ordenada do animal pela convulsão cega dos órgãos. O mesmo se dá com a convulsão erótica: ela libera órgãos pletóricos cujos jogos cegos prosseguem além da vontade refletida dos amantes. A essa vontade refletida, sucedem os movimentos animais desses órgãos inchados de sangue. Uma violência, que a razão não controla mais, anima esses órgãos, tensiona-os até a explosão e, de repente, é a alegria dos corações de cederem ao excesso dessa tempestade." (p. 116)

Uma só exceção, não obstante: ao passar dos "colarinhos brancos" superiores às profissões importantes que correspondem às classes dirigentes, o índice volta a subir mais de três unidades, atingindo 12,4%. Se pensamos nas condições em que essas cifras foram obtidas, não há como levar em conta diferenças pequenas demais. Mas o decréscimo do biscateiro ao "colarinho branco" superior é bastante constante, e a diferença de 3,5 entre este último e a profissão importante representa um acréscimo de cerca de 30%: a taxa se eleva em cerca de dois ou três orgasmos por semana. O sentido de um aumento quando se passa à classe dominante é suficientemente claro: ela conhece, em relação às categorias precedentes, uma certa ociosidade, e a riqueza média de que goza nem sempre corresponde a uma soma excepcional de trabalho; ela dispõe evidentemente de um excesso de energia superior ao das classes laboriosas. Isso compensa o fato de ela ser mais humanizada que as outras.

A exceção da classe dominante tem aliás um sentido mais preciso. Ao marcar um aspecto divino da animalidade e um aspecto servil da humanidade, fui levado a fazer uma reserva: devia haver todavia na humanidade algum elemento irredutível à coisa e ao trabalho, de tal modo que o homem fosse em definitivo mais difícil de submeter do que o animal. Esse elemento se encontra em todos os escalões da sociedade, mas é próprio sobretudo à classe dirigente. É fácil perceber que uma redução à coisa nunca tem mais do que um valor relativo: ser uma coisa só tem sentido em relação com aquele cujo objeto possuído é a coisa: um objeto inerte, um animal, um homem podem ser coisas, mas são a coisa de um homem. Em particular, um homem só pode ser uma coisa sob a condição de ser a coisa de um terceiro, e assim por diante, mas não infinitamente. Chega o momento em que a própria humanidade, mesmo tendo até certo ponto o sentido da redução, tem que se realizar; em que, um homem não dependendo mais de nenhum outro homem, a subordinação geral tome um sentido naquele em proveito de quem ela se dá, o qual não pode ser, ele, subordinado a nada. Ser esse termo cabe, em princípio, à classe dominante, que tem geralmente a tarefa, nela mesma, de liberar a humanidade de sua redução à coisa, de elevar o homem, nela mesma, ao instante em que ele é livre.

Habitualmente, aliás, com esse fim, essa classe se liberou do trabalho e, se a energia sexual é mensurável, dela dispôs em princípio em proporções que a igualaram sensivelmente à escória.[60] A civilização americana se afastou desses princípios, uma vez que a classe burguesa, que desde a origem a dominou sozinha, quase nunca é ociosa lá: ela guarda não obstante uma parte dos privilégios das classes superiores. O índice, relativamente fraco, que define seu vigor sexual, deve enfim ser interpretado.

A classificação do Relatório Kinsey, fundada sobre a frequência dos orgasmos, é uma simplificação. Não que ela não tenha sentido, mas negligencia um fator apreciável. Essa classificação não leva em conta a duração do ato sexual. Ora, a energia despendida na vida sexual não se reduz àquela que a ejaculação representa. O simples jogo consome também quantidades de energia que não são negligenciáveis. O gasto de energia de um antropoide, cujo orgasmo não exigiu mais que uma dezena de segundos, é evidentemente inferior ao do homem cultivado, que prolonga o jogo durante horas. Mas a arte de durar é ela própria desigualmente repartida entre as diferentes classes. O relatório não fornece, a esse respeito, precisões à altura de sua minúcia habitual. Não obstante, fica claro que o prolongamento do jogo é o apanágio das classes superiores. Os homens das classes desfavorecidas se limitam a contatos rápidos que, mesmo sendo menos breves que os dos animais, nem sempre permitem à parceira chegar ela própria ao orgasmo. Praticamente sozinha, a classe cujo índice é de 12,4% desenvolveu ao extremo os jogos preliminares e a arte de durar.

Não tenho a mínima intenção de defender a honra sexual dos homens "bem-criados", mas essas considerações permitem esclarecer o sentido dos dados gerais expostos mais acima e dizer o que o movimento íntimo da vida exige.

O que chamamos de mundo humano é necessariamente um mundo do trabalho, ou seja, da redução. Mas o trabalho tem outro sentido além da pena, além do instrumento de tortura que a etimologia o acusa de ser. O trabalho é também a via da *consciência*, pela qual o homem saiu da animalidade. Foi pelo trabalho que a consciência clara e distinta dos objetos nos foi dada, e a ciência sempre permaneceu a

---

[60] Qual é, em certo sentido, a classe soberana, senão a escória feliz, provida do consentimento da massa? Os povos mais primitivos têm tendência a reservar a poligamia a seus chefes.

companheira das técnicas. A exuberância sexual, ao contrário, nos afasta da consciência: atenua em nós a faculdade de discernimento: aliás, uma sexualidade livremente transbordante diminui a aptidão para o trabalho, assim como um trabalho constante diminui a fome sexual. Há, portanto, entre a consciência, estreitamente ligada ao trabalho, e a vida sexual, uma incompatibilidade cujo rigor não poderia ser negado. Na medida em que o homem se definiu pelo trabalho e pela consciência, ele teve não apenas que moderar, mas desconsiderar e por vezes maldizer nele mesmo o excesso sexual. Em certo sentido, essa desconsideração desviou o homem, senão da consciência dos objetos, ao menos da consciência de si. Ela o engajou ao mesmo tempo no conhecimento do mundo e na ignorância de si. Mas, se o homem não tivesse primeiro se tornado consciente trabalhando, ele não teria conhecimento nenhum: não haveria ainda senão a noite animal.

A consciência do erotismo, oposta à das coisas, se revela em seu aspecto maldito: ela abre ao despertar silencioso

Assim, é somente a partir da maldição, e portanto da incompreensão da vida sexual, que a consciência nos é dada. O erotismo, aliás, não é o único a ser afastado nesse movimento: de tudo o que é em nós irredutível à simplicidade das coisas (aquela dos objetos sólidos), não temos consciência imediata. A consciência clara é, de início, a consciência das coisas, e o que não tem a nitidez exterior da coisa não é claro a princípio. Só chegamos tardiamente, por assimilação, à noção dos elementos a que falta a simplicidade do objeto sólido.

Inicialmente, o conhecimento desses elementos nos é dado como o é no Relatório Kinsey: para ser discernido claramente, aquilo que, na profundidade, é irredutível à grosseria da coisa, é não obstante tido por tal. É a via pela qual as verdades da vida íntima entram na consciência discriminativa. Devemos, portanto, afirmar em geral que as verdades de nossa experiência interior nos escapam. Com efeito, se as tomamos pelo que não são, só fazemos desconhecê-las ainda mais. Desviamo-nos de uma verdade que nossa vida erótica anuncia se não vemos nela mais que uma função natural, quando, antes de ter apreendido seu sentido, denunciamos a absurdidade das leis que interdizem seu livre curso. Se dizemos da sexualidade culpada que ela é redutível à inocência das coisas materiais, a consciência, longe de considerar verdadeiramente a vida sexual, cessa inteiramente de levar em conta aspectos perturbadores, incompatíveis com uma clareza distinta. A clareza distinta é, com efeito, sua primeira exigência, mas, por causa dessa mesma exigência, a verdade lhe escapa. Esses aspectos, a maldição os mantinha na penumbra em que o horror ou, ao menos, a angústia nos tomava. Inocentando a vida sexual, a ciência deixa decididamente de reconhecê-la. Ela clarifica a consciência, mas à custa de um cegamento. Ela não apreende, na nitidez que exige, a complexidade de um sistema em que um pequeno número de elementos são reduzidos à extremidade da coisa, quando ela rechaça o que é perturbador, o que é vago, o que, no entanto, é a verdade da vida sexual.

Para atingir a intimidade (o que profundamente é em nós), podemos sem dúvida, e mesmo devemos, passar pelo desvio da coisa pela qual ela se faz tomar. É nesse momento, se a experiência considerada não parece mais inteiramente redutível à exterioridade de uma coisa, ao mais pobre mecanismo, que sua verdade íntima se revela: ela se revela nesse momento na medida em que sobressai seu aspecto maldito. Nossa experiência secreta não pode entrar diretamente na parte clara da consciência. Ao menos, a consciência distinta tem o poder de discernir o movimento pelo qual ela afasta o que condena. É, portanto, sob forma de possibilidade maldita, condenada – sob forma de "pecado" – que a verdade íntima chega à consciência. Ela mantém, portanto, e deve manter inevitavelmente, um movimento de pavor e de repugnância diante da vida sexual, prestes a reconhecer, em circunstâncias favoráveis, a significação subordinada desse pavor. (Não se trata com efeito de reconhecer como verdadeira a explicação do "pecado"). Essa lucidez tão preciosa do conhecimento metódico, por meio da qual o homem tem o poder de se tornar o mestre das coisas, essa lucidez que a perturbação sexual suprime (ou que, se prevalece, suprime a perturbação sexual) pode sempre, no final, confessar seu limite, já que teve, por fins práticos, que rejeitar uma parte da verdade. Teria ela um sentido pleno se, esclarecendo-nos, não pudesse fazê-lo sem velar uma parte daquilo que é? Reciprocamente, aquele que o desejo perturba teria por conta própria um sentido pleno se só desejasse sob a condição de dissimular sua perturbação na noite em que se cega? Mas na desordem de um dilaceramento podemos discernir ao menos essa desordem e, assim, nos tornarmos atentos, para além das coisas, à verdade íntima do dilaceramento.

Os imensos trabalhos de estatística do Relatório Kinsey dão seu apoio a essa maneira de ver que não se harmoniza com seus princípios, que os nega mesmo essencialmente. O Relatório Kinsey corresponde ao protesto ingênuo, às vezes comovente, oposto às sobrevivências de uma civilização que, em parte, foi de início irracional. Mas a ingenuidade é seu limite, em que não queremos nos manter. Apreendemos, ao contrário, o interminável movimento cujos desvios nos elevam no final, em silêncio, à consciência da intimidade. As diversas formas da vida humana puderam se superar umas após as outras, após o que, percebemos o sentido da última superação. O que uma luz, inevitavelmente discreta, e não o holofote da ciência, nos revela com o passar do tempo é uma verdade difícil ao lado da verdade das coisas: ela abre ao despertar silencioso.

ESTUDO II
O homem soberano de Sade[61]

Os que escapam à razão, a escória, os reis

Nada, no mundo onde vivemos, corresponde à excitação caprichosa de massas que seguem os movimentos de violência de uma sensibilidade aguda e não são dóceis à razão.

É necessário hoje para cada um prestar contas de seus atos, obedecer em tudo à lei da razão. O passado deixou sobrevivências, mas só a escória, de modo bastante maciço, pelo fato de que sua violência tortuosa escapa ao controle, mantém a exceção de energias que o trabalho não absorve. Pelo menos, é assim no Novo Mundo, que a fria razão reduziu mais severamente do que o Velho (é claro que a América Central e a do Sul, no Novo Mundo, diferem dos Estados-Unidos e, reciprocamente, no sentido contrário, a esfera

---

[61] Este estudo retoma o artigo "Le bonheur, l'érotisme et la littérature" (A propósito de CHAZAL, Malcolm de. *Sens-plastique*. Prefácio de Jean Paulhan. Paris: Gallimard, 1948; BLANCHOT, Maurice. *Lautréamont et Sade*. Paris: Minuit, 1949; *Anthologie de l'érotisme. De Pierre Louys à Jean-Paul Sartre*. Paris: Nord-Sud, 1949), publicado em duas partes na revista *Critique* (n. 35, avr. 1949, p. 401-411 e n. 36, mai 1949, p. 447-454). (N.T.)

soviética se opõe aos países capitalistas da Europa – mas os dados do Relatório Kinsey nos faltam hoje, e nos faltarão por muito tempo, para o conjunto do mundo: por mais grosseiros que sejam esses dados, aqueles que os desprezam não veem o quanto seria interessante um Relatório Kinsey soviético?).

No mundo de outrora, o indivíduo não renunciava do mesmo modo à exuberância do erotismo em prol da razão. Aquele mundo permitia ao menos que, na pessoa de um semelhante, a humanidade considerada em sua generalidade escapasse à limitação do conjunto. De acordo com a vontade de todos, o *soberano* recebia o privilégio da riqueza e da ociosidade, as moças mais jovens e mais belas eram-lhe normalmente reservadas. Além disso, as guerras conferiam aos *vencedores* possibilidades mais amplas que o trabalho. Os vencedores do passado tiveram o privilégio que a escória americana conserva (e essa escória ela própria não é mais que uma miserável sobrevivência). O *escravo*, ademais, prolongou o efeito das guerras: esse efeito durou pelo menos até as revoluções russa e chinesa, mas o resto do mundo goza, ou sofre, dele, de acordo com os pontos de vista. Sem dúvida, a América do Norte é, no mundo não comunista, o lugar em que as consequências longínquas da escravidão têm, no plano da desigualdade entre os homens, a importância mais reduzida.

De toda maneira, a desaparição de outros soberanos que não aqueles que ainda sobrevivem (em grande parte domesticados, reduzidos à razão) priva-nos hoje da visão do "homem integral" que a humanidade de outrora queria ter, em sua impotência de conceber um sucesso pessoal igual para todos. A exuberância soberana dos reis, tal como os relatos do passado nos fazem conhecê-la, basta por si só para mostrar a pobreza relativa dos exemplos que a escória americana ou os ricos europeus nos oferecem ainda. Sem contar que falta a esses exemplos o aparelho espetacular da realeza. Chegamos ao ponto mais deplorável. O jogo antigo permitia que o *espetáculo* dos privilégios régios compensasse a pobreza da vida comum (assim como o espetáculo das tragédias compensava a vida satisfeita). O mais angustiante é, no último ato, o desenlace da comédia que o mundo antigo representou para si mesmo.

A liberdade soberana, absoluta, foi visada – na literatura – após a negação revolucionária do princípio da realeza

Foi, em certo sentido, o apogeu de um fogo de artifício, mas um apogeu estranho, fulgurante, que escapava aos olhos que ele deslumbrou. O espetáculo, já fazia muito tempo, deixara de corresponder aos desejos das massas. Lassidão? Esperança individual de atingir a satisfação, cada um por si?

Já o Egito, no terceiro milênio, deixara de suportar um estado de coisas que só o faraó justificava: a massa em revolta quis sua parte nos privilégios exorbitantes, cada um quis para si uma imortalidade que até então só o soberano obtinha. A massa francesa, em 1789, quis viver para si mesma. O espetáculo da glória dos grandes, longe de satisfazê-la, amplificou os rugidos de sua cólera. Um homem isolado, o marquês de Sade, aproveitou para desenvolver seu sistema e, sob a aparência de detração, levá-lo à extremidade de suas consequências.

O sistema do marquês de Sade, com efeito, não é menos a realização do que a crítica de um método que leva à eclosão do indivíduo integral acima de uma massa fascinada. Em primeiro lugar, Sade tentou utilizar os privilégios que o regime feudal lhe garantia em benefício de suas paixões. Mas esse regime estava já (aliás, quase sempre esteve) suficientemente temperado de razão para se opor aos abusos que um grande senhor poderia fazer desses privilégios. Aparentemente, esses abusos não excediam os de outros senhores da mesma época, mas Sade foi desajeitado, imprudente (cometeu além de tudo o erro de ter uma sogra bastante poderosa). De privilegiado, ele se tornou, no torreão de Vincennes, depois na Bastilha, a vítima do arbitrário que reinava. Esse inimigo do antigo regime o combateu: não apoiou os excessos do Terror, mas foi jacobino, secretário de seção. Desenvolveu sua crítica ao passado em dois registros, independentes um do outro e bem diferentes. Por um lado, tomou o partido da Revolução e criticou o regime monárquico, por outro, tirou proveito do caráter ilimitado da literatura: propôs a seus leitores uma espécie de humanidade soberana cujos privilégios prescindiriam do consentimento da massa. Sade imaginou privilégios exorbitantes em relação aos dos senhores e dos reis: àqueles que teriam assumido a celeradez de grandes senhores e reis aos quais a ficção romanesca atribuía a onipotência e a impunidade. A gratuidade da invenção e seu valor espetacular deixavam aberta uma possibilidade superior àquela de instituições que corresponderam, quando muito, fracamente, ao desejo de uma existência livre de limites.

A solidão na prisão e a verdade terrificante de um momento de excesso imaginário

O desejo geral, outrora, conduzira a satisfazer sem restrições os caprichos eróticos de um personagem exuberante. Mas dentro de limites que a imaginação de Sade ultrapassou prodigiosamente. O personagem soberano de Sade não é mais apenas aquele que uma massa leva ao excesso. A satisfação sexual conforme ao desejo de todos não é a que Sade pode querer para os fins de seus personagens de sonho. A sexualidade com que sonha contraria mesmo os desejos dos outros (de quase todos os outros), que não podem ser seus parceiros, mas suas vítimas. Sade propõe o *unicismo* de seus heróis. A negação dos parceiros é, segundo ele, a peça fundamental do sistema. Se conduz à harmonia, o erotismo nega, a seus olhos, o movimento de violência e morte que é em princípio. Na sua profundidade, a união sexual é um compromisso, um meio-termo entre a vida e a morte: é sob a condição de quebrar uma comunhão que o limita, que o erotismo revela enfim a violência, que é sua verdade, e cujo cumprimento corresponde, só ele, à imagem soberana do homem. Só a voracidade de um cão feroz levaria a termo a raiva daquele que nada limitaria.

A vida real de Sade suscita a suspeita de um elemento de fanfarrice nessa afirmação da soberania reduzida à negação de outrem. Mas a fanfarrice, justamente, foi necessária à elaboração de um pensamento isento de fraqueza. Sade, em sua vida, levou o outro em consideração, mas a imagem que teve da realização cabal do erotismo e que remoeu incessantemente na solidão da masmorra, exigia que o outro deixasse de contar. O deserto que a Bastilha foi para ele, a literatura tornada o único escape para sua paixão, quis que um sobrelanço fizesse então recuar os limites do possível para além dos sonhos mais insensatos que o homem jamais formara. Pela virtude de uma literatura condensada na prisão, a imagem fiel nos foi dada do homem diante do qual o outro deixaria de contar.

A moral de Sade, disse Maurice Blanchot,[62]

> está fundada no fato primeiro da solidão absoluta. Sade o disse e o repetiu de todas as formas: a natureza nos faz nascer sozinhos, não há nenhuma espécie de relação entre um homem e outro. A única regra de conduta é portanto que eu prefira tudo o que me afeta de uma maneira feliz e tenha por nada tudo o que de minha preferência possa resultar de mal para outrem. A maior dor dos outros conta sempre menos que meu prazer. Não importa que eu deva comprar o mais fraco gozo por meio de um conjunto inaudito de crimes audaciosos, pois o gozo me deleita, ele está em mim, mas o efeito do crime não me toca, está fora de mim.

A análise de Maurice Blanchot corresponde fielmente ao pensamento fundamental de Sade. Esse pensamento é sem dúvida artificial. Negligencia a estrutura de fato de cada homem real, que não seria concebível se o isolássemos dos laços que outros estabeleceram com ele, que ele mesmo estabeleceu com outros. A independência de um homem nunca foi mais do que um limite anteposto à interdependência, sem a qual nenhuma vida humana teria lugar. Essa consideração é primordial. Mas o pensamento de Sade não é tão louco. Ele é a negação de uma realidade que o funda, mas há em nós momentos de excesso: esses momentos colocam em jogo o fundamento sobre o qual nossa vida repousa; é inevitável para nós chegar ao excesso em que temos a força de colocar em jogo o que nos funda. É, muito pelo contrário, negando tais momentos que desconheceríamos o que somos.

Em sua totalidade, o pensamento de Sade é a consequência desses momentos que a razão ignora.

Por definição, o *excesso* está fora da razão. A razão se liga ao trabalho, liga-se à atividade laboriosa, que é a expressão de suas leis. Mas a volúpia zomba do trabalho, cujo exercício, já o vimos, é aparentemente desfavorável à intensidade da vida voluptuosa. Em

---

[62] BLANCHOT. *Lautréamont et Sade*, p. 220-221. O estudo de Maurice Blanchot não é apenas a primeira exposição coerente do pensamento de Sade: segundo a expressão do autor, ele ajuda o homem a compreender a si mesmo, ajudando-o a modificar as condições de toda compreensão.

relação aos cálculos em que a utilidade e o gasto de energia entram em consideração, mesmo se a atividade voluptuosa é tida por útil, ela é *excessiva* em sua essência. Ela o é tanto que, em geral, a volúpia prescinde de algo que a siga, que ela é desejada por si mesma, e no desejo do excesso que a constitui. É nesse ponto que intervém Sade: ele não formula os princípios precedentes, mas implica-os afirmando que a volúpia é sempre mais forte quando está no crime e que, quanto mais insustentável o crime, maior a volúpia. Vê-se como o excesso voluptuoso conduz a essa negação de outrem que, da parte de um homem, é a negação *excessiva* do princípio sobre o qual sua vida repousa.

Com isso, Sade teve a certeza de ter feito, no plano do conhecimento, uma descoberta decisiva. Se o crime faz o homem chegar à maior satisfação voluptuosa, saciando seu mais forte desejo, algo poderia importar mais do que negar a solidariedade que se opõe ao crime e impede que dele se goze? Imagino que essa verdade violenta se revelou na solidão da prisão. Desde então, ele negligenciou tudo o que podia, até nele mesmo, representar para ele a inanidade do sistema. Ele não amara como qualquer outro? A fuga com sua cunhada não contribuíra para que fosse preso, suscitando a fúria de sua sogra, que obteve o fatal mandato régio de prisão? Em seguida, ele não exerceria uma atividade política fundada no interesse do povo? Ele não ficou horrorizado ao ver de sua janela (na prisão a que sua oposição aos métodos do terror o levou) funcionar a guilhotina? No final, não derramou "lágrimas de sangue" sobre a perda do manuscrito em que se esforçava por revelar – *a outros homens* – a verdade da insignificância de outrem?[63] Talvez ele se tenha dito que, não obstante, a verdade da atração sexual não aparece plenamente se a consideração de outrem paralisa seu movimento. Ele quis se ater ao que o atingiu no

---

[63] Foi nos *Cento e vinte dias de Sodoma*, escritos na prisão, que ele ofereceu pela primeira vez o quadro de uma vida soberana, que era uma vida celerada, de libertinos consagrados à volúpia criminosa. À véspera de 14 de julho de 1789, ele foi transferido de prisão por ter tentado amotinar os passantes urrando de sua janela: "povo de Paris, estão estrangulando os prisioneiros." Não lhe permitem levar nada e o manuscrito dos *Cento e vinte dias* desapareceu na pilhagem que se seguiu à queda da Bastilha. Os saqueadores recolheram no amontoado de objetos que cobriam o pátio o que lhes parecia digno de interesse. O manuscrito foi reencontrado, por volta de 1900, num livreiro alemão. O próprio Sade diz ter "derramado lágrimas de sangue" por uma perda que, com efeito, atingia os outros, que atingia a humanidade em geral.

interminável silêncio da masmorra, onde só o ligavam à vida as visões de um mundo imaginado.

A desordem mortal do erotismo e da "apatia"

O excesso mesmo com que afirmou sua verdade não é de natureza a fazê-la admitir facilmente. Mas é possível, a partir das afirmações que ele nos propõe, perceber com clareza que a ternura em nada altera o jogo que liga o erotismo à morte. A conduta erótica se opõe à habitual assim como o gasto à aquisição. Se nos conduzimos de acordo com a razão, tentamos adquirir bens de toda espécie, trabalhamos em vista de aumentar nossos recursos – ou nossos conhecimentos –, esforçamo-nos por todos os meios para nos enriquecer e possuir cada vez mais. É, em princípio, sobre tais condutas que se funda nossa posição no plano social. Mas, no momento da febre sexual, nos conduzimos de maneira oposta: gastamos nossas forças sem medida e, por vezes, na violência da paixão, dilapidamos sem proveito recursos consideráveis. A volúpia está tão próxima da dilapidação ruinosa que chamamos de "pequena morte" o momento de seu paroxismo. Consequentemente, os aspectos que evocam para nós o excesso erótico representam sempre uma desordem. A nudez arruína a decência que nos damos com nossas roupas. Mas, uma vez na via da desordem voluptuosa, não nos satisfazemos com pouco. A destruição ou a traição acompanham por vezes a escalada do excesso genético. Acrescentamos à nudez, a estranheza dos corpos semivestidos, cujas roupas só fazem sublinhar a desordem de um corpo, que fica assim ainda mais desordenado, ainda mais nu. As sevícias e o assassinato prolongam esse movimento de ruína. Do mesmo modo, a prostituição, o vocabulário chulo e todos os laços do erotismo e da infâmia contribuem para fazer do mundo da volúpia um mundo de decadência e de ruína. Nossa única felicidade verdadeira é gastar em vão, como se uma chaga se abrisse em nós: queremos sempre estar seguros da inutilidade, por vezes do caráter ruinoso de nossa despesa. Queremos nos sentir o mais longe possível do mundo em que o aumento dos recursos é a regra. Mas é pouco dizer "o mais longe possível". Queremos um mundo *invertido*, queremos o mundo *do avesso*. A verdade do erotismo é traição.

O sistema de Sade é a forma ruinosa do erotismo. O isolamento moral significa a retirada dos freios: dá o sentido profundo da despesa. Quem admite o valor de outrem necessariamente se limita. O respeito por outrem o obnubila e o impede de perceber o alcance da única aspiração que o desejo de aumentar recursos morais ou materiais não subordina. A cegueira pelo respeito é banal: geralmente, contentamo-nos com rápidas incursões no mundo das verdades sexuais, seguidas, o resto do tempo, pelo desmentido aberto dessas verdades. A solidariedade em relação a todos os outros impede um homem de ter uma atitude soberana. O respeito do homem pelo homem engaja num ciclo de servidão em que não temos mais do que momentos subordinados, em que, ao final, faltamos ao respeito que é o fundamento de nossa atitude, já que privamos o homem em geral de seus momentos soberanos.

No sentido oposto, "o centro do mundo sádico" é, como diz Maurice Blanchot, "a exigência da soberania se afirmando por meio de uma imensa negação". Uma liberdade desenfreada abre o vazio onde a possibilidade corresponde à aspiração mais forte, que negligencia as aspirações secundárias: uma espécie de heroísmo cínico nos desliga das deferências, das ternuras sem as quais, geralmente, não podemos nos suportar. Tais perspectivas nos situam tão longe do que somos normalmente quanto a majestade da tempestade está longe de uma hora ensolarada, ou do tédio de um tempo coberto. Não dispomos em verdade desse excesso de força sem o qual não podemos chegar ao lugar onde nossa soberania se realizaria. A soberania real, por mais desmesurada que o silêncio dos povos a sonhasse, está, ainda em seus piores momentos, bem abaixo do desencadeamento que os romances de Sade nos propõem. O próprio Sade, sem dúvida, não teve nem a força nem a coragem de chegar ao momento supremo que descreveu. Maurice Blanchot determinou esse momento, que domina todos os outros, e que Sade chama de apatia.

> A apatia, diz Maurice Blanchot, é o espírito de negação aplicado ao homem que escolheu ser soberano. É, de certo modo, a causa e o princípio da energia. Sade, ao que parece, raciocina mais ou menos assim: o indivíduo de hoje representa uma certa quantidade de força; a maior parte do tempo, ele dispersa essas energias alienando-as em benefício desses simulacros que se chamam os outros, Deus, o ideal; por essa dispersão, ele comete o erro de esgotar suas possibilidades

desperdiçando-as, mas, ainda mais, de fundar sua conduta na fraqueza, pois se ele se gasta para os outros é porque acredita ter necessidade de se apoiar neles. Desfalecimento fatal: ele se enfraquece gastando suas forças em vão, e gasta suas forças porque se acredita fraco. Mas o homem verdadeiro sabe que está só, e aceita sê-lo; nega tudo o que, nele, herança de dezessete séculos de covardia, remete a outros que não ele; por exemplo, a piedade, a gratidão, o amor, estão aí sentimentos que ele destrói; destruindo-os, recupera toda força que lhe teria sido necessário consagrar a esses impulsos debilitantes e, o que é ainda mais importante, extrai desse trabalho de destruição o começo de uma energia verdadeira. – É preciso entender bem, com efeito, que a apatia não consiste apenas em arruinar as afecções "parasitárias", mas também em se opor à espontaneidade de qualquer paixão. O vicioso que se abandona imediatamente a seu vício não é mais do que um aborto que se perderá. Mesmo devassos de gênio, perfeitamente dotados para se tornarem monstros, se se contentam em seguir suas inclinações, estão destinados à catástrofe. Sade o exige: para que a paixão se torne energia, é preciso que seja comprimida, que se mediatize passando por um momento necessário de insensibilidade; então ela será a maior possível. Por causa disso, nos primeiros tempos de sua carreira, Juliette não para de se ver repreendida por Clairwill: ela só comete o crime no entusiasmo, só acende a chama do crime na chama das paixões, coloca a luxúria, a efervescência do prazer acima de tudo. Facilidades perigosas. O crime importa mais do que a luxúria; o crime a sangue frio é maior que o crime executado no ardor dos sentimentos; mas o crime "cometido no endurecimento da parte sensitiva", crime sombrio e secreto, importa mais do que tudo, porque é o ato de uma alma que, tendo destruído tudo nela, acumulou uma força imensa, que se identifica completamente com o movimento de destruição total que ela prepara. Todos esses grandes libertinos, que não vivem senão para o prazer, só são grandes porque aniquilaram neles toda capacidade de prazer. É por isso que se entregam a pavorosas anomalias, pois, senão, a mediocridade das volúpias normais lhes bastaria. Mas eles se fizeram insensíveis: pretendem gozar de sua insensibilidade, dessa sensibilidade negada, aniquilada, e se tornam ferozes. A crueldade não é mais do que a negação de si, levada tão longe que se transforma numa explosão destruidora; a insensibilidade se faz frêmito de todo o ser, diz Sade: "A alma passa a uma espécie de apatia que se metamorfoseia em prazeres mil vezes mais divinos do que aqueles que as fraquezas lhes proporcionavam".[64]

---

[64] BLANCHOT. *Lautréamont et Sade*, p. 256-258.

Lâmina XIII. Dança erótica. Ouabanghi–Cari. Mobaye Boubou Dagha. Coleção da fototeca do Museu do Homem (*Fotografia de Geo Fourrier*).

"A orgia é o signo de uma perfeita inversão" (1). (p. 137-138)

(1) A fotografia representa, é verdade, apenas um simulacro, uma derivação. A cena não deixa de ser significativa de uma verdade elementar. Aparentemente, a mulher idosa do primeiro plano está ainda absorvida nesse passado que ela deve ter conhecido, mas os participantes mais jovens não estão.

O triunfo da morte e da dor

Quis citar essa passagem inteira: ela projeta uma grande luz no ponto central em que o ser é mais do que a simples presença. A presença é por vezes o rebaixamento, o momento neutro em que, passivamente, o ser é indiferença ao ser, passagem à insignificância. O ser é também o excesso do ser, elevação ao impossível. O excesso conduz ao momento em que a volúpia, superando-se, não é mais reduzida ao dado sensível – em que o dado sensível é negligenciável e em que o pensamento (o mecanismo mental) que comanda a volúpia se apossa de todo o ser. A volúpia, sem essa negação excessiva, é furtiva, desprezível, impotente para ocupar seu lugar real, o lugar supremo, no movimento de uma consciência decuplicada.

> Gostaria, diz Clairwill, companheira de devassidão da heroína, Juliette, de encontrar um crime cujo efeito perpétuo agisse mesmo quando eu não agisse mais, de sorte que não houvesse um só instante de minha vida em que, mesmo dormindo, eu não fosse causa de uma desordem qualquer, e que essa desordem pudesse se estender a ponto de acarretar uma corrupção geral ou uma confusão tão absoluta que, para além mesmo de minha vida, seu efeito ainda se prolongasse.[65]

O acesso a um tal ápice do impossível não é na verdade menos temível que o dos cimos do Everest, aos quais ninguém chega a não ser numa tensão desmesurada de energia. Mas não há, na tensão que conduz aos cimos do Everest, mais do que uma resposta limitada ao desejo de se mostrar superior aos outros. A partir do princípio de negação de outrem que Sade introduz, é estranho perceber que, no ápice, a negação ilimitada de outrem é negação de si. Em seu princípio, a negação de outrem era afirmação de si, mas logo fica claro que o caráter ilimitado, levado ao extremo do possível, para além do gozo pessoal, atinge a busca de uma soberania liberada de qualquer concessão. A preocupação com o poder infletiu a soberania real (histórica). A soberania real não é o que pretende ser: nunca é mais do que um esforço tendo por fim liberar a existência humana de sua subordinação à necessidade. Entre os outros, o *soberano*

---

[65] BLANCHOT. *Lautréamont et Sade*, p. 244.

histórico escapava às injunções da necessidade. Escapava delas ao máximo com a ajuda do poder que lhe davam seus fiéis súditos. A lealdade recíproca entre o soberano e seus súditos repousava na subordinação dos súditos e no princípio de participação dos súditos na soberania do soberano. Mas o homem soberano de Sade não tem soberania real, é um personagem de ficção, cujo poder não é limitado por nenhuma obrigação. Não há mais lealdade a que seria obrigado esse homem soberano para com aqueles que lhe dão seu poder. Livre diante dos outros, ele não é menos vítima de sua própria soberania. Ele não é livre para aceitar a servidão que a procura de uma volúpia miserável seria, ele não é livre para *condescender*! O que é digno de nota é que Sade, partindo de uma perfeita deslealdade, acabe atingindo o rigor. Ele só quer ter acesso ao gozo mais forte, mas esse gozo tem um valor: significa a recusa de uma subordinação ao gozo menor, uma recusa a condescender! Sade, em benefício dos outros, dos leitores, descreveu o ápice que a soberania pode atingir: há um movimento da transgressão que não para antes de ter atingido o ápice da transgressão. Sade não evitou esse movimento, seguiu-o em suas consequências, que excedem o princípio inicial da negação dos outros e da afirmação de si. A negação dos outros, no extremo, se torna negação de si mesmo. Na violência desse movimento, o gozo pessoal não conta mais, só o crime conta e não importa ser sua vítima: importa apenas que o crime atinja o ápice do crime. Essa exigência é exterior ao indivíduo, ao menos, ela situa acima do indivíduo o movimento que ele mesmo pôs em marcha, que se separa dele e que o ultrapassa. Sade não pode evitar pôr em jogo, para além do egoísmo pessoal, um egoísmo de certa forma impessoal. Não devemos devolver ao mundo da possibilidade o que só uma ficção lhe permitiu conceber. Mas percebemos a necessidade que sentiu, apesar dos seus princípios, de ligar ao crime, de ligar à transgressão, a superação do ser pessoal. Há algo mais perturbador do que a passagem do egoísmo à vontade de ser consumido por sua vez no braseiro que o egoísmo acendeu? Sade atribuiu esse supremo movimento a um de seus personagens mais perfeitos.

Amélie mora na Suécia. Um dia, ela vai encontrar Borchamps... Este, na esperança de uma execução monstruosa, acaba de entregar ao rei todos os membros de um complô (que ele próprio urdiu), e a traição entusiasmou a jovem.

> Amo tua ferocidade, lhe diz ela. Jure que um dia também eu serei tua vítima; desde os quinze anos, minha cabeça só ardeu com a ideia de perecer vítima das cruéis paixões da libertinagem. Não quero morrer amanhã, sem dúvida: minha extravagância não chega a esse ponto; mas só quero morrer dessa maneira; tornar-me, ao morrer, a ocasião de um crime é uma ideia que faz minha cabeça girar.

Estranha cabeça, bastante digna dessa resposta: "Amo tua cabeça até a loucura, e acredito que faremos coisas bem fortes juntos... Ela está podre, putrefata, tenho que convir!" Assim,

> para o homem integral que é o todo do homem, não há mal possível. Se faz mal aos outros, que volúpia! Se os outros lhe fazem mal, que gozo! A virtude lhe dá prazer, porque ela é fraca e ele a esmaga, e o vício, porque tira satisfação da desordem que dele resulta, mesmo que seja às suas custas. Se está vivo, não há um acontecimento de sua existência que não possa sentir como feliz. Se morre, tira de sua morte uma felicidade ainda maior e, na consciência de sua destruição, o coroamento de uma vida que só a necessidade de destruir justifica. Assim, o negador está no universo como extrema negação de todo o resto, mas essa negação não pode deixá-lo ao abrigo. Sem dúvida, a força de negar oferece, enquanto dura, um privilégio, mas a ação negativa que exerce é a única proteção contra a intensidade de uma negação imensa.[66]

De uma negação, de um crime, impessoais!
Cujo sentido remete, para além da morte, à continuidade do ser!
O homem soberano de Sade não propõe à nossa miséria uma realidade que o transcenda. Ao menos ele se abriu, em sua aberração, à continuidade do crime! Essa continuidade não transcende nada: ela não ultrapassa o que naufraga. Mas Sade associa na personagem de Amélie a continuidade infinita à destruição infinita.

---

[66] BLANCHOT. *Lautréamont et Sade*, p. 236-237.

ESTUDO III
Sade e o homem normal

O prazer é o paradoxo

Não são mais, dizia Jules Janin das obras de Sade,[67] que cadáveres ensanguentados, crianças arrancadas aos braços de suas mães, jovens mulheres estranguladas no final de uma orgia, taças repletas de sangue e de vinho, torturas inauditas. Aquecem-se caldeirões, montam-se cavaletes de tortura, quebram-se crânios, despojam-se homens de sua pele fumegante, grita-se, pragueja-se, blasfema-se, arranca-se o coração do peito, e isso a cada página, a cada linha, sempre. Oh! que incansável celerado! Em seu primeiro livro,[68] mostra-nos uma pobre moça encurralada, perdida, arruinada, espancada, conduzida por monstros de subterrâneos em subterrâneos, de cemitérios em cemitérios, surrada, alquebrada, devorada até a morte, corrompida, esmagada... Quando o autor se cansa de tantos crimes, quando não aguenta mais de incestos e de monstruosidades, quando está

---

[67] *Revue de Paris*, 1834.
[68] Trata-se de *Justine*, mais exatamente da *Nouvelle Justine*, a saber, da versão mais livre, publicada pelos cuidados do autor em 1797 e reeditada em 1953 por Jean-Jacques Pauvert. A primeira versão foi publicada em 1930 nas Éditions Fourcade, sob os cuidados de Maurice Heine, publicada de novo nas Éditions du Point du Jour, em 1946, com um prefácio de Jean Paulhan e, em 1954, reeditada por Jean-Jacques Pauvert, tendo como prefácio uma versão diferente do presente estudo.

lá, ofegando sobre os cadáveres que apunhalou e violou, quando não há mais uma igreja que ele não tenha profanado, uma criança que não tenha imolado à sua fúria, um pensamento moral sobre o qual não tenha lançado as imundices de seu pensamento e de seu discurso, esse homem para enfim, olha-se, sorri para si mesmo, não sente medo de si. Pelo contrário...

Se essa exposição está longe de esgotar seu objeto, descreve, ao menos, nos termos que convêm, uma figura que Sade assumiu de bom grado: não há, até mesmo o horror e a ingenuidade, sentimentos que não respondam à provocação pretendida. Dessa maneira de ver, podemos pensar o que nos aprouver, mas não ignoramos o que são os homens, sua condição e seus limites. Sabemo-lo de antemão: comumente, eles não podem senão julgar Sade e seus escritos da mesma maneira. Seria vão atribuir a execração à inépcia de Jules Janin – ou daqueles que concordam com seu julgamento. A incompreensão de Janin está dada na ordem das coisas: é a dos homens em geral, corresponde à sua pouca força e ao sentimento que têm de estar ameaçados. A *figura* de Sade, seguramente, é incompatível com o consentimento daqueles que são movidos pela necessidade e pelo medo. As simpatias e as angústias – as covardias também – que determinam a conduta ordinária dos homens são diametralmente opostas às paixões que definem a soberania de personagens voluptuosos. Mas esta extrai seu sentido de nossa miséria, e julgaríamos mal se não víssemos nas reações do homem *ansioso* – afetuoso e covarde – uma *imutável necessidade*, corretamente expressa: a própria volúpia exige que a angústia tenha razão. Onde estaria o prazer se a angústia que lhe está ligada não pusesse a nu seu aspecto paradoxal, se ele não fosse insustentável aos próprios olhos daquele que o experimenta?

Eu tinha que insistir desde o princípio nessas verdades: na consistência dos julgamentos que Sade afrontou. Ele se opôs menos ao tolo e ao hipócrita do que ao homem honesto, ao homem normal, em certo sentido, àquele que somos todos nós. Ele quis menos convencer do que desafiar. E o interpretaríamos mal se não víssemos que levou o desafio aos limites do possível, a ponto de inverter a verdade. Seu desafio seria privado de sentido, sem valor e sem consequência, se não fosse essa mentira ilimitada, e se as posições que ataca não fossem inabaláveis. Esse "homem soberano", que Sade imaginou, não excede apenas o possível: seu pensamento nunca incomodou por mais de um instante o sono do justo.

Por essas razões, convém falar dele do ponto de vista, contrário ao seu, do senso comum, do ponto de vista de Jules Janin: dirijo-me ao homem ansioso, cuja reação primeira é de ver em Sade o possível assassino de sua filha.

Se admiramos Sade, edulcoramos seu pensamento

Em si mesmo, em verdade, falar de Sade é, de toda maneira, paradoxal. Não importa saber se fazemos ou não, tácita ou plenamente, obra de proselitismo: constitui menor paradoxo louvar o apologista do crime do que, diretamente, o crime? A inconsequência é até maior no caso da simples admiração por Sade: a admiração menospreza a vítima, que ele faz passar do mundo do horror sensível a uma ordem de ideias loucas, irreais e puramente brilhantes.

Certos espíritos se inflamam com o pensamento de subverter – de alto a baixo – os valores melhor estabelecidos. Assim, é-lhes possível dizer alegremente que o homem mais subversivo que já existiu – o marquês de Sade – é também aquele que melhor serviu a humanidade. Nada mais certo de acordo com o julgamento deles; trememos ao pensar na morte ou na dor (mesmo na morte, na dor, dos outros), o trágico ou o imundo nos apertam o coração, mas o objeto de nosso terror tem para nós o mesmo sentido que o Sol, que não é menos glorioso se desviamos de seu brilho nossos olhares infirmes.

Comparável, ao menos nisso, ao Sol, cuja visão nossos olhos não podem suportar, a figura de Sade, que fascinava a imaginação de seu tempo, a terrificou: a simples ideia de que esse monstro vivesse não tinha o poder de revoltar? Seu moderno apologista, ao contrário, jamais é tomado a sério, ninguém acreditaria que sua opinião tenha a menor consequência. Os mais hostis veem nela a gabarolice ou a diversão insolente. Na medida real em que aqueles que os tecem não se afastam da moral reinante, os elogios a Sade contribuem mesmo para reforçar esta última: provocam obscuramente o sentimento de que é vão querer abalá-la, de que ela é mais sólida do que se poderia acreditar. Isso não teria consequências se o pensamento de Sade não perdesse assim seu valor fundamental, que é de ser incompatível com o de um ser de razão.

Sade consagrou intermináveis obras à afirmação de valores inaceitáveis: a vida era, se acreditamos nele, a procura do prazer; e o prazer era proporcional à destruição da vida. Dito de outro modo, a vida atingia o mais alto grau de intensidade numa monstruosa negação de seu princípio.

Quem não vê que uma afirmação tão estranha não poderia ser geralmente aceita, mesmo geralmente proposta, se não fosse amortecida, esvaziada de sentido, reduzida a um brilho sem consequência? Quem não vê, com efeito, que, tomada a sério, uma sociedade não poderia admiti-la um só instante? Em verdade, aqueles que viram em Sade um celerado corresponderam melhor a suas intenções do que seus modernos admiradores: Sade incita a um protesto revoltado, sem o qual o *paradoxo do prazer* seria simplesmente poesia. Ainda uma vez gostaria de falar dele dirigindo-me apenas àqueles que ele revolta e adotando o ponto de vista destes.

No estudo precedente, disse como Sade foi levado a dar ao excesso de sua imaginação um valor que a seus olhos se estabeleceu *soberanamente*, negando a realidade dos outros.

Devo agora procurar o sentido que esse valor tem, apesar de tudo, para esses outros que ele nega.

O divino não é menos paradoxal do que o vício

O homem ansioso, que as proposições de Sade revoltam, não pode contudo excluir tão facilmente um princípio que tem o mesmo sentido que a vida intensa, ligada à violência da destruição. Em todos os tempos, em todos os lugares, um princípio de divindade fascinou os homens e os esmagou: eles reconheceram, sob os nomes de *divino*, de *sagrado*, uma espécie de animação interna, secreta, um frenesi essencial, uma violência que se apossava de um objeto, consumindo-o como o fogo, levando rapidamente à ruína. Essa animação era tida por contagiosa e, passando de um objeto a outro, levava a quem a acolhia um miasma de morte: não há perigo mais grave e, se a vítima é objeto de um culto, que tem por fim oferecê-la à veneração, é preciso dizer logo que esse culto é ambíguo. A religião se esforça bastante para glorificar o objeto sagrado e fazer de um princípio de ruína a essência do poder e de todo valor, mas tem, em contrapartida, o cuidado de reduzir seu efeito a um círculo definido, que um limite intransponível separa do mundo da vida normal ou mundo profano.

Esse aspecto violento e deletério do divino era geralmente manifesto nos ritos do sacrifício. Frequentemente mesmo, esses ritos tiveram uma excessiva crueldade: ofereceram-se crianças a monstros de metal incandescente, pôs-se fogo em enormes construções de vime lotadas de vítimas humanas, sacerdotes esfolaram mulheres vivas e se vestiram com seus despojos cheios de sangue. Essas buscas de horror eram raras, não eram necessárias ao sacrifício, mas marcavam seu sentido. Até mesmo o suplício da cruz liga, ainda que cegamente, a consciência cristã a esse caráter pavoroso da ordem divina: o divino só se torna tutelar uma vez satisfeita uma necessidade de consumir e de arruinar, que é seu princípio primordial.

Convém alegar aqui esses fatos. Eles têm uma vantagem em relação aos sonhos de Sade: ninguém pode tê-los por aceitáveis, mas todo ser de razão deve reconhecer que eles corresponderam de alguma maneira a uma exigência da humanidade; considerando o passado, seria mesmo difícil negar o caráter universal e soberano dessa exigência; em contrapartida, aqueles que serviram assim cruéis divindades buscaram expressamente limitar suas devastações: jamais desprezaram a necessidade, nem o mundo regular que ela ordena.

No que tangia às destruições do sacrifício, a dupla dificuldade que mostrei inicialmente a propósito de Sade recebera, portanto, antigamente, uma solução. A vida ansiosa e a vida intensa – a atividade encadeada e o desencadeamento – eram, graças às condutas religiosas, mantidas ao abrigo uma da outra. A subsistência de um mundo profano, cuja base é a atividade útil, sem a qual não haveria nem subsistência, nem bens de consumo, era regularmente assegurada. O princípio contrário não era menos válido, sem atenuação de seus efeitos ruinosos, nos sentimentos de horror ligados ao sentimento da presença sagrada. A angústia e a alegria, a intensidade e a morte se combinavam nas festas – o medo conferia sentido ao desencadeamento e o consumo permanecia o fim da atividade útil. Mas nunca havia deslizamento, nenhuma facilidade introduzia a confusão entre dois princípios contrários e inconciliáveis.

O homem normal tem por doentio o paradoxo do divino ou do erotismo

Essas considerações de ordem religiosa têm todavia seus limites. É verdade que se dirigem ao homem normal e que é possível tecê-las de seu ponto de vista, mas colocam em jogo um elemento exterior à sua consciência. O mundo *sagrado* é para o homem moderno uma realidade ambígua: sua existência não pode ser negada, e pode-se fazer sua história, mas não é uma realidade apreensível. Esse mundo tem por base condutas humanas cujas condições parecem não mais nos ser dadas e cujos mecanismos escapam à consciência. Essas condutas são bem conhecidas, e não podemos duvidar de sua realidade histórica, nem do fato de que tiveram um sentido, aparentemente, como já disse, soberano e universal. Mas, certamente, aqueles que tiveram essas condutas ignoraram seu sentido, e não podemos saber nada de claro sobre elas: não há interpretação que se tenha imposto decididamente. Só uma realidade definida à qual elas corresponderam poderia ser objeto de interesse da parte do homem razoável, a quem a dureza da natureza e sua angústia conferiram o hábito de calcular. Uma vez que não compreende sua razão, como ele poderia se dar conta do sentido preciso dos horrores religiosos do passado? Ele não pode se desfazer deles tão facilmente quanto das imaginações de Sade, tampouco pode colocá-los no plano das necessidades que dominam racionalmente a atividade, como a fome e o frio. O que a palavra *divino* designa não pode ser assimilado aos alimentos ou ao calor.

Numa palavra, o homem razoável, sendo por excelência consciente, é preciso dizer que ele admite de mau grado os fatos religiosos que só atingem sua consciência de uma maneira totalmente exterior e que, se não pode deixar de lhes atribuir sobre o passado os direitos que realmente tiveram, não lhes atribui nenhum direito sobre o presente, ao menos na medida em que não são depurados do horror. Devo mesmo acrescentar desde agora que, em certo sentido, o erotismo de Sade se impõe mais facilmente à consciência do que as antigas exigências da religião: ninguém poderia negar hoje que existem impulsos que ligam a sexualidade à necessidade de fazer o mal e de matar. Assim, os instintos denominados *sádicos* dão ao homem normal um meio de compreender racionalmente certas crueldades, enquanto a religião nunca é mais que a explicação de fato de uma aberração. Parece, portanto, que, fornecendo a descrição magistral desses instintos, Sade contribuiu para a consciência que o homem toma lentamente de si mesmo – para recorrer à linguagem filosófica, à *consciência de si*: o termo *sádico*, de emprego universal, por si só é a prova contundente dessa contribuição. Nesse sentido, o ponto de vista a que dei o nome de Jules Janin se modificou: continua sempre aquele do homem ansioso e razoável, mas não afasta mais de maneira categórica o que o nome de Sade significa. Os instintos descritos em *Justine* e *Juliette* têm agora direito de cidadania, os Jules Janin de nosso tempo os reconhecem: eles não escondem mais o rosto nem excluem na indignação a possibilidade de compreendê-los; mas a existência que lhes atribuem é *patológica*.

Assim, a história das religiões só em fraca medida levou a consciência a reconsiderar o sadismo. A definição do sadismo, ao contrário, permitiu considerar nos fatos religiosos outra coisa além de uma inexplicável bizarrice: são os instintos sexuais a que Sade deu seu nome que acabam por tornar compreensíveis os horrores sacrificiais, o conjunto sendo geralmente designado, com horror, pelo nome de *patológico*.

Já o disse: não tenho a intenção de me opor a esse ponto de vista. Se excetuamos o poder paradoxal de sustentar o insustentável, ninguém pretenderia que a crueldade dos heróis de *Justine* e de *Juliette* não deva ser execrada. Ela é a negação dos princípios sobre os quais a humanidade se funda. Devemos de algum modo rechaçar aquilo cujo fim seria a ruína de nossas obras. Se instintos nos arrastam a destruir a própria coisa que edificamos, precisamos condenar esses instintos – e nos defender deles.

Mas a questão se coloca ainda: seria possível evitar absolutamente a negação que esses instintos têm por fim? essa negação procederia de algum modo de fora, de doenças curáveis, inessenciais ao homem, de indivíduos e coletividades que é em princípio necessário e possível suprimir, em suma, de elementos a serem extirpados do gênero humano? Ou, ao contrário, o homem carregaria em si a irredutível negação daquilo que, sob os nomes de razão, de utilidade e de ordem, fundou a humanidade? A existência seria, fatalmente, ao mesmo tempo a afirmação e a negação de seu princípio?

O vício é a verdade profunda e o coração do homem[69]

Poderíamos levar em nós o sadismo como uma excrescência, que pôde ter outrora uma significação humana, mas que não a tem mais, e que com força de vontade podemos facilmente aniquilar, em nós mesmos pela ascese, em outrem por meio de castigos: o cirurgião faz isso com o apêndice, o obstetra com a placenta – o povo com seus reis. Ou trata-se, ao contrário, de uma parte soberana e irredutível do homem, *mas que se esquivaria à sua consciência*? Trata-se, numa palavra, de seu coração (não digo do órgão de sangue, mas dos sentimentos inquietos, do princípio íntimo de que essa víscera é o signo)?

No primeiro caso, o homem da razão estaria justificado; o homem produziria sem limitação os instrumentos de seu bem-estar, reduziria a suas leis a natureza inteira, escaparia às guerras e à violência sem dever se preocupar com uma fatal propensão que, até aqui, ligava-o obstinadamente à infelicidade. Essa propensão não seria mais do que um mau hábito, que seria necessário e fácil corrigir.

Fica claro no segundo caso que a supressão desse hábito tocaria a existência do homem em seu ponto vital.

A proposição exige ser formulada com exatidão: ela é tão pesada que não poderia ser mantida um só instante na imprecisão.

Ela supõe em primeiro lugar na humanidade um excesso irresistível que a arrasta a destruir e a coloca de acordo com a ruína incessante e inevitável de tudo o que nasce, cresce e se esforça por durar.

Em segundo lugar, ela dá a esse excesso e a esse consentimento uma significação de certo modo divina, ou mais precisamente sagrada: é em nós o desejo de consumir e de arruinar, de fazer uma fogueira com nossos recursos, é em geral a felicidade que nos dão a consumação, a queima, a ruína que nos parecem divinas, sagradas,

---

[69] A proposição não é nova; todos a reconhecem. A tal ponto que a voz popular a diz e rediz sem que jamais um protesto se faça escutar: "Todo homem tem em seu coração um porco que cochila".

e que só elas decidem em nós as atitudes *soberanas*, ou seja, gratuitas, sem utilidade, servindo apenas ao que são, jamais subordinadas a resultados ulteriores.

Em terceiro lugar, a proposição significa que uma humanidade que se acreditasse alheia a essas atitudes, que o primeiro movimento da razão rechaçou, se estiolaria e seria reduzida no conjunto a um estado semelhante ao dos velhinhos (o que tende a acontecer, mas não inteiramente, hoje em dia), se não se conduzisse, de tempos em tempos, de uma maneira perfeitamente oposta a seus princípios.

A proposição se associa, em quarto lugar, à necessidade para o homem atual – entenda-se, para o homem normal – de chegar à *consciência de si* e de bem saber, a fim de limitar efeitos ruinosos, ao que ela aspira *soberanamente*: de dispor, se lhe convém, desses efeitos, mas de não mais reproduzi-los para além do que ela quer, e de se opor a eles resolutamente na medida em que ela não pode suportá-lo.

Os dois aspectos extremos da vida humana

Essa proposição difere radicalmente das afirmações provocantes de Sade no seguinte: embora não possa se dar como o pensamento do homem normal (este costuma pensar o contrário, acredita que a violência é eliminável), ela pode se harmonizar com ele; e, se a admitisse, nada poderia encontrar nela que não pudesse conciliar com seu ponto de vista.

Se considero agora os princípios alegados em seu efeito mais evidente, não posso deixar de perceber aquilo que, em todos os tempos, deu ao rosto humano seu aspecto de duplicidade. Nos extremos, em certo sentido, a existência humana é, de maneira fundamental, honesta e regular: o trabalho, o cuidado com os filhos, a benevolência e a lealdade regulam as relações dos homens entre si; em sentido contrário, a violência assola sem piedade: dadas as condições, os mesmos homens pilham e incendeiam, matam, violam e supliciam. O excesso se opõe à razão.

Esses extremos são recobertos pelos termos civilização e barbárie – ou selvageria. Mas o uso dessas palavras, ligado à ideia de que há bárbaros de um lado e civilizados do outro, é enganador. Com efeito, os civilizados falam, os bárbaros se calam, e aquele que fala é

Lâmina XIV. Mênade dançando numa orgia com um personagem itifálico. Moeda da Macedônia, ampliada seis vezes, século V a.C. – Cabinet des Médailles (*Fotografia de Roger Parry*).

"[...] o refluxo dos interditos, liberando o movimento vertiginoso da exuberância, atingia a fusão ilimitada dos seres na orgia. De modo algum essa fusão poderia se limitar àquela solicitada pela pletora dos órgãos geradores. Ela era desde o início efusão religiosa: em princípio, desordem do ser que se perde e não opõe mais nada à proliferação desvairada da vida. Esse imenso desencadeamento pareceu divino, de tanto que elevava o homem acima da condição a que ele mesmo se condenara. Desordem dos gritos, desordem dos gestos violentos e das danças, desordem dos agarramentos, desordem, enfim, dos sentimentos, que uma convulsão sem medida embriagava." (p. 137-138) sempre civilizado. Ou, mais exatamente, a violência é silenciosa, já que a linguagem é, por definição, a expressão do homem civilizado. Essa parcialidade da linguagem tem muitas consequências: não apenas civilizado, a maior parte do tempo, quis dizer "nós", e bárbaro, "os outros", mas civilização e linguagem se constituíram como se a violência fosse exterior, *estranha* não apenas à civilização, mas ao próprio homem (o homem sendo a mesma coisa que a linguagem). A observação mostra ademais que os mesmos povos, e o mais das vezes os mesmos homens, têm sucessivamente a atitude bárbara e a civilizada. Não há selvagens que não falem e, falando, não revelem esse acordo com a lealdade e a benevolência que fundaram a vida civilizada. Reciprocamente, não há civilizados que não sejam capazes de selvageria: o costume do linchamento é próprio a homens que se dizem, hoje em dia, no ápice da civilização. Se quisermos tirar a linguagem do impasse em que essa dificuldade a faz entrar, é portanto necessário dizer que a violência, sendo própria a toda a humanidade, permaneceu em princípio sem voz, que a humanidade inteira mente assim por omissão e que a própria linguagem está fundada nessa mentira.

A violência é silenciosa, e a linguagem de Sade é paradoxal

A linguagem comum se recusa à expressão da violência, à qual não concede mais que uma existência indevida e culpada. Nega-a retirando-lhe toda razão de ser e toda desculpa. Se, no entanto, como acontece, a violência se produz, é porque, em algum lugar, houve uma culpa: do mesmo modo, os homens de civilização atrasada pensam que a morte só pode ocorrer se alguém, por magia ou de outra maneira, a provoca. A violência nas sociedades avançadas e a morte nas atrasadas não são simplesmente *dadas*, como o são uma tempestade ou a enchente de um rio: só uma culpa pode fazer com que ocorram.

Mas o silêncio não suprime aquilo de que a linguagem não pode ser a afirmação: a violência não é menos irredutível que a morte, e se a linguagem esconde, por um viés, o universal aniquilamento – a obra serena do tempo – só a linguagem sofre com isso, é limitada por isso, não o tempo, não a violência.

A negação racional da violência, considerada inútil e perigosa, não pode suprimir o que nega, não mais do que a negação irracional da morte. Mas a expressão da violência se choca, como já disse, com a dupla oposição da razão que a nega e da própria violência, que se limita ao desprezo silencioso pelas palavras que a concernem.

Evidentemente, é difícil considerar esse problema teoricamente. Darei um exemplo concreto. Lembro-me de um dia ter lido o relato de um deportado, que me deprimiu. Mas imaginei um relato de sentido contrário, que poderia ter sido feito pelo carrasco que a testemunha viu golpear. Imaginei o miserável escrevendo e me imaginei lendo: "Lancei-me sobre ele injuriando-o, e como, tendo as mãos amarradas nas costas, ele não podia se defender, esmaguei seu rosto com meus punhos com toda a força; ele caiu, meus calcanhares terminaram o trabalho. Enojado, cuspi numa face intumescida. Não pude me impedir de rir às gargalhadas: acabava de insultar um morto!" Infelizmente, o aspecto forçado dessas poucas linhas não está ligado à inverossimilhança... Mas é improvável que um carrasco escreva um dia dessa maneira.

Regra geral, o carrasco não emprega a linguagem de uma violência que exerce em nome de um poder estabelecido, mas a do poder, que aparentemente o desculpa, o justifica e lhe dá uma elevada razão de ser. O violento é levado a se calar e se acomoda com a trapaça. Por seu lado, o espírito de trapaça é a porta aberta para a violência. Na medida em que o homem é ávido de suplicar, a função do carrasco legal representa a facilidade: o carrasco fala a seus semelhantes, quando fala, a linguagem do Estado. E se está sob o império da paixão, o silêncio dissimulado em que se compraz lhe dá o único prazer que lhe convém.

Os personagens dos romances de Sade têm uma atitude um pouco diferente daquela do carrasco que arbitrariamente fiz falar. Esses personagens não falam como o faz a literatura, mesmo na aparente discrição do diário íntimo, ao homem em geral. Se falam, é entre semelhantes: os devassos torturadores de Sade se dirigem uns aos outros. Mas se deixam levar a longos discursos em que demonstram ter razão. Acreditam o mais das vezes seguir a natureza. Gabam-se de ser os únicos a se conformarem a suas leis. Mas seus julgamentos, embora correspondam ao pensamento de Sade, não são coerentes entre si. Por vezes, o ódio contra a natureza os anima. O que, de toda maneira, afirmam, é o valor soberano das violências, dos excessos, dos crimes, dos suplícios. Assim, infringem esse profundo silêncio que é próprio à violência, a qual nunca diz que existe, e nunca afirma um direito de existir, apenas existe sem dizê-lo.

Na verdade, essas dissertações da violência, que incessantemente interrompem os relatos de cruéis infâmias de que os livros de Sade são formados, não são as dissertações dos personagens violentos a que são atribuídas. Se tais personagens tivessem vivido, sem dúvida teriam vivido silenciosamente. São as falas do próprio Sade, que empregou esse procedimento para se dirigir aos *outros* (mas que jamais se esforçou verdadeiramente para reconduzi-las à coerência do discurso, à lógica).

Assim, a atitude de Sade se opõe à do carrasco, de que é o perfeito contrário. Sade, escrevendo, recusando a trapaça, atribuía-a a personagens que, realmente, só poderiam ter sido silenciosos, mas servia-se deles para dirigir a outros homens um discurso paradoxal.

Um equívoco está na base de sua conduta. Sade *fala*, mas fala em nome da vida silenciosa, em nome de uma solidão perfeita, inevitavelmente muda. O homem solitário de que é o porta-voz não tem a mínima consideração por seus semelhantes: é, em sua solidão, um ser soberano, que nunca se explica, que não presta contas a ninguém. Nunca se detém com medo de sofrer os contragolpes dos males que faz aos outros: está só e jamais entra nos laços que um sentimento de fraqueza, que lhes é comum, estabelece entre eles. Isso exige uma energia extrema, mas é justamente de energia extrema que se trata. Descrevendo a implicação dessa solidão moral, Maurice Blanchot mostra o solitário, gradativamente, chegando à negação total: a de todos os outros, de início e, por uma espécie de lógica monstruosa, a de si mesmo: na última negação de si, perecendo vítima da maré de crimes que suscitou, o criminoso se regozija ainda de um triunfo que o crime, de certo modo divinizado, celebra enfim sobre o próprio criminoso. A violência carrega em si essa negação desenfreada, que põe fim a toda possibilidade de discurso.

Mas, dirão, a linguagem de Sade não é a linguagem comum. Ela não se dirige a qualquer um, Sade a destinava a raros espíritos, capazes de atingir, no seio do gênero humano, uma solidão inumana.

Aquele que fala, por mais cego que seja, não deixou de infringir a solidão a que a negação dos outros o condenava. Por sua vez, a violência é contrária a essa lealdade para com o outro que é a lógica, que é a lei, que é o princípio da linguagem.

No fim das contas, como definir o paradoxo que a linguagem monstruosa de Sade é?

É uma linguagem que renega a relação daquele que fala com aqueles a que se dirige. Na verdadeira solidão, nada poderia ter sequer uma aparência de lealdade. Não há lugar para uma linguagem leal, como o é relativamente a de Sade. A solidão paradoxal em que Sade a emprega não é o que parece: ela se pretende apartada do gênero humano, à negação do qual ela se dedica, *mas ela se dedica*! Nenhum limite pode ser dado à trapaça do solitário que sua vida excessiva — e a interminável prisão — fizeram de Sade, senão num ponto. Se ele não *deveu* ao gênero humano a negação que fez dele, ao menos deveu-a a si mesmo: no fim das contas, não vejo muita diferença.

A linguagem de Sade é a de uma vítima

Este aspecto é contundente: no extremo oposto da linguagem hipócrita do carrasco, a linguagem de Sade é a de uma vítima: ele a inventou na Bastilha, escrevendo *Os cento e vinte dias*. Tinha então com os outros homens as relações de alguém oprimido por um castigo cruel com aqueles que decidiram seu castigo. Afirmei que a violência é muda. Mas o homem punido por uma razão que imagina injusta não pode aceitar se calar. O silêncio seria um consentimento dado à pena. Em sua impotência, muitas pessoas se contentam com um desprezo mesclado com ódio. O marquês de Sade, revoltado em sua prisão, deixou falar nele a revolta: falou, o que, sozinha, a violência não faz. Devia, revoltado, se defender, ou antes atacar, buscando o combate no terreno do homem moral, a que a linguagem pertence. A linguagem funda a punição, mas só a linguagem pode também contestá-la. As cartas de Sade preso mostram-no obstinado em se defender, ora alegando a pouca gravidade dos "fatos", ora a inutilidade do motivo dado pelos que o rodeavam à punição, que devia, ao que parece, corrigi-lo, que acabava, pelo contrário, de corrompê-lo. Mas esses protestos são superficiais. Em verdade, Sade logo chegou ao fundo do debate: conduziu, na contramão de seu processo, o processo dos homens que o condenaram, o de Deus e, de modo geral, o dos limites opostos à raiva voluptuosa. Devia, nessa via, atacar o universo, a natureza e tudo o que se opunha à soberania de suas paixões.

Sade falou para se justificar a seus próprios olhos diante dos outros

Assim, recusando-se à trapaça, e por ocasião das medidas cruéis de que foi objeto, Sade foi levado à seguinte insensatez: deu sua voz solitária à violência. Estava emparedado, mas se justificava diante de si mesmo.

Não se segue daí que essa voz devesse receber uma expressão que correspondesse, melhor que às da linguagem, às exigências próprias da violência.

De um lado, essa monstruosa anomalia não podia, ao que parece, corresponder às intenções daquele que, falando, esquecia a solidão a que ele próprio se condenava mais verdadeiramente do que os outros haviam feito: em suma, ele traía essa solidão. Do lado do homem normal, que representa a necessidade comum, ele não podia evidentemente ser escutado. Essa apologia não podia receber sentido. De forma que uma obra imensa, que ensinava a solidão, ensinou ademais *na solidão*: um século e meio se passou antes que seu ensinamento se difundisse, e ainda assim ele não poderia ser autenticamente compreendido se não percebêssemos antes sua absurdidade! Apenas a incompreensão e a repugnância por parte do conjunto dos homens podem ser o efeito digno das ideias de Sade. Mas essa incompreensão, ao menos, reserva o essencial, enquanto a admiração de um pequeno número, que lhe é hoje dedicada, é menos sua consagração que o desejo dela, uma vez que não engaja na solidão do voluptuoso. É verdade, a contradição atual dos admiradores prolonga a contradição do próprio Sade: dessa forma, não saímos do impasse. Não poderíamos escutar uma voz que nos chega de um outro mundo – que a *inacessível* solidão é – se não estivéssemos resolvidos, conscientes do impasse, a *adivinhar o enigma*.

A linguagem de Sade nos afasta da violência

Tomamos enfim consciência de uma dificuldade derradeira.

A violência *expressa* por Sade transformara a violência no que ela não é, de que ela é mesmo necessariamente o oposto: uma vontade refletida, racionalizada, de violência.

As dissertações filosóficas que interrompem toda hora os relatos de Sade acabam de tornar sua leitura exaustiva. É preciso paciência, *resignação* para lê-lo. É preciso que nos digamos que, de uma linguagem tão diferente da dos outros, de todos os outros, vale a pena ir até o fim. Essa linguagem monótona é, aliás, ao mesmo tempo, de uma força que se impõe. Estamos diante de seus livros como outrora podia estar o viajante angustiado diante de uma massa de rochedos vertiginosos: um movimento nos desvia deles – e no entanto! Esse horror nos ignora, mas não terá, uma vez que *ele existe*, um sentido que nos é proposto? As montanhas representam o que só pode ter atrativo, para os homens, por meio de um desvio. O mesmo ocorre com os livros de Sade. Mas a humanidade não tem nenhuma participação na existência dos altos cimos. Em contrapartida, está inteiramente implicada numa obra que, sem ela, não existiria. A humanidade aparta de si mesma o que deriva da loucura... Mas o rechaço da loucura não é mais que uma atitude cômoda e inevitável, sobre a qual a reflexão é obrigada a voltar. De toda maneira, o pensamento de Sade não é redutível à loucura. É somente um excesso, é um excesso vertiginoso, mas é o excessivo ápice daquilo que somos. Desse ápice, não podemos nos desviar sem nos desviarmos de nós mesmos. Se não nos aproximamos desse cume, se não nos esforçamos ao menos por escalar suas encostas, vivemos como sombras amedrontadas – e é diante de nós mesmos que tremermos.

Volto a essas longas dissertações que interrompem – e atulham – os relatos de criminosos deboches, e que infindavelmente demonstram que o devasso criminoso tem razão, que só ele tem razão. Essas análises e esses arrazoados, essas evocações eruditas de costumes antigos, ou selvagens, esses paradoxos de uma filosofia agressiva, a despeito de uma obstinação incansável e de uma desenvoltura sem coerência, nos afastam da violência. Pois a violência é desgarre, e o desgarre se identifica com os furores voluptuosos que a violência nos proporciona. Se queremos extrair-lhe uma sabedoria, não podemos mais esperar dela esses movimentos de efusão extrema, que fazem com que nos percamos neles. A violência, que é a alma do erotismo, deixa a verdade diante do mais grave problema. Ao seguir um curso regular de atividade, nos tornamos conscientes: cada coisa em nós se situou no encadeamento em que está distinta, em que seu sentido é inteligível. Mas é bagunçando – pela violência – esse encadeamento, que voltamos, numa direção oposta, à efusão excessiva, e ininteligível, do erotismo. Assim, há em nós uma fulguração soberana, que temos em geral pelo que há de *mais desejável*, que se furta à consciência clara em que cada coisa nos é dada. De modo que a vida humana é feita de duas partes heterogêneas que nunca se unem. Uma, sensata, cujo sentido é dado pelos fins úteis, consequentemente subordinados: essa é a parte que aparece à consciência. A outra é soberana: quando a ocasião se apresenta, ela se forma graças a um desregramento da primeira, é obscura, ou antes, se é clara, cega; furta-se, assim, de toda maneira, à consciência. Consequentemente, o problema é duplo. A consciência quer estender seu domínio à violência (quer que uma parte tão considerável do homem cesse de lhe escapar). Do outro lado, a violência, para além de si mesma, busca a consciência (a fim de que o gozo que atinge seja refletido, e assim mais intenso e mais decisivo, mais profundo). Mas, sendo violentos, nos afastamos da consciência e, do mesmo modo, esforçando-nos por apreender distintamente o sentido de nossos movimentos de violência, nos afastamos desses desgarres e desses arrebatamentos soberanos que ela comanda.

Para gozar mais, Sade se esforçava por introduzir na violência a calma e as medidas da consciência

Numa argumentação conscienciosa – que não deixa nada na sombra – Simone de Beauvoir[70] enuncia a propósito de Sade este julgamento:

---

[70] Ela deu a seu estudo um título um pouco espalhafatoso: "Faut-il brûler Sade?" (É preciso queimar Sade?). Publicado inicialmente na revista *Temps Modernes*, ele compõe a primeira parte de *Privilèges*. Paris: Gallimard, 1955, in-16. (Collection Les Essais, LXXVI). Infelizmente, a biografia de Sade que a autora ofereceu com seu estudo tomou a forma de uma demonstração de virtuosismo cujo movimento por vezes exagera os fatos.

"O que o caracteriza singularmente é a tensão de uma vontade que se aplica a realizar a carne sem se perder nela". Se por "carne" entendemos a imagem carregada de valor erótico, isso é verdade, e é decisivo. Evidentemente, Sade não foi o único a tensionar sua vontade para esse fim: o erotismo difere da sexualidade animal na medida em que imagens apreensíveis se destacam, para um homem excitado, com a claridade distinta das coisas; o erotismo é a atividade sexual de um ser consciente. Ele não deixa por isso de escapar em sua essência a nossa consciência. Simone de Beauvoir tem razão de alegar, para mostrar um esforço desesperado de Sade tendendo a fazer da imagem que o excita uma coisa, sua conduta na única orgia de que temos o relato detalhado (feito por testemunhas diante da justiça): "Em Marselha, nos diz ela, ele se faz chicotear, mas, de tempos em tempos, lança-se até a chaminé e inscreve à faca o número de golpes que acabou de receber".[71] Seus próprios relatos são, aliás, repletos de medições: muitas vezes, o tamanho dos membros viris é fornecido em polegadas e em linhas; por vezes, um parceiro se compraz, durante a orgia, em tomar essas medidas. As dissertações dos personagens têm, sem dúvida, os caracteres paradoxais que mostrei, são as justificações do homem punido: algo da violência autêntica lhes escapa, mas por conta desse peso, e dessa lentidão, Sade consegue, com o tempo, ligar à violência a *consciência*, que lhe permitiria falar, como se se tratasse de coisas, do objeto de seu delírio. Esse desvio, que ralentava o movimento, lhe permitiu gozar dele ainda mais: sem dúvida, a precipitação voluptuosa não podia se dar imediatamente, mas era apenas retardada, e a impavidez, propriamente revolvida, da consciência acrescentava ao prazer um sentimento de posse duradoura. Ou, numa perspectiva ilusória, de posse *eterna*.

Pelo desvio da perversidade de Sade, a violência entra enfim na consciência

Por um lado, os escritos de Sade revelaram a antinomia da violência e da consciência, mas, e esse é seu valor singular, eles tendem a fazer entrar na consciência aquilo de que eles quase se tinham desviado, buscando subterfúgios e negações provisórias.

---

[71] BEAUVOIR. *Privilèges*, p. 42.

Introduzem na reflexão sobre a violência a lentidão e o espírito de observação, que são próprios à consciência.

Desenvolvem-se logicamente, com o vigor de uma busca da eficácia, para demonstrar o quanto era infundado o castigo que atingia Sade.

Esses foram, ao menos, os primeiros movimentos que fundam em particular a primeira versão de *Justine*.

Chegamos dessa maneira a uma violência que teria a calma da razão. Assim que ela o exigir, a violência reencontrará a perfeita desrazão, sem a qual a explosão da volúpia não teria lugar. Mas ela disporá à vontade, na involuntária inércia da prisão, dessa claridade de visão e dessa livre disposição de si que estão na origem do conhecimento e da consciência.

Sade, em sua prisão, se abria a uma dupla possibilidade. Talvez ninguém tenha levado mais longe do que ele o gosto pela monstruosidade moral. Era ao mesmo tempo um dos homens mais ávidos de conhecimento de seu tempo.

Maurice Blanchot disse de *Justine* e de *Juliette*: "Pode-se admitir que em nenhuma literatura de nenhum tempo há uma obra tão escandalosa..."

Com efeito, o que Sade quis fazer entrar na consciência foi exatamente aquilo que revoltava a consciência. O mais revoltante era a seus olhos o mais poderoso meio de provocar o prazer. Não apenas ele chegava dessa maneira à revelação mais singular, mas desde o início ele propunha à consciência o que ela não podia suportar. Ele próprio se limitou a falar de *irregularidade*. As regras que seguimos ordinariamente têm em vista a conservação da vida; consequentemente, a irregularidade leva à destruição. Todavia, a irregularidade nem sempre tem um sentido tão nefasto. Em princípio, a nudez é uma maneira de ser irregular; ora, ela atua no plano do prazer sem que intervenha uma destruição real (notemos que a nudez não atua se for *regular*: no consultório de um médico, num campo de nudistas). A obra de Sade introduz comumente *irregularidades* escandalosas. Ela insiste por vezes no caráter *irregular* do mais simples elemento de atração erótica, por exemplo, num desnudamento irregular. Mas, sobretudo, segundo os cruéis personagens que põe em cena, nada "esquenta" melhor do que a irregularidade. O mérito essencial de Sade é o de ter descoberto, e bem mostrado, na efusão voluptuosa, uma função da *irregularidade* moral. O caminho devia, nessa efusão, ser aberto, em princípio, à atividade sexual. Mas o efeito da irregularidade, qualquer que ela seja, é mais forte que as manobras imediatas. Para Sade, é possível gozar tanto no decorrer de deboches, matando ou supliciando, quanto arruinando uma família, um país, ou simplesmente roubando.

Independentemente de Sade, a excitação sexual do ladrão não escapou aos observadores. Mas ninguém antes dele compreendeu o mecanismo geral que associa os reflexos da ereção e da ejaculação à *transgressão da lei*. Sade ignorou a relação primordial do interdito e da transgressão, que se opõem e se completam. Mas deu o primeiro passo. Esse mecanismo geral não podia se tornar inteiramente consciente antes que a consciência – bastante tardia – da transgressão complementar do interdito nos impusesse seu ensinamento paradoxal. Sade expôs a doutrina da *irregularidade* de tal modo, mesclada a tamanhos horrores, que ninguém prestou atenção. Ele queria revoltar a consciência, teria também querido esclarecê-la, mas não pôde ao mesmo tempo revoltá-la e esclarecê-la. Só hoje compreendemos que, sem a crueldade de Sade, não teríamos abordado tão facilmente esse domínio outrora inacessível onde se dissimulavam as mais difíceis verdades. Não é tão fácil passar do conhecimento das bizarrices religiosas do gênero humano (hoje ligadas a nossos conhecimentos sobre os interditos e as transgressões) ao de suas bizarrices sexuais. Nossa unidade profunda só aparece no último momento. E se o homem normal, hoje, entra profundamente na consciência do que significa, *para ele*, a transgressão, é porque Sade preparou os caminhos. Agora, o homem normal sabe que sua consciência devia se abrir àquilo que mais violentamente o revoltara: aquilo que, mais violentamente, nos revolta, está em nós.

ESTUDO IV
O enigma do incesto[72]

Sob o título um pouco hermético de *Les structures élémentaires de la parenté*[73] (As estruturas elementares do parentesco), é o problema do "incesto" que se esforça por resolver o grosso livro de Claude Lévi-Strauss publicado em 1949. O problema do incesto se coloca, com efeito, no quadro da família: é sempre um grau, mais exatamente uma forma de parentesco que determina o interdito oposto às relações sexuais ou ao casamento de duas pessoas. Reciprocamente, a determinação do parentesco tem por sentido a posição dos indivíduos uns em relação aos outros do ponto de vista das relações sexuais: estes não podem se unir, aqueles podem; às vezes, certo laço de parentesco entre primos representa uma indicação privilegiada, frequentemente excluindo qualquer outra possibilidade de casamento.

Se consideramos o incesto, ficamos, logo de saída, impressionados pelo caráter universal da proibição. De alguma forma, toda a humanidade a conhece, mas suas modalidades variam. Aqui, certa espécie de parentesco é marcada pelo interdito, como a dos primos nascidos um do pai e o outro da irmã; em outro lugar, ao contrário,

---

[72] Uma versão quase idêntica desse estudo foi publicada na revista *Critique* (n. 44, jan. 1951, p. 53-61) sob o título "L'inceste et le passage de l'animal à l'homme". (N.T.)

[73] Presses Universitaires de France.

essa é a condição privilegiada para o casamento, enquanto os filhos de dois irmãos – ou de duas irmãs – é que não podem se unir. Os povos mais civilizados se limitarão às relações entre filhos e pais e entre irmãos e irmãs. Mas, regra geral, entre os povos arcaicos, encontramos os diversos indivíduos repartidos em categorias bem distintas, que determinam as relações sexuais proibidas ou prescritas.

Devemos, além do mais, considerar duas situações distintas. Na primeira, abordada por Lévi-Strauss sob o título de "As estruturas elementares do parentesco", a modalidade precisa dos laços de sangue está na base das regras que determinam, ao mesmo tempo, a ilegitimidade e a possibilidade do casamento. Na segunda, que o autor designa (mas não trata dela na obra que publicou) sob o nome de "Estruturas complexas", a determinação do cônjuge é abandonada "a outros mecanismos, econômicos ou psicológicos". As categorias permanecem inalteradas, mas, se continua havendo interditos, não é mais o costume que decide em que categoria a esposa deve ser escolhida (senão estrita, ao menos preferencialmente). Isso nos afasta de uma situação de que tenhamos experiência, mas Lévi-Strauss pensa que os "interditos" não podem ser considerados isoladamente, que seu estudo não pode ser dissociado daquele dos "privilégios" que os completam. É sem dúvida por essa razão que o título de seu livro evita o nome de incesto e designa – ainda que com um pouco de obscuridade – o sistema indissociável dos interditos e dos privilégios – das oposições e das prescrições.

As sucessivas respostas ao enigma do incesto

Lévi-Strauss opõe ao estado de natureza o de cultura, quase da mesma maneira como o animal e o homem são comumente opostos: isso o leva a dizer da proibição do incesto (é claro que, ao mesmo tempo, ele pensa nas regras de exogamia que a completam) que "ela constitui a atitude fundamental graças à qual, pela qual, mas sobretudo na qual se realiza a passagem da Natureza à Cultura".[74] Haveria, assim, no horror ao incesto um elemento que nos designa como homens, e o problema que decorre daí seria o do próprio homem

---

[74] LÉVI-STRAUSS. *Les structures élémentaires de la parenté*, p. 30.

na medida em que acrescenta à animalidade o que ele tem de humano. Consequentemente, tudo o que somos estaria em jogo na decisão que nos opõe à vaga liberdade dos contatos sexuais, à vida natural e informulada dos "animais". É possível que, sob a fórmula, deixe-se adivinhar a ambição extrema que liga ao conhecimento o desejo de revelar o homem a si próprio e, dessa forma, assumir o possível do universo. É possível mesmo que, diante de uma exigência tão distante, Lévi-Strauss se declare incompetente e recorde a modéstia de seu propósito. Mas a exigência – ou o movimento – dados na menor atitude do homem não podem ser sempre limitados e, de uma maneira privilegiada, a decisão de resolver o enigma do incesto é ambiciosa: sua intenção é revelar o que só se propôs esquivando-se. Como, aliás, se alguma atitude, outrora, realizou "a passagem da natureza à cultura", a *atitude* que, finalmente, revela seu sentido não teria ela própria um interesse excepcional?

Na verdade, inevitavelmente, logo percebemos que há razões de sobra para sermos humildes: Claude Lévi-Strauss relata os passos em falso dos que o precederam em seu caminho! Eles não são nada encorajadores.

A teoria finalista deu à proibição o sentido de uma medida eugênica: trata-se de proteger a espécie dos efeitos dos casamentos consanguíneos. Esse ponto de vista teve defensores ilustres (como Lewis H. Morgan). Sua difusão é recente: "ela não aparece em nenhum lugar", diz Lévi-Strauss, "antes do século XVI".[75] Mas ainda é difundida; nada é mais comum hoje do que a crença no caráter degenerado dos filhos de um incesto. Em nada a observação confirmou o que apenas um sentimento grosseiro funda. A crença não é por isso menos viva.

Para alguns, "a proibição do incesto não é mais que a projeção, ou o reflexo no plano social, dos sentimentos ou das tendências que a natureza do homem basta inteiramente para explicar". Repugnância instintiva! – dizem. Lévi-Strauss tem todas as cartas para mostrar o contrário, que a psicanálise denuncia: a obsessão universal (que os sonhos ou os mitos indicam) pelas relações incestuosas. Por que, se

---

[75] LÉVI-STRAUSS. *Les structures élémentaires de la parenté*, p. 14.

não fosse assim, a proibição se exprimiria tão solenemente? Explicações dessa ordem têm em sua base uma fraqueza: a reprovação, que não existia no animal, é dada historicamente, como resultado das mudanças que fundaram a vida humana, ela não está simplesmente na ordem das coisas.

A essa crítica, respondem, com efeito, explicações *históricas*.

McLennan e Spencer viram, nas práticas exogâmicas, a fixação pelo costume dos hábitos das tribos guerreiras entre as quais a captura era o meio normal de obter esposas.[76] Durkheim viu no tabu, para os membros do clã, do sangue desse clã, e consequentemente do sangue menstrual das mulheres, a explicação do interdito que as proibia aos homens de seu clã, e da ausência de interdito quando se trata de homens de outro clã. Tais interpretações podem ser logicamente satisfatórias, mas seu defeito reside no fato de que as conexões assim estabelecidas são frágeis e arbitrárias...[77] À teoria sociológica de Durkheim, poderíamos acrescentar a hipótese psicanalítica de Freud que coloca na origem da passagem do animal ao homem um pretenso assassinato do pai pelos irmãos: segundo Freud, os irmãos, ciumentos entre si, mantêm uns em relação aos outros o interdito que o pai, reservando-as para seu uso, lhes impusera de tocar em sua mãe ou em suas irmãs. Na verdade, o mito de Freud introduz a conjectura mais descabida: tem, não obstante, sobre a explicação do sociólogo, a vantagem de ser uma expressão de obsessões vivas. Lévi-Strauss o diz em termos bastante adequados[78]:

> Ele dá conta com sucesso, não do início da civilização, mas de seu presente: o desejo pela mãe ou pela irmã, o assassinato do pai e o arrependimento dos filhos não correspondem, sem dúvida, a nenhum fato, ou conjunto de fatos, que ocupe na história um lugar determinado. Mas traduzem talvez, sob uma forma simbólica, um sonho ao mesmo tempo duradouro e antigo. E o prestígio desse sonho, seu poder de modelar os pensamentos dos homens à sua revelia, provêm precisamente do fato de que os atos que evoca jamais foram cometidos, porque a cultura sempre e em toda parte lhes é oposta...[79]

---

[76] LÉVI-STRAUSS. *Les structures élémentaires de la parenté*, p. 23.
[77] LÉVI-STRAUSS. *Les structures élémentaires de la parenté*, p. 25.
[78] LÉVI-STRAUSS. *Les structures élémentaires de la parenté*, p. 609-610.
[79] Lévi-Strauss remete (*op. cit.*, p. 609, nota 1) a A. L. Kroeber, "*Totem and Taboo" in Retrospect*.

Sentido limitado das distinções aparentes entre casamentos interditos e casamentos lícitos

Bem além dessas curtas soluções, umas brilhantes e outras rasas, é necessário ser lento e tenaz. É preciso nunca se deixar desencorajar por dados inextricáveis, que inicialmente têm apenas o sentido inumano de um "quebra-cabeça".

Trata-se de um imenso "jogo de paciência", sem dúvida, um dos enigmas mais obscuros que já se teve que elucidar. Interminável e, de resto, é preciso dizê-lo, de um tédio desesperador: cerca de dois terços do grosso livro de Lévi-Strauss são consagrados ao exame minucioso das múltiplas combinações que a humanidade arcaica imaginou para resolver um problema, o da distribuição das mulheres, cuja posição é o que era preciso enfim liberar de um imbróglio absurdo até não poder mais.

Infelizmente, não posso evitar entrar aqui nesse imbróglio: é importante para o conhecimento do erotismo sair de uma obscuridade que tornou seu sentido dificilmente penetrável.

> Os membros de uma mesma geração, diz Lévi-Strauss, encontram-se igualmente divididos em dois grupos: de um lado os primos (qualquer que seja seu grau) que se chamam entre si "irmãos" e "irmãs" (primos paralelos) e, de outro lado, os primos nascidos de colaterais de sexos diferentes (qualquer que seja seu grau), que se chamam por termos especiais e entre os quais o casamento é possível (primos cruzados).

Tal é, para começar, a definição de um tipo simples, e que se mostra fundamental, mas cujas numerosas variantes colocam questões infinitas. O tema dado nessa estrutura de base é, aliás, por si só, um enigma.

> Por que, pergunta-se Lévi-Strauss[80], estabelecer uma barreira entre primos nascidos de colaterais do mesmo sexo e os nascidos de colaterais de sexo diferente, se a relação de proximidade é a mesma nos dois casos? Entretanto, a passagem de um a outro estabelece toda a diferença entre o incesto caracterizado (os primos paralelos sendo equiparados aos irmãos e irmãs) e as uniões não apenas possíveis, mas preferencial (já que os primos cruzados são designados com o

---

[80] LÉVI-STRAUSS. *Les structures élémentaires de la parenté*, p. 127-129.

nome de cônjuges potenciais). A distinção é incompatível com nosso critério biológico do incesto.

É claro que as coisas se complicam em todos os sentidos e parece muitas vezes que se trata de escolhas arbitrárias e insignificantes; todavia, na multiplicidade das variantes, uma discriminação a mais ganha um valor privilegiado. Não há apenas o privilégio bastante comum do primo cruzado sobre o paralelo, mas também do primo cruzado matrilinear sobre o patrilinear. Explico o mais simplesmente que posso: a filha de meu tio paterno é minha prima paralela: nesse mundo de "estruturas elementares" onde se desenvolve nossa investigação, há grande chance de que eu não possa nem esposá-la, nem conhecê-la sexualmente de maneira lícita: tenho-a por análoga a minha irmã e lhe dou o nome de irmã. Mas a filha de minha tia paterna (a irmã de meu pai), que é minha prima cruzada, difere da de meu tio materno, que também é minha prima cruzada: chamo a primeira de patrilinear, a segunda é matrilinear. Tenho evidentemente chances de poder esposar livremente uma ou outra, isso se faz em muitas das sociedades arcaicas. (Pode acontecer, aliás, nesse caso, que a primeira, nascida de minha tia paterna, seja também a filha de meu tio materno; esse tio materno, com efeito, pode muito bem ter esposado minha tia paterna, – numa sociedade em que o casamento entre primos cruzados não está sujeito a nenhuma determinação secundária, é o que ocorre ordinariamente, – digo então de minha prima cruzada que ela é bilateral.) Mas pode ser também que o casamento com alguma dessas primas cruzadas me seja interdito como incestuoso. Certas sociedades prescrevem o casamento com a filha da irmã do pai (lado patrilinear) e o proíbem com a filha do irmão da mãe (lado matrilinear), enquanto em outros lugares ocorre o contrário.[81] Mas a situação de minhas duas primas não é igual: tenho bastante chance, entre a primeira e eu, de ver se erguer o interdito, bem menos se minha vontade é de me unir com a segunda. "Se consideramos", diz Lévi-Strauss,[82] "a distribuição dessas duas formas de casamento unilateral, constatamos que o segundo tipo prevalece geralmente sobre o primeiro."

---

[81] LÉVI-STRAUSS. *Les structures élémentaires de la parenté*, p. 544.
[82] LÉVI-STRAUSS. *Les structures élémentaires de la parenté*, p. 544.

Eis, portanto, em primeiro lugar, formas essenciais de consanguinidade que estão na base do interdito ou da prescrição do casamento.

Desnecessário dizer que, precisando os termos dessa maneira, o nevoeiro só fez se tornar mais espesso. Não apenas, dessas formas distintas de parentesco, a diferença é formal, vazia de sentido; não apenas estamos longe da clara especificidade que opõe nossos pais e nossas irmãs ao resto dos homens, mas elas têm, de acordo com os lugares, um efeito, ou o efeito, contrário. Somos levados em princípio a buscar na especificidade dos seres em questão – em sua situação respectiva, no sentido das condutas morais: em suas *relações* e na *natureza* dessas relações –, a razão do interdito que os atinge. Mas isso nos convida a nos desviarmos desse caminho. O próprio Claude Lévi-Strauss disse a que ponto é desconcertante para os sociólogos uma arbitrariedade tão acentuada.

> [Os sociólogos] dificilmente perdoam, diz ele,[83] ao casamento dos primos cruzados – após ter-lhes impingido o enigma da diferença entre filhos de colaterais de mesmo sexo e filhos de colaterais de sexos diferentes – acrescentar o mistério suplementar da diferença entre a filha do irmão da mãe e a filha da irmã do pai.

Mas é, em verdade, para melhor resolvê-lo que o autor mostra assim o caráter inextricável do enigma.

Trata-se de encontrar o plano em que distinções desprovidas, em princípio, de interesse têm, não obstante, consequências. Se certos efeitos diferem, dependendo da categoria que entra em jogo, o sentido das distinções aparecerá. Lévi-Strauss mostrou, na instituição arcaica do casamento, o papel de um sistema distributivo de trocas. A aquisição de uma mulher era a de uma riqueza, e pode-se mesmo dizer que seu valor era sagrado: a repartição das riquezas constituídas pelo conjunto das mulheres colocava problemas vitais a que as regras deviam responder. Aparentemente, uma anarquia semelhante à que reina nas sociedades modernas não teria podido resolver esses problemas. Apenas circuitos de trocas em que os direitos são determinados de antemão podem resultar, às vezes bastante mal, mas o mais das vezes bastante bem, na distribuição equilibrada das mulheres entre os homens a serem contemplados.

---

[83] LÉVI-STRAUSS. *Les structures élémentaires de la parenté*, p. 545.

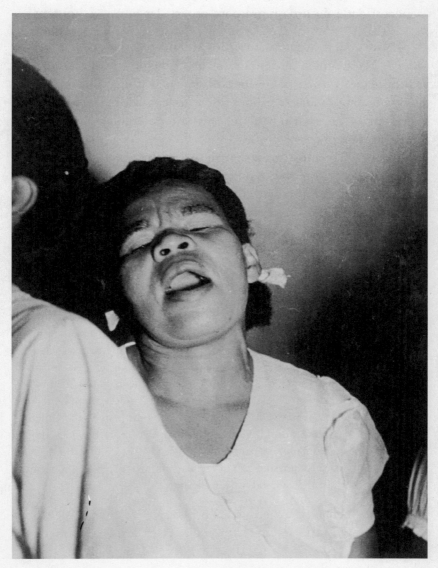

Lâmina XV. Possessa em transe. Culto *vodu* (*Fotografia de Pierre Verger*).

"Alguns autores duvidaram da existência dos sabás. Hoje, do mesmo modo, duvida-se da existência de um culto *vodu*. *O culto* vodu não deixa por isso de existir, mesmo se tem por vezes, agora, um uso turístico. Tudo leva a crer que o culto satânico, com que o *vodu* apresenta semelhanças, mesmo que tenha sido mais raro de fato do que no espírito dos juízes, realmente existiu." (p. 149-150)

As regras da exogamia, o dom das mulheres e a necessidade de uma regra para reparti-las entre os homens

Não podemos facilmente nos submeter à lógica da situação arcaica. Na ausência de tensão em que vivemos, nesse mundo de possibilidades numerosas e indefinidas, não podemos conceber a tensão inerente à vida em grupos restritos, separados pela hostilidade. Um esforço é necessário para imaginar a inquietude a que responde a garantia da regra.

Assim, devemos nos abster de imaginar transações análogas àquelas de que as riquezas atualmente são objeto. Mesmo no pior caso, a ideia sugerida por uma fórmula como "casamento por compra" está muito distante de uma realidade primitiva em que a troca não tinha, como hoje em dia, o aspecto de uma operação estreita, unicamente submetida à regra do lucro.

Claude Lévi-Strauss recolocou a estrutura de uma instituição como o casamento no movimento global de trocas que anima a população arcaica. Ele remete às "conclusões do admirável *Ensaio sobre o dom*".

> Nesse estudo, hoje clássico, escreve Lévi Strauss,[84] Mauss se propôs a mostrar, em primeiro lugar, que a troca se apresenta, na sociedade primitiva, menos sob a forma de transações que de dons recíprocos e, em segundo lugar, que estes dons recíprocos ocupam um lugar muito mais importante nessas sociedades do que na nossa; finalmente, que esta forma primitiva das trocas não tem única, nem essencialmente, um caráter econômico, mas coloca-nos em face do que chama, apropriadamente, de "um fato social total", isto é, dotado de uma significação ao mesmo tempo social e religiosa, mágica e econômica, utilitária e sentimental, jurídica e moral.

Um princípio de generosidade preside a essas espécies de trocas que têm sempre um caráter cerimonial: certos bens não podem ser

---

[84] LÉVI-STRAUSS. *Les structures élémentaires de la parenté*, p. 66. O *Essai sur le Don*, de Marcel Mauss, cuja primeira edição apareceu no *Année Sociologique* (1923-1924), foi recentemente reeditado num primeiro volume que reúne alguns dos escritos do grande sociólogo falecido, sob o título *Sociologie et Anthropologie* (Presses Universitaires de France, 1950). Em *A parte maldita* (Autêntica, 2013), expus longamente o conteúdo do *Essai sur le Don*, em que vi, se não a base de uma nova concepção da economia, ao menos o princípio de um novo ponto de vista.

destinados a uma consumação discreta ou utilitária. São, em geral, bens de luxo. Mesmo hoje em dia, estes últimos servem de maneira fundamental à vida cerimonial. Estão reservados a presentes, a recepções, a festas; assim ocorre, por exemplo, com o champanhe. O champanhe é bebido em certas ocasiões, em que, segundo a regra, é oferecido. É claro, todo o champanhe que se bebe é objeto de transações: as garrafas são pagas aos produtores. Mas, no momento em que é bebido, ele só o é em parte por aquele que o pagou: é ao menos o princípio que preside ao consumo de um bem cuja natureza é a da festa, cuja presença por si só designa um momento diferente dos outros, totalmente outro em relação a um momento qualquer, de um bem, aliás, que, para corresponder a uma expectativa profunda, "deve" ou "deveria" fluir aos borbotões, ou, mais exatamente, sem medida.

A tese de Lévi-Strauss se inspira em tais considerações: o pai que esposasse sua filha e o irmão que esposasse sua irmã seriam semelhantes ao possuidor de champanhe que nunca convidasse amigos, que egoistamente bebesse sozinho sua adega. O pai deve fazer entrar a riqueza que é sua filha – e o irmão a que é sua irmã – numa circulação de trocas cerimoniais: deve dá-la de presente, mas o circuito supõe um conjunto de regras admitidas num determinado meio, como o são as regras de um jogo.

Claude Lévi-Strauss exprimiu em seu princípio as regras que presidem a esse sistema de trocas, que escapa, ao menos em parte, ao interesse estrito

> [Os] presentes, escreve ele,[85] são trocados imediatamente por bens equivalentes, ou recebidos pelos beneficiários que têm por obrigação proceder, numa ocasião ulterior, a contrapresentes, cujo valor excede muitas vezes o dos primeiros, mas que por sua vez dão direito a receber mais tarde novos dons que superem a suntuosidade dos precedentes.

Disso devemos reter principalmente o fato de que a finalidade explícita dessas operações não é a de "recolher um benefício ou vantagens de natureza econômica". Por vezes, a afetação de generosidade chega ao ponto de destruir os objetos oferecidos. A pura e simples destruição impõe evidentemente um grande prestígio. A produção de

---

[85] LÉVI-STRAUSS. *Les structures élémentaires de la parenté*, p. 67.

objetos de luxo, cujo verdadeiro sentido é a honra de quem os possui, os recebe ou os dá é, aliás, ela própria, destruição do trabalho útil (é o contrário do capitalismo, que acumula os resultados do trabalho para criar novos produtos): a consagração de certos objetos às trocas cerimoniais retira-os da consumação produtiva.

É preciso sublinhar o caráter oposto ao espírito mercantil – ao regateio e ao cálculo dos lucros –, se quisermos falar de casamento por troca. O próprio casamento por compra participa desse movimento: "[ele] não é mais que uma modalidade, diz Lévi Strauss,[86] desse sistema fundamental analisado por Mauss..." Essas formas de casamentos estão certamente distantes daquelas em que vemos a humanidade das uniões: queremos uma escolha livre de ambas as partes. Mas também não rebaixam as mulheres ao nível do comércio e do cálculo. Elas as situam do mesmo lado que as festas. O sentido de uma mulher oferecida em casamento está próximo, apesar de tudo, daquele do champanhe em nossos costumes. No casamento, diz Lévi-Strauss, as mulheres não figuram "primeiramente [como] um signo de valor social, mas como um estimulante natural".[87]

> Malinowski mostrou que, nas ilhas Trobriand, mesmo após o casamento, o pagamento do *mapula* representa, da parte do homem, uma contraprestação destinada a compensar os serviços fornecidos pela mulher sob forma de gratificações sexuais...[88]

Assim, as mulheres aparecem essencialmente votadas à *comunicação*, entendida no sentido forte da palavra, o sentido da efusão: elas devem ser, por conseguinte, objetos de generosidade da parte de seus pais, que delas dispõem. Estes devem *dá-las*, mas num mundo onde todo ato generoso contribui para o circuito da generosidade geral. Receberei, se der minha filha, outra mulher para meu filho (ou para meu sobrinho). Trata-se, em suma, através de um conjunto limitado, fundado pela generosidade, de comunicação orgânica, combinada de antemão, como o são os múltiplos movimentos de uma dança ou de uma orquestração. Aquilo que, na proibição do incesto, é *negado*, é a

---

[86] LÉVI-STRAUSS. *Les structures élémentaires de la parenté*, p. 81.

[87] LÉVI-STRAUSS. *Les structures élémentaires de la parenté*, p. 82.

[88] LÉVI-STRAUSS. *Les structures élémentaires de la parenté*, p. 81.

consequência de uma *afirmação*. O irmão que dá sua irmã nega menos o valor da união sexual com aquela que lhe é próxima, do que afirma o valor maior de casamentos que unam essa irmã com outro homem, ou ele mesmo com outra mulher. Há comunicação mais intensa, de toda maneira, mais vasta, na troca à base de generosidade do que no gozo imediato. Mais precisamente, a festividade supõe a introdução do movimento, a negação do fechamento sobre si mesmo, o valor supremo é portanto recusado ao cálculo, entretanto lógico, do avaro. A própria relação sexual é comunicação e movimento, tem a natureza da festa, é por ser essencialmente comunicação que provoca, desde o princípio, um movimento de saída.[89]

Na medida em que se realiza, o violento movimento dos sentidos exige um recuo, uma renúncia, o recuo sem o qual ninguém poderia saltar tão longe. Mas o próprio recuo exige uma regra que organize a roda e garanta suas retomadas.

Vantagem real de certas relações de parentesco no plano da troca por meio do dom

É verdade, Lévi-Strauss não insiste nesse sentido; insiste, ao contrário, num aspecto bem diferente, conciliável talvez, mas nitidamente oposto, do valor das mulheres, a saber, sua utilidade material. Trata-se a meu ver de um aspecto secundário, senão no funcionamento do sistema, em que o peso deve muitas vezes prevalecer, ao menos no jogo das paixões que, na origem, ordena seu movimento. Mas, se não fosse levado em conta, não apenas não veríamos o alcance das trocas efetuadas, como a própria teoria de Lévi-Strauss permaneceria mal situada, pois as consequências práticas do sistema não apareceriam inteiramente.

Essa teoria até agora não é mais do que uma hipótese brilhante. Ela seduz. Mas resta ainda encontrar o sentido desses mosaicos de interditos variados, o sentido que pode ter a escolha entre formas de parentesco cujas diferenças são aparentemente insignificantes. Foi justamente a elucidar os efeitos diversos que as diversas formas de parentesco têm sobre as trocas que Lévi-Strauss se dedicou a fim de

---

[89] LÉVI-STRAUSS. *Les structures élémentaires de la parenté*, p. 596.

dar uma base sólida à sua hipótese. Para esse fim, achou por bem se apoiar no aspecto mais tangível das trocas cujos movimentos seguiu.

Ao aspecto *sedutor* do valor das mulheres de que falei em primeiro lugar (de que o próprio Lévi-Strauss fala, mas sem insistência) se opõe, com efeito, o interesse material, calculável em serviços, que a posse de uma mulher representa para o marido.

Esse interesse não poderia ser negado e, com efeito, não acredito que se possa, sem percebê-lo, seguir corretamente o movimento das trocas de mulheres. Tentarei mais adiante conciliar a evidente contradição entre os dois pontos de vista. A maneira de ver que proponho não é inconciliável, pelo contrário, com a interpretação de Lévi-Strauss; mas devo primeiro sublinhar o aspecto que ele próprio sublinha:

> Como foi muitas vezes observado, diz ele,[90] o casamento, na maioria das sociedades primitivas (como também, mas em grau menor, nas classes rurais de nossa sociedade), apresenta uma [...] importância econômica. A diferença entre a situação econômica do solteiro e a do homem casado, em nossa sociedade, reduz-se quase exclusivamente ao fato de que o primeiro deve, mais frequentemente, renovar seu guarda roupa.[91] A situação é totalmente diferente nos grupos em que a satisfação das necessidades econômicas repousa inteiramente na sociedade conjugal e na divisão do trabalho entre os sexos. Não apenas o homem e a mulher não têm a mesma especialização técnica, e dependem portanto um do outro para a fabricação dos objetos necessários às tarefas cotidianas, mas consagram-se à produção de tipos diferentes de alimentos. Uma alimentação completa e, sobretudo, regular, depende dessa verdadeira "cooperativa de produção" que uma família constitui.

Essa necessidade em que um homem jovem se encontra de se casar reserva em certo sentido uma sanção. Se uma sociedade organiza mal a troca das mulheres, isso acarreta uma desordem real. É por isso que, por um lado, a operação não deve ser entregue ao acaso,

---

[90] LÉVI-STRAUSS. *Les structures élémentaires de la parenté*, p. 48.

[91] Há nesse ponto um evidente exagero: hoje em dia, as situações diferem grandemente segundo os casos. Do mesmo modo, podemos nos perguntar se para os próprios homens arcaicos a sorte do solteiro é sempre a mesma. Parece-me, pessoalmente, que a teoria de Lévi-Strauss está fundada principalmente na "generosidade", ainda que, sem dúvida alguma, o "interesse" dê aos fatos seu incontestável peso.

ela implica regras que assegurem a reciprocidade; por outro lado, por mais perfeito que seja um sistema de trocas, ele não pode dar conta de todos os casos; resultam daí deslizes e alterações frequentes.

A situação de princípio é sempre a mesma e define a função que, em toda parte, o sistema deve assegurar.

Bem entendido, "o aspecto negativo não é mais que o aspecto grosseiro da proibição".[92] Em toda parte é importante definir um conjunto de obrigações que dispare os movimentos de reciprocidade ou de circulação.

> O grupo no seio do qual o casamento é interdito evoca imediatamente a noção de um outro grupo [...] no seio do qual o casamento é, dependendo dos casos, simplesmente possível, ou inevitável; a proibição da utilização sexual da filha ou da irmã obriga a dar em casamento a filha ou a irmã a um outro homem e, ao mesmo tempo, cria um direito sobre a filha ou a irmã desse outro homem. Desse modo, todas as estipulações negativas da proibição têm uma contrapartida positiva.[93]

Assim sendo,

> a partir do momento em que me interdigo a utilização de uma mulher, que se torna [...] disponível para outro homem, há, em alguma parte, um homem que renuncia a uma mulher que se torna, dessa forma, disponível para mim.[94]

Frazer fora o primeiro a perceber que "o casamento dos primos cruzados decorre de modo simples e direto, e num encadeamento totalmente natural, da troca das irmãs em vista dos intercasamentos".[95] Mas não pudera, a partir daí, fornecer uma explicação geral, e os sociólogos não retomaram concepções que eram, entretanto, satisfatórias. Enquanto no casamento de primos paralelos o grupo não perde nem adquire, o casamento de primos cruzados leva à troca entre grupos: com efeito, nas condições correntes, a prima não pertence ao mesmo grupo que seu primo. Dessa maneira, "uma estrutura de reciprocidade

---

[92] LÉVI-STRAUSS. *Les structures élémentaires de la parenté*, p. 64.
[93] LÉVI-STRAUSS. *Les structures élémentaires de la parenté*, p. 64.
[94] LÉVI-STRAUSS. *Les structures élémentaires de la parenté*, p. 65.
[95] LÉVI-STRAUSS. *Les structures élémentaires de la parenté*, p. 176.

se constrói, segundo a qual, o grupo que adquiriu deve entregar, e o que cedeu pode exigir...".[96]

> Os primos paralelos entre si são oriundos de famílias que se encontram na mesma posição formal, que é uma posição de equilíbrio estático, ao passo que os primos cruzados são oriundos de famílias que se encontram em posições formais antagonistas, isto é, num desequilíbrio dinâmico umas em relação às outras...[97]

Assim, o mistério da diferença entre os primos paralelos e cruzados se resolve na diferença entre uma solução propícia à troca, e outra em que a estagnação tenderia a prevalecer. Mas, nessa simples oposição, temos apenas uma organização dualista e a troca é dita *restrita*. Se mais de dois grupos estão em jogo, passamos à *troca generalizada*.

Na *troca generalizada*, um homem A esposa uma mulher B; um homem B, uma mulher C; um homem C, uma mulher A. (O sistema pode ademais se estender.) Nessas condições diferentes, do mesmo modo que o cruzamento dos primos fornecia a forma privilegiada da troca, o casamento dos primos matrilineares fornece, por razões de estrutura, possibilidades abertas de encadeamento indefinido.

> Basta, diz Lévi-Strauss,[98] que um grupo humano proclame a lei do casamento com a filha do irmão da mãe para que se organize, entre todas as gerações e entre todas as linhagens, um vasto círculo de reciprocidade, tão harmonioso e inelutável quanto as leis físicas ou biológicas; ao passo que o casamento com a filha da irmã do pai não pode estender a cadeia das transações matrimoniais, ele não pode atingir de uma maneira viva uma meta sempre ligada à necessidade de troca, à extensão das alianças e do poder.

Sentido secundário do aspecto econômico da teoria de Lévi-Strauss

Não podemos nos surpreender com o caráter ambíguo da doutrina de Lévi-Strauss. Por um lado, a troca, ou, antes, o dom das

---

[96] LÉVI-STRAUSS. *Les structures élémentaires de la parenté*, p. 178.
[97] LÉVI-STRAUSS. *Les structures élémentaires de la parenté*, p. 178.
[98] LÉVI-STRAUSS. *Les structures élémentaires de la parenté*, p. 560.

mulheres, coloca em jogo os interesses daquele que dá – mas dá somente sob a condição de que haja contrapartida; por outro lado, ela se funda na generosidade. Isso corresponde ao aspecto duplo do "dom-troca", da instituição a que o nome de *potlatch* foi dado: o *potlatch* é ao mesmo tempo a superação e o cúmulo do cálculo. Mas talvez seja de lamentar que Lévi-Strauss tenha insistido tão pouco na relação do *potlatch* das mulheres com a natureza do erotismo.

A formação do erotismo implica uma alternância da atração e do horror, da afirmação e da negação. É verdade que, muitas vezes, o casamento parece ser o oposto do erotismo. Mas julgamos dessa maneira em razão de um aspecto quiçá secundário. É possível pensar que no momento em que as regras se estabeleceram, ordenando essas barreiras e sua suspensão, elas determinavam verdadeiramente as condições da atividade sexual. Aparentemente, o casamento é a sobrevivência de um tempo em que as relações sexuais dependeram essencialmente dele. Um regime de interditos, e de suspensões do interdito, concernindo à atividade sexual se teria formado em seu rigor se, desde o princípio, tivesse como meta unicamente o estabelecimento material de um lar? Tudo indica, ao que parece, que o jogo das relações íntimas é considerado nesses regulamentos. Senão, como explicar o movimento contranatural da renúncia dos parentes próximos? Trata-se de um movimento extraordinário, que confunde a imaginação, de uma espécie de revolução interior cuja intensidade deve ter sido grande, uma vez que, à simples ideia de uma infração, o pavor se apoderava dos espíritos. É o movimento que, sem dúvida, está na origem do *potlatch* das mulheres, ou seja, da exogamia, do dom paradoxal do objeto da cobiça. Por que uma sanção, a do interdito, teria se imposto com tanta força – e em toda a parte – se não tivesse se oposto a um impulso difícil de vencer, como o da atividade genésica? Reciprocamente, o objeto do interdito não foi designado à cobiça em razão do próprio interdito? não o foi pelo menos a princípio?, o interdito, sendo de natureza sexual, sublinhou, aparentemente, o valor sexual de seu objeto. Ou antes, deu um valor *erótico* a esse objeto. Está aí justamente o que opõe o homem ao animal: o limite oposto à livre atividade deu um novo valor ao irresistível impulso animal. A relação entre o incesto e o valor obsedante da sexualidade para o homem não aparece tão facilmente, mas esse valor existe e deve certamente estar ligado à existência dos interditos sexuais, considerados em geral.

Esse movimento de reciprocidade me parece mesmo ser essencial ao erotismo. Seguindo Lévi-Strauss, ele me parece ser também o princípio das regras de troca ligadas à proibição do incesto. A ligação entre o erotismo e essas regras é muitas vezes difícil de apreender, pela razão de que estas tem o casamento por objeto e de que, como já o dissemos, o casamento e o erotismo são muitas vezes opostos. O aspecto de associação econômica, em vista da reprodução, se tornou o aspecto dominante do casamento. As regras do casamento, se atuam, podem *ter tido* por objeto primordial todo o curso da vida sexual, mas parecem não ter mais, finalmente, outro sentido além da repartição das riquezas. As mulheres tomaram o sentido restrito de sua fecundidade e de seu trabalho.

Mas essa evolução contraditória estava dada de antemão. A vida erótica só pôde ser *regrada* por um tempo. As regras tiveram afinal por efeito rechaçar o erotismo para fora das regras. Uma vez o erotismo dissociado do casamento, este passou a ter um sentido antes de tudo material, cuja importância Lévi-Strauss teve razão de sublinhar: as regras que visavam à partilha das mulheres-objetos de cobiça asseguraram a partilha das mulheres-força de trabalho.

As proposições de Lévi-Strauss oferecem apenas um aspecto particular da passagem do animal ao homem, que deve ser considerada no conjunto

A doutrina de Lévi-Strauss parece responder – com uma precisão inesperada – às principais questões colocadas pelos aspectos bizarros que o interdito do incesto muitas vezes tem nas sociedades arcaicas.

Todavia, a ambiguidade de que falei restringe, senão o alcance, ao menos o sentido imediato dessa doutrina. O essencial dela é dado numa atividade de trocas, num "fato social total", em que está em jogo o conjunto da vida. Apesar disso, a explicação econômica se desenvolve, por assim dizer, de cabo a rabo, como se devesse se manter sozinha. Estou longe de me opor a isso em princípio. Mas em primeiro lugar estão as regras do incesto, e não as determinações da história de que a atividade econômica é tida como base. Admito que o autor, se não explicitou o aspecto contrário, pelo menos fez ele próprio as reservas necessárias. Resta olhar *de um pouco mais longe* a totalidade se recompor. O próprio Lévi-Strauss sentiu a necessidade de uma visão de conjunto: oferece-a nas últimas páginas do livro, mas não poderíamos encontrar nela mais que uma indicação. A análise do aspecto isolado é conduzida com uma espécie de perfeição, mas o aspecto global em que se insere esse aspecto isolado permanece no estado de esboço. Isso pode se dever ao horror pela filosofia[99] que domina, e sem dúvida por boas razões, o mundo erudito. Parece-me, todavia, difícil abordar a passagem da natureza à cultura mantendo-nos nos limites da ciência objetiva, que isola, que abstrai suas visões. Sem dúvida, o desejo por esses limites é sensível no fato de falar, não da animalidade, mas da natureza, não do homem, mas da cultura. Isso equivale a ir de uma visão abstrata a outra, e a excluir o momento em que a totalidade do ser é engajada numa mudança. Parece-me difícil apreender essa totalidade num estado, ou em estados enumerados um após o outro; e a mudança dada na vinda do homem não pode ser isolada do devir do ser em geral, do que está em jogo se o homem e o animal se opõem num dilaceramento que expõe a totalidade do ser dilacerado. Não podemos, em outros termos, apreender o ser senão na história: em mudanças, passagens de um estado a outro, não nos estados sucessivos considerados isoladamente. Falando de natureza, de cultura, Lévi-Strauss justapôs abstrações: ao passo que a passagem do animal ao homem implica não apenas os estados formais, mas o movimento em que se opuseram.

A especificidade humana

A aparição do trabalho, dos interditos historicamente apreensíveis, sem dúvida, subjetivamente, de duradouras repulsões e de uma

---

[99] Esse horror, não parece que Lévi-Strauss o partilhe. Mas não estou certo de que ele perceba todas as consequências da passagem do pensamento que se restringe a um objeto particular, artificialmente isolado (é a ciência) ao pensamento dedicado ao conjunto, à ausência de objeto, a que a filosofia conduz (mas, sob o nome de filosofia, muitas vezes, há apenas uma maneira *menos estreita* — mais arriscada — de considerar questões particulares).

insuperável náusea marcam tão bem a oposição do animal ao homem que, apesar da data remota do acontecimento, sua evidência é clara. Postulo, em princípio, um fato pouco contestável: que o homem é o animal que não aceita o dado natural, que o nega. Ele altera, assim, o mundo exterior natural, extrai dele ferramentas e objetos fabricados que compõem um novo mundo, um mundo *humano*. O homem paralelamente nega a si mesmo, educa-se, recusa, por exemplo, dar à satisfação de suas necessidades animais esse *livre* curso a que o animal não fazia reservas. É necessário ainda convir que as duas negações que, por um lado, o homem faz do mundo dado e, por outro, de sua própria animalidade, estão ligadas. Não nos cabe dar prioridade a uma ou à outra, procurar saber se a educação (que aparece sob a forma dos interditos religiosos) é a consequência do trabalho, ou o trabalho a consequência de uma mutação moral. Mas, na medida em que há homem, há, por um lado, trabalho e, por outro, negação por meio de interditos da animalidade do homem.

O homem nega essencialmente suas necessidades animais; é o ponto sobre o qual incidiu a maior parte de seus interditos, cuja universalidade é tão impressionante e que são aparentemente tão evidentes que jamais os questionamos. É verdade que a etnografia trata do tabu do sangue menstrual, ao qual voltaremos, mas, a rigor, só a Bíblia dá uma forma particular (a do interdito da nudez) ao interdito geral da obscenidade, dizendo de Adão e Eva que eles se souberam nus. Mas ninguém fala do horror aos *excreta* que é essencialmente próprio ao homem. As prescrições que concernem a nossos dejetos não são, da parte dos adultos, objeto de nenhuma atenção refletida e sequer são citadas entre o número dos tabus. Existe, portanto, uma modalidade da passagem do animal ao homem tão radicalmente negativa que ninguém fala dela. Não a contamos entre as reações religiosas do homem, ao passo que contamos entre elas os tabus mais absurdos. Quanto a esse ponto, a negação é tão perfeita que temos por inoportuno perceber e afirmar que há aí algo digno de nota.

Para simplificar, não falarei agora do terceiro aspecto da especificidade humana, que concerne ao conhecimento da morte: lembrarei apenas a esse propósito que essa concepção, pouco discutível, da passagem do animal ao homem é em princípio a de Hegel. Todavia, Hegel, que insiste no primeiro e no terceiro aspecto, evita o segundo, obedecendo ele próprio (ao não mencioná-los) aos interditos duradouros que seguimos. É menos constrangedor do que parece inicialmente, pois essas formas elementares da negação da animalidade se encontram em formas mais complexas. Mas quando se trata precisamente do incesto, podemos duvidar de que seja razoável negligenciar o interdito banal da obscenidade.

A variabilidade das regras do incesto e o caráter geralmente variável dos objetos do interdito sexual

Como poderíamos não definir o incesto a partir daí? Não podemos dizer: "isso" é obsceno. A obscenidade é uma relação. Não há "obscenidade" como há "fogo" ou "sangue", mas somente como há, por exemplo, "ultraje ao pudor". Isso é obsceno se essa pessoa o vê e o diz; não é exatamente um objeto, mas uma relação entre um objeto e o espírito de uma pessoa. Nesse sentido, podemos definir situações tais que nelas certos aspectos sejam, ou ao menos pareçam, obscenos. Essas situações são, aliás, instáveis, supõem sempre elementos mal definidos, ou, se têm alguma estabilidade, isso não ocorre sem arbitrariedade. Da mesma forma, as acomodações com as necessidades da vida são numerosas. O incesto é uma dessas situações que só têm existência, arbitrária, no espírito dos seres humanos.

Essa maneira de ver é tão necessária, tão pouco evitável que, se não pudéssemos alegar a universalidade do incesto, não poderíamos facilmente mostrar o caráter universal do interdito da obscenidade. O incesto é o testemunho primeiro da conexão fundamental entre o homem e a negação da sensualidade, ou da animalidade carnal.

O homem nunca conseguiu excluir a sexualidade, a não ser de uma maneira superficial ou por falta de vigor individual. Mesmo os santos têm ao menos as tentações. Nada podemos fazer além de reservar domínios em que a atividade sexual não possa entrar. Assim, há lugares, circunstâncias, pessoas reservadas: todos os aspectos da sexualidade são obscenos nesses lugares, nessas circunstâncias, ou em relação a essas pessoas. Esses aspectos, como os lugares, as circunstâncias e as pessoas, são variáveis e sempre definidos arbitrariamente. Assim, a nudez não é em si mesma obscena: ela se tornou obscena quase em toda parte, mas de modo desigual. É da nudez que, em razão de um deslize, fala o Gênesis, ligando à passagem do animal ao homem o nascimento do pudor que nada mais é, em outras palavras, que o sentimento da obscenidade. Mas aquilo que chocava o pudor no início do nosso século hoje não o choca mais, ou o choca menos. A nudez relativa das banhistas ainda é chocante nas praias espanholas, não nas francesas: mas numa cidade, mesmo na França, uma mulher em traje de banho incomoda um certo número de pessoas. Da mesma forma, incorreto ao meio-dia, um decote é correto à noite. E a nudez mais íntima não é obscena no consultório de um médico.

Nas mesmas condições, as reservas em relação a pessoas são móveis. Elas limitam em princípio às relações do pai e da mãe, à vida conjugal inevitável, os contatos sexuais das pessoas que moram junto. Mas, assim como os interditos concernentes aos aspectos, às circunstâncias e aos lugares, esses limites são muito incertos, muito mutáveis. Em primeiro lugar, a expressão "que moram junto" só é admissível sob uma condição: a de não ser precisada de modo algum. Encontramos, nesse domínio, tanta arbitrariedade – e tantas acomodações – quanto ao tomarmos a nudez por objeto. É preciso insistir particularmente na influência das comodidades. O desenvolvimento de Lévi-Strauss expõe esse papel bastante claramente. O limite arbitrário entre parentes permitidos e parentes interditos varia em função da necessidade de assegurar circuitos de trocas. Quando esses circuitos organizados deixam de ser úteis, a situação incestuosa se reduz. Se a utilidade não atua mais, os homens passam com o tempo a negligenciar obstáculos cuja arbitrariedade se tornou chocante. Em contrapartida, o sentido geral do interdito se intensificou em razão de seu caráter estabilizado: seu valor intrínseco se tornou mais sensível. Ademais, a cada vez que isso é cômodo, o limite pode se estender de novo: assim ocorria nos processos de divórcio da Idade Média, em que incestos teóricos, sem relação com o costume, serviam de pretexto à dissolução legal de casamentos da realeza. Não importa, trata-se sempre de opor à desordem animal o princípio da humanidade realizada: para esta, as coisas são sempre um pouco como para a dama inglesa da época vitoriana, que fingia acreditar que a carne e a animalidade não existem. A plena humanidade social exclui radicalmente a desordem dos sentidos; nega seu princípio natural, recusa esse dado e só admite o espaço de uma casa limpa, a faxina feita, através da qual se deslocam respeitáveis pessoas, ao mesmo tempo ingênuas e

Lâmina XVI. Goya. Satã sob a forma de um bode cercado de adeptas sacrificando crianças. Madri, Fundação Lazaro Galdiano (*Fotografia de Puytorac, Bordeaux*).

"Mas a corrupção, mas o Mal, mas Satã, foram para o pecador objetos de adoração, a que o pecador ou a pecadora queriam bem. A volúpia mergulhou no mal. Ela era em essência transgressão, superação do horror, e quanto maior o horror, mais profunda era a alegria. Imaginários ou não, os relatos do sabá têm um sentido: é o sonho de uma alegria monstruosa. Os livros de Sade os prolongam..." (p. 151) invioláveis, ternas e inacessíveis. Nesse símbolo, não está dado apenas o limite que proíbe a mãe ao filho ou a filha ao pai: trata-se em termos gerais da imagem – ou do santuário – dessa humanidade assexuada, que ergue seus valores ao abrigo da violência e da imundice das paixões.

A essência do homem é dada no interdito do incesto e no dom das mulheres, que é sua consequência

Voltemos ao fato de que essas considerações não se opõem de modo algum à teoria de Lévi-Strauss. A ideia de uma negação extrema (no extremo do possível) da animalidade carnal se situa mesmo infalivelmente no ponto de junção das duas vias em que Lévi-Strauss se engajou, em que, mais precisamente, o próprio casamento está engajado.

Em certo sentido, o casamento une o interesse e a pureza, a sensualidade e o interdito da sensualidade, a generosidade e a avareza. Mas, sobretudo seu movimento inicial, o situa no extremo oposto, o do *dom*. Lévi-Strauss esclareceu plenamente esse ponto. Analisou tão bem esses movimentos que, em suas concepções, percebemos claramente o que é a essência do *dom*: o dom é ele próprio a renúncia, o interdito do gozo animal, do gozo imediato e sem reserva. É que o casamento é menos o feito dos cônjuges que do "doador" da mulher, do homem (do pai, do filho) que poderia ter gozado livremente dessa mulher (de sua filha, de sua irmã) e que a dá. O dom que faz dela é talvez o substituto do ato sexual, a exuberância do dom, de toda maneira, tem um sentido próximo – o de um gasto dos recursos – ao do próprio ato. Mas só a renúncia, que permitiu essa forma de despesa e que o interdito fundou, tornou o *dom* possível. Mesmo se, como o ato sexual, o dom alivia, não é mais em medida alguma da maneira como a animalidade se libera: e a essência da humanidade surge dessa superação. A renúncia do parente próximo – a *reserva* daquele que se interdiz a própria coisa que lhe pertence – define a atitude *humana* como totalmente oposta à voracidade animal. Essa renúncia sublinha *reciprocamente*, como já disse, o valor sedutor de seu objeto. Mas contribui para criar o mundo humano, onde o respeito, a dificuldade e a reserva prevalecem sobre a violência. Ela é o complemento do erotismo, em que o objeto prometido à cobiça adquire um valor mais acentuado. Não haveria erotismo se não houvesse, em contrapartida, o respeito pelos valores interditos. (Não haveria pleno respeito se o desvio erótico não fosse possível, nem sedutor.)

Sem dúvida, o respeito não é mais do que o desvio da violência. Por um lado, o respeito ordena o meio em que a violência é interdita; por outro, ele abre à violência uma possibilidade de irrupção incongruente nos domínios em que deixou de ser admitida. O interdito não altera a violência da atividade sexual, mas abre ao homem disciplinado uma porta que a animalidade não poderia atingir, a da transgressão da regra.

O momento da transgressão (ou do erotismo livre), por um lado, a existência, por outro, de um meio onde a sexualidade não é aceitável, são os aspectos extremos de uma realidade em que abundam as formas médias. O ato sexual em geral não tem o sentido de um crime, e a localidade onde apenas maridos vindos de fora podem tocar nas mulheres da região corresponde a uma situação muito antiga. O mais das vezes, o erotismo moderado é objeto de tolerância e a condenação da sexualidade, mesmo quando parece rigorosa, só concerne à fachada, a transgressão sendo admitida sob a condição de não ser conhecida. Contudo, apenas os extremos têm um sentido importante. O que importa essencialmente é que existe um meio, por mais limitado que seja, em que o aspecto erótico é impensável, e momentos de transgressão em que, em contragolpe, o erotismo tem o valor de uma inversão.

Essa oposição extrema seria aliás inconcebível se não se considerasse a mudança incessante das situações. Assim, a parte do dom no casamento (uma vez que o *dom* se liga à festa, e que o objeto do *dom* é sempre o luxo, a exuberância, a desmesura) faz aparecer, ligado ao tumulto da festa, um aspecto de transgressão. Mas esse aspecto seguramente foi encoberto. O casamento é o compromisso entre a atividade sexual e o respeito e tem cada vez mais o sentido deste último. O momento do casamento, a *passagem*, guardou alguma coisa da transgressão que em princípio ele é. Mas a vida conjugal sufoca no mundo das mães e das irmãs, sufoca e, de certa maneira, neutraliza os excessos da atividade genésica. Nesse movimento, a *pureza*, que o interdito funda – essa *pureza* que é própria à mãe e a à irmã –, passa lentamente, em parte, à esposa tornada mãe. Assim, o *estado* de casamento reserva a possibilidade de levar uma vida humana no *respeito* aos interditos opostos à livre satisfação das necessidades animais.

ESTUDO V
Mística e sensualidade[100]

Da largueza de visão moderna dos cristãos ao "medo do sexual"

Aqueles que se interessam, de perto ou de longe, pelos problemas colocados pela possibilidade última da vida, que é a experiência mística, conhecem a notável revista que, sob o nome de *Études Carmélitaines*, é dirigida por um carmelita descalço, o Pe. Bruno de Sainte-Marie. De tempos em tempos, essa revista publica "números especiais" como este que hoje é consagrado à questão ardente das relações entre "mística e continência".[101]

Não há melhor exemplo da largueza de visão, do espírito aberto e da solidez de informação que caracterizam os trabalhos publicados pelos carmelitas. Não é, em nenhuma medida, uma publicação paroquial, mas uma coletânea para a qual, por ocasião de um "congresso internacional", contribuíram estudiosos das mais diversas opiniões.

---

[100] Ver o artigo "La relation de l'expérience mystique à la sensualité", publicado em duas partes (*Critique,* n. 60, mai 1952, p. 416-428 e n. 63-64, août-sept. 1952, p. 728-745). Desde então, Bataille já chamava o Padre Bruno de *Jésus*-Marie de Bruno de *Sainte*-Marie. (N.T.)

[101] *Mystique et Continence.* Travaux du VIIᵉ Congrès international d'Avon. Desclée de Brouwer, 1952, in-8°, 410 p. (31° ano da *Revue Carmélitaine*).

Israelitas, ortodoxos e protestantes foram convidados a defender seus pontos de vista; sobretudo, uma parte importante foi deixada a historiadores das religiões e a psicanalistas que são em parte alheios às práticas religiosas.

Por certo, o objeto dessa obra exigia uma abertura de pontos de vista: exposições monocórdias, exclusivamente católicas, obras de autores ligados à continência por um voto, poderiam ter provocado um sentimento de mal-estar. Eles teriam se dirigido diretamente apenas a um público de monges e padres, ancorados em sua posição imutável. Os trabalhos publicados pelos carmelitas se distinguem, ao contrário, por uma vontade resoluta de olhar cada coisa de frente e ir intrepidamente até o fim dos problemas mais pesados. *Aparentemente*, havia, da posição católica à de Freud, um longo caminho a percorrer: é digno de nota ver hoje religiosos convidarem psicanalistas para falar da continência cristã.

Provo um movimento de simpatia diante de uma lealdade tão evidente: de simpatia, aliás, mais do que surpresa. Nada obriga, com efeito, na atitude cristã, a julgar sem profundidade a verdade sexual. Devo, não obstante, exprimir uma dúvida quanto ao alcance da posição implicada nessa coletânea dos *Études Carmélitaines*. Nessas matérias, duvido que o sangue frio represente a melhor maneira de abordar o problema. Os religiosos parecem ter essencialmente tentado mostrar que o medo da sexualidade não era a mola propulsora da prática cristã da continência. No texto da enquete proposta como origem da coletânea, o Pe. Bruno de Sainte-Marie se exprime assim: "Sem ignorar que ela pode ser uma vertiginosa libertação, a continência não seria praticada por medo do sexual?...".[102] No artigo de abertura, de autoria do Pe. Philippe de la Trinité, lemos: "À questão colocada pelo Pe. Bruno: a continência é aconselhada pelo medo da sexualidade?, o teólogo católico deve responder *não*".[103] E mais adiante: "A continência não é aconselhada pelo medo da sexualidade. – Isso é certo".[104] Não discutirei o grau de exatidão que uma resposta tão firme representa, dando o tom da atitude dos religiosos. O que de

---

[102] *Mystique et Continence*, p. 10.

[103] *Mystique et Continence*, p. 19. (Grifo do autor).

[104] *Mystique et Continence*, p. 26.

toda maneira me parece contestável é a noção da sexualidade inerente a essa ausência de medo. Tentarei aqui examinar a questão (que pode, à primeira vista, passar por exterior às preocupações determinantes da coletânea) de saber se o medo, justamente, não funda o "sexual"; e se a relação do "místico" e do "sexual" não se deve a esse caráter abissal, a essa obscuridade angustiante, que pertencem igualmente a ambos os domínios.

O caráter sagrado da sexualidade e a pretensa especificidade sexual da vida mística

Num dos estudos mais interessantes,[105] o Pe. Louis Beirnaert, considerando a aproximação que a linguagem dos místicos introduz entre a experiência do amor divino e a da sexualidade, sublinha "a aptidão da união sexual para simbolizar uma união superior". Limita-se a recordar, sem insistência, o horror de princípio de que a sexualidade é objeto: "Somos nós, diz ele, que, com nossa mentalidade científica e técnica, fizemos da união sexual uma realidade puramente biológica..." A seus olhos, se a união sexual tem a virtude de exprimir "a união entre o Deus transcendente e a humanidade", é porque ela "já tinha na experiência humana uma aptidão intrínseca para significar um acontecimento sagrado." "A fenomenologia das religiões nos mostra que a sexualidade humana é desde sempre significativa do sagrado." O *parti pris* de dizer "significativa do sagrado" se opõe, aos olhos do Pe. Beirnaert, à "realidade puramente biológica" do ato genital. É que o mundo sagrado só tardiamente tomou o sentido unilateralmente elevado que tem para o religioso moderno. Tinha ainda na Antiguidade clássica um sentido duvidoso. Aparentemente, para o cristão, o que é sagrado é forçosamente puro, o impuro está do lado do profano. Mas o sagrado para o pagão podia ser também o imundo.[106] E se olhamos de perto, é preciso dizer imediatamente que Satã, no cristianismo, permanece bastante próximo do divino, e que o próprio pecado não poderia passar por radicalmente estranho ao *sagrado*. O pecado é, na origem, interdito religioso e o interdito religioso do paganismo é

---

[105] "La signification du symbolisme conjugal", p. 380-389.
[106] Ver também p. 148.

precisamente o sagrado. É sempre ao sentimento de horror inspirado pela coisa interdita que se ligam o temor e o tremor, de que mesmo o homem moderno não pode se desfazer, diante do que lhe é sagrado. Acredito, no presente caso, que não deixa de ser uma deformação concluir que: "O simbolismo conjugal de nossos místicos não tem, portanto, uma significação sexual. É antes a união sexual que tem já um sentido que a ultrapassa." Que a ultrapassa? isso quer dizer: *que nega seu horror,* ligado à lamacenta realidade.

Entendamo-nos. Nada está mais distante de meu pensamento do que a interpretação sexual da vida mística tal como a sustentaram Marie Bonaparte e James Leuba. Se, de algum modo, a efusão mística é comparável aos movimentos da volúpia física, é uma simplificação afirmar, como o faz Leuba, que as delícias de que falam os contemplativos implicam sempre um certo grau de atividade dos órgãos sexuais.[107] Marie Bonaparte se apoia numa passagem de Santa Teresa:

> Vi nele uma longa lança de ouro e, em sua ponta, parecia haver uma ponta de fogo, pareceu-me enfiá-la diversas vezes em meu coração e perfurar até minhas entranhas! Quando a retirava, parecia-me retirá-las também, e me deixar toda em fogo do grande amor de Deus. A dor era tão grande que me fazia gemer e, no entanto, a doçura dessa dor excessiva era tamanha que eu não podia desejar me ver livre dela... A dor não é corporal, mas espiritual, ainda que o corpo tenha sua parte nela e mesmo uma grande parte. É uma carícia de amor tão suave, que tem lugar então entre a alma e Deus, que rogo a Deus que em sua bondade faça com que ela seja experimentada por quem quer que possa acreditar que estou mentindo.

Marie Bonaparte conclui:

> Tal é a célebre transverberação de Teresa de que aproximarei a confissão que uma amiga me fez outrora. Ela perdera a fé, mas, aos quinze anos, sofrera uma crise mística intensa e desejara se fazer religiosa – ora, ela lembrava ter, um dia, ajoelhada diante do altar, experimentado delícias tão sobrenaturais, que acreditara que o próprio Deus descia nela. Só mais tarde, quando se entregou a um

---
[107] O Pe. Beirnaert remete (p. 380) a LEUBA, J. *La psychologie des mystiques religieux*, p. 202. O Dr. Parcheminey expõe (p. 238), de acordo com um artigo da *Revue Française de Psychanalyse* (1948, n. 2), o pensamento de Marie Bonaparte.

homem, reconheceu que essa descida de Deus nela fora um violento orgasmo venéreo. A casta Teresa jamais teve a oportunidade de fazer essa aproximação, que, no entanto, parece se impor também para sua transverberação.

"Tais reflexões, esclarece o Dr. Parcheminey, levam à tese segundo a qual toda experiência mística não é mais do que uma sexualidade transposta e, portanto, uma conduta neurótica." Na verdade, seria difícil provar que a "transverberação" de Teresa não justifica a aproximação proposta por Marie Bonaparte. Nada, evidentemente, permitiria afirmar que ela não foi um violento orgasmo venéreo. Mas é improvável. Com efeito, Marie Bonaparte negligencia o fato de que a experiência da contemplação se ligou muito cedo ao despertar mais atento concernente às relações entre a alegria espiritual e a emoção dos sentidos.

> Contrariamente ao que diz Leuba, afirma o Pe. Beirnaert, os místicos tiveram perfeita consciência dos movimentos sensíveis que acompanhavam sua experiência. São Boaventura fala daqueles que *"in spiritualibus affectionibus carnalis fluxus liquore maculantur"*. Santa Teresa e São João da Cruz tratam disso explicitamente [...]. Mas trata-se aí de alguma coisa que consideram extrínseca a sua experiência; quando essa emoção lhes sucede, não se prendem a ela e a olham sem temor nem medo [...]. A psicologia contemporânea mostrou aliás que os movimentos sexuais orgânicos são frequentemente a causa de uma emoção poderosa que se libera por todas as vias possíveis. Ela chega assim à noção de *"redundantia"* familiar a São João da Cruz. Notemos enfim que tais movimentos, ocorridos no início da vida mística, não persistem nas etapas superiores, notadamente no casamento espiritual. Em suma, a existência de movimentos sensíveis durante o êxtase não significa de modo algum a especificidade sexual da experiência.

Esse esclarecimento não poderia talvez responder a todas as questões que podem ser colocadas, mas distingue muito justamente domínios cujos caracteres fundamentais os psicanalistas, alheios a toda experiência religiosa e, certamente, não tendo tido vida mística, não podiam discernir.[108]

---

[108] Eles próprios supõem, no entanto, que a vocação de psiquiatra exige pelo menos um mínimo de traços neuróticos.

Há similitudes flagrantes, e mesmo equivalências e trocas, entre os sistemas de efusão erótica e mística. Mas essas relações só podem aparecer claramente a partir do conhecimento experimental das duas espécies de emoções. Os psiquiatras, é verdade, ultrapassam expressamente a experiência pessoal na medida em que observam doentes cujos erros não poderiam experimentar intimamente. No fim das contas, se julgam categoricamente a vida mística sem tê-la conhecido, reagem como o fazem diante de seus doentes. O resultado é inevitável: um comportamento exterior a sua própria experiência se apresenta a seus olhos como anormal *a priori*: há identidade entre o direito que se arrogam de julgá-lo de fora e a atribuição de um caráter patológico. Ao que se acrescenta que os estados místicos que se manifestam por perturbações equívocas são, ao mesmo tempo, os mais fáceis de conhecer e os que mais se parecem com a febre sensual. Levam, portanto, à assimilação superficial do misticismo a uma exaltação doentia. Mas as dores mais profundas são aquelas que os gritos não traem, e o mesmo ocorre com a experiência interior dos longínquos possíveis do ser que é a mística: momentos "sensacionais" não correspondem à experiência avançada. Na prática, os estados que preservariam os psiquiatras de ter um julgamento precipitado não entram no campo de sua experiência; eles só nos são conhecidos na medida em que são pessoalmente experimentados. As descrições dos grandes místicos poderiam, em princípio, atenuar essa ignorância, mas essas descrições desconcertam em razão mesmo de sua simplicidade, elas não oferecem nada que se aproxime dos sintomas dos neuropatas ou dos gritos dos místicos "transverberados". Elas não apenas dão pouca margem à interpretação dos psiquiatras, como também seus inapreensíveis dados escapam normalmente a sua atenção. Se queremos determinar o ponto em que se esclarece a relação entre o erotismo e a espiritualidade mística, devemos voltar à visão interior de que, salvo raras exceções, apenas os religiosos partem.

A moral da morte a si mesmo e sua diferença com a moral comum

Nem todos os religiosos que tratam da mística experimentaram exatamente aquilo de que falam, mas como diz um dos colaboradores da coletânea,[109] a mística (bem entendido, aquela que a igreja considera a única autêntica...) "é constitutiva de toda vida cristã". "Viver cristãmente e viver misticamente são duas expressões equivalentes" e "todos os elementos que distinguimos nos estados mais elevados se (encontram) já em ação naqueles que podemos chamar inferiores". É verdade que os religiosos não puderam, parece-me, determinar exatamente esse ponto em que tudo se ilumina. Como indiquei, eles partem de noções confusas da sexualidade e do sagrado. Mas o desvio procedente do que me parece errôneo não é tão grave e merece, seja como for, ser seguido, pois aproxima ao menos da luz.

Os pontos de vista do Pe. Tesson nem sempre me parecem satisfatórios, mas são profundos e, acredito, as razões que tenho para partir deles logo ficarão claras. O Pe. Tesson insiste no fato de que, em matéria de estados místicos, é a moral que decide. "É, diz ele, o valor da vida moral que nos permitirá discernir alguma coisa do valor religioso e místico de um homem." "A moral julga e guia a vida mística".[110] Isto é digno de nota: o Pe. Tesson, que faz da moral o princípio soberano da vida mística, longe de atacar a sensualidade, sublinha sua conformidade com o desígnio de Deus. Segundo ele, "duas formas de atração nos atraem em direção a Deus": uma, a sexualidade, está "inscrita em nossa natureza", a mística é a outra, "que vem do Cristo". "Desacordos contingentes podem opor essas duas forças: mas esses desacordos não podem fazer com que entre as duas não subsista um acordo profundo".

O Pe. Tesson se faz o intérprete da doutrina da Igreja dizendo do "exercício da sexualidade genital", permitido apenas no casamento, que ele não é "nem um pecado permitido, nem um gesto de valor medíocre, tolerado apenas por causa da fraqueza humana". Nos limites do casamento, os gestos carnais fazem "parte das marcas de amor que se dão um ao outro um homem e uma mulher que se ligaram pelo resto da vida e mesmo para além dela". "O Cristo quis fazer do casamento entre cristãos um sacramento e santificar com

---

[109] O Pe. Tesson, em "Sexualité, morale et mystique", p. 359-380. A mesma opinião é sustentada pelo Pe. Philippe de la Trinité em "Amour mystique, chasteté parfaite", p. 17-36 (artigo de abertura).

[110] Pe. TESSON. Sexualité, morale et mystique, p. 376.

uma graça especial a vida matrimonial". Nada se opõe portanto a que, "consumados em estado de graça", esses gestos sejam "meritórios". A união é tanto mais "humanizada" na medida em que dá sua verdade a um amor "eletivo" e exclusivo. E o que é ainda mais importante: "nada se opõe a que uma vida conjugal que comporte os atos de que falamos faça parte de uma vida mística profunda e mesmo de uma vida de santidade."

Tais pontos de vista, cujo sentido e interesse são indiscutíveis, devem todavia, desde o início, ser considerados incompletos. Eles não podem se opor ao fato de que, entre sensualidade e mística, existe um conflito secular cujos aspectos agudos, sem dúvida, só retiveram a atenção dos autores da coletânea na medida em que buscaram diminuir seu alcance.

Mencionarei, sem insistir nisso, que o autor não deixa de perceber uma possibilidade de confusão nessa tendência aberta em matéria de vida sexual testemunhada pela própria coletânea para a qual ele contribui. "Já se disse demais, observa ele, em publicações recentes, que a união sexual era entre esposos o maior ato de amor. Em realidade, se o uso comum da atividade carnal é uma expressão de amor que tem uma profunda ressonância emotiva e vital, outras manifestações mostram melhor seu caráter voluntário e espiritual, e é necessário acentuá-las cada vez mais." Ele recorda a esse respeito a lei evangélica que concerne também àqueles que escolhem a vida matrimonial: "para atingir a vida divina, é preciso passar pela morte".

Isso aliás se relaciona, em princípio, com a moral formulada pelo Pe. Tesson, "que julga e guia a vida mística". Essa moral, com efeito, cujos traços essenciais não procedem nem da oposição à sexualidade, nem das necessidades da vida (temas solidários), parece ligada à proposição fundamental: "para viver da vida divina, é preciso morrer". Assim, ela é fundada, de uma maneira *positiva*, num valor, a vida divina; ela não é negativamente limitada a esses preceitos essenciais que asseguram apenas a conservação da vida dada. A vida divina, a observação desses preceitos, sem a qual nada é possível, não pode fundá-la sozinha. Só o amor é sua verdade e sua força. Talvez mesmo ela não esteja em oposição direta com os males a que esses preceitos obviam. A doença a que essa vida está sujeita é antes esse peso paralisante, cujas modalidades se chamam "rotinas, exatidões superficiais, farisaísmo legalista..." A moral não deixa por isso de estar ligada à *lei*, que "a Igreja [...] não pode em nenhum momento deixar prescrever". Mas, se há infração da lei, o teólogo não deve julgar precipitadamente. Os "recentes trabalhos da psicologia" atraíram a atenção para "o estado daqueles que têm uma vida interna bastante vigorosa, uma aspiração profunda pela obediência e por Deus e que encontram em si mesmos obstáculos e desequilíbrios." "A psicanálise nos revelou, nesse domínio, a influência considerável das motivações inconscientes, dissimuladas frequentemente por aparências de motivações voluntárias"; assim, "uma revisão séria da psicologia moral" se faz indispensável. "As infrações evidentes, por mais graves que sejam, às obrigações contratadas, não são talvez as mais prenhes de consequências, pois nesses casos as faltas são claramente conhecidas como tais. O que é mais prejudicial à vida espiritual é se deixar enredar na mediocridade ou se comprazer numa satisfação orgulhosa; a associação das duas atitudes não estando de modo algum excluída." "Já que um homem não é necessariamente responsável, no foro de sua consciência, pelas infrações às prescrições da lei moral, deve-se concluir que as infrações desse tipo, desapercebidas como tais ou reconhecidas, mas sofridas e não desejadas, se encontrarão em sujeitos engajados nas vias da perfeição e da mística e mesmo em santos." Essa moral não está centrada na garantia da vida social e individual que os "preceitos principais" nos fornecem, mas na paixão mística, que obriga o homem, em troca de uma vida divina, a morrer para si mesmo. O que ela condena é o peso que freia esse movimento: esse profundo apego a si mesmo que a satisfação, o orgulho e a mediocridade manifestam. A proposição do Pe. Tesson, segundo a qual "a moral julga e guia a vida mística", poderia, portanto, ser invertida, e poderíamos também dizer: "a mística julga e guia a vida moral". Assim, como é aliás evidente, a moral não pode estar ligada à *conservação* da vida, ela exige seu *desabrochar.*

Ia dizer precisamente: exige *ao contrário*. Pois já foi dito que devíamos morrer a fim de viver...

O instante presente e a morte no "voo nupcial" e na vida do religioso

A ligação da vida à morte tem aspectos numerosos. Esse laço é sensível igualmente na experiência sexual e na mística. O Pe. Tesson, como o faz em geral a coletânea dos carmelitas, insiste no acordo entre a sexualidade e a vida. Mas, de qualquer maneira que se a tome, a sexualidade humana só é admitida dentro de limites para além dos quais ela é *interdita*. Há, finalmente, em todos os lugares, um movimento da sexualidade em que a sordidez entra em jogo. A partir de então, não se trata mais de sexualidade benéfica "desejada por Deus", mas sim de maldição e de morte. A sexualidade benéfica está próxima da sexualidade animal, em oposição ao erotismo que é próprio ao homem e que de genital tem apenas a origem. O erotismo, em princípio estéril, representa o Mal e o diabólico.

É justamente desse lado que se ordena a relação última – e mais significativa – da sexualidade e da mística. Na vida dos crentes e dos religiosos, cujos desequilíbrios não são raros, a sedução muitas vezes não tem o genital por objeto, mas o erótico. É a verdade que surge das imagens associadas à tentação de Santo Antônio. O que obseda o religioso na tentação é justamente aquilo de que *ele tem medo*. É no desejo de morrer para si mesmo que se traduz sua aspiração à vida divina; a partir de então, começa uma perpétua mudança de cenário, em que cada elemento se transforma em seu contrário. A morte, que o religioso desejou, torna-se para ele a vida divina. Ele se opôs à ordem genital que tinha o sentido da vida, e encontra a sedução sob um aspecto que tomou o sentido da morte. Mas a maldição ou a morte, que a tentação da sexualidade lhe propõe, é também a morte percebida do ponto de vista dessa vida divina buscada na morte a si mesmo. Assim, a tentação tem duplamente valor de morte. Como não imaginar que seu movimento conduz o religioso ao "telhado do templo", do alto do qual aquele que abrisse os olhos plenamente, e *sem sombra de medo*, perceberia a relação entre si de todas as possibilidades opostas?

Tentarei agora descrever o que *talvez* apareça do alto do "telhado".
Em primeiro lugar, enunciarei este paradoxo: o problema assim colocado não é dado na natureza? A natureza mistura a vida à morte no genital. Consideremos o caso extremo em que a atividade acarreta a morte do animal que engendra. Falar das intenções da natureza não deixa de ser absurdo, não obstante, os movimentos inevitáveis em que a vida é levada ao desperdício de sua substância nunca são apenas isso.

No momento mesmo em que é prodigada sem limitação, a vida se propõe uma meta aparentemente contrária a essas perdas que garante com tanta febre. Ela só se abandona a excessivos gastos de energia na medida em que tende para um incremento. Trate-se da planta ou do animal, o luxo das flores ou do acasalamento animal pode não ser o luxo que parece. Ele se dá um *semblante* de finalidade. Sem dúvida, o brilho das flores e dos animais tem pouca *utilidade* no plano da *função* a que, grosseiramente, nossa inteligência o remete. Parece um imenso sobrelanço. Como se, partindo do tema da reprodução, uma onda desordenada se liberasse, indiferente a sua origem. Por mais cega que nos pareça sua atitude, a vida não teria podido, sem pretexto, dar livre curso à festa que carrega em si. Como se o imenso transbordamento tivesse tido necessidade de um álibi.

Essas considerações não poderiam passar por satisfatórias. Elas conduzem, aliás, a um domínio em que a reflexão humana jamais avançou senão com uma insustentável leviandade. As coisas pareciam tão evidentes que as simplificações de Schopenhauer se impuseram: os movimentos da sexualidade tinham apenas um sentido, os fins que através deles a natureza se propunha. Ninguém se detém no fato de que a "natureza" procedia de uma maneira insensata.

Impossível examinar em sua amplitude um problema cujos dados me enchem de ironia. Limito-me a dar a entender em que grau a vida, que é perda exuberante, é ao mesmo tempo orientada por um movimento contrário que exige seu incremento.

No entanto, no final das contas, é a perda que importa. É em vão que a reprodução multiplica a vida, ela a multiplica para oferecê-la à morte cujas devastações são as únicas a crescer quando a vida tenta cegamente se estender. Insisto no desperdício que se intensifica apesar da necessidade de uma realização de sentido contrário.

Voltemos a esse ponto que me importa: o caso extremo em que o ato sexual acarreta a morte do animal. Nessa experiência, a vida conserva o princípio de seu crescimento e, no entanto, se perde. Eu não poderia encontrar exemplo mais perfeito de morte a si mesmo. Mantenho a posição de não me limitar à maneira de ver segundo a qual o animal se subordinaria ao resultado. Nesse caso, o movimento do indivíduo ultrapassa de muito longe um resultado que só

Lâmina XVII. Cortesã sagrada. Estatueta funerária. Alexandria. Época romana. Coleção Jacques Lacan.

"Na prostituição, havia consagração da prostituta à transgressão. Nela, o aspecto sagrado, o aspecto interdito da atividade sexual não cessava de aparecer: sua vida inteira era votada à violação do interdito." (p. 159) tem sentido para a espécie. Só esse resultado assegura a repetição do movimento de uma geração à seguinte, mas a indiferença ao porvir, a adesão explosiva e, *em certo sentido,* solar, ao instante não pode ser anulada, como acaba sendo quando nos limitamos a perceber, no instante, aquilo que o subordina ao que se segue. Ninguém poderia, senão por sistemática cegueira, desconhecer a morte que o animal dá a si mesmo; e me parece que, atribuindo sua morte à preocupação com a espécie, o pensamento humano simplifica grosseiramente a conduta do macho no momento do voo nupcial.

Se volto ao erotismo do homem, ele tem para o religioso, na tentação, o sentido que teria para o zangão a morte para a qual voa se, como o religioso, o zangão pudesse se decidir livremente, na plena consciência da morte que o espera. O religioso não pode morrer fisicamente, mas pode perder a vida divina a que o vota seu desejo. Esse é, segundo a expressão do Pe. Tesson, um desses "desacordos contingentes" que incessantemente opõem essas "duas formas de atração que nos atraem em direção a Deus", estando uma "inscrita na nossa natureza", a sexualidade, e sendo a outra a mística, "que vem do Cristo". A meu ver, não poderíamos falar claramente da relação entre essas duas formas se não as tomássemos no momento de sua mais forte oposição, que é também aquele de sua similitude mais acentuada. Seu "acordo profundo"? Ele é possível, mas poderíamos apreendê-lo na atenuação dos caracteres que opõem essas formas, se esses caracteres, justamente, são ao mesmo tempo aqueles pelos quais elas se assemelham?

Conforme os termos do Pe. Tesson, a *vida divina* exige que aquele que quer encontrá-la morra. Mas ninguém pensa numa morte que seria passivamente ausência de vida. Morrer pode assumir o sentido ativo de uma conduta em que são negligenciadas essas prudências que o medo da morte engendra em nós. Os próprios animais têm reflexos de imobilidade ou de fuga diante do perigo: esses reflexos testemunham uma preocupação essencial cujas formas humanas são numerosas. Viver no instante, sem se subordinar mais à preocupação que engendra esses reflexos, é morrer para si mesmo, ou ao menos viver em contato direto com a morte. Cada homem, de fato, prolonga através de sua vida o efeito de seu apego a si mesmo. Vê-se incessantemente incitado à ação com vistas a um resultado válido no plano da duração pessoal. Na medida em que se abandona à subordinação do tempo presente ao futuro, ele é a pessoa cheia de si, orgulhosa e medíocre, que o egoísmo afasta da vida que o Pe. Tesson nomeia *divina*, e que é possível, mais vagamente, nomear *sagrada*. Dessa vida, o Pe. Tesson, parece-me, deu uma descrição na fórmula: "para viver da vida divina, é preciso morrer". Para além da "mediocridade" e do "orgulho", podemos sempre entrever, com efeito, a perspectiva de uma verdade angustiante. A imensidade do que é, essa imensidade ininteligível – ininteligível do ponto de vista da inteligência que explica cada coisa pelo ato, pelas causas ou pela meta visada –, nos terrifica na medida em que não é deixado nenhum lugar para o ser limitado, que julga o mundo por meio de cálculos em que remete a si mesmo – a seus pontos de vista medíocres e orgulhosos – partes destacadas dessa totalidade onde elas se perdem. A imensidade significa a morte para aquele que ela, contudo, atrai: uma espécie de vertigem ou de horror se apossa daquele que opõe a si mesmo – e à precariedade de seus pontos de vista egoístas – a profundidade infinitamente presente que é ao mesmo tempo ausência infinita. Como um animal *ameaçado de morte*, os reflexos, ligados entre si de uma maneira intolerável, de imobilidade estupefata e de fuga o pregam nessa posição de supliciado a que chamamos comumente *angústia*. Mas o perigo, que ora imobiliza e ora precipita o animal na fuga, é dado de fora, é real, é preciso, ao passo que, na angústia, é o desejo de um objeto indefinível que engendra os reflexos da animalidade diante da morte. O ser assim ameaçado de morte lembra a situação do religioso doentiamente tentado pela possibilidade de um ato carnal, ou, na ordem animal, a do zangão que vai morrer, não por obra de um inimigo, mas do ímpeto mortal que o precipita na luz em direção à rainha. É ao menos, em cada caso, a fulguração de um instante em que a morte é enfrentada que está em jogo.

A tentação do religioso e o deleite moroso

Há um ponto em que nunca insistiremos o bastante: o interdito da sexualidade, a que o religioso, livremente, dá a consequência extrema, cria, sob a espécie da tentação, um estado de coisas certamente anormal, mas em que o sentido do erotismo é menos alterado que acentuado. Se é paradoxal comparar a tentação do religioso ao voo nupcial – e deletério – do zangão, a morte não deixa de ser o termo de ambos, e posso dizer do religioso tentado que ele é um zangão lúcido, que *sabe* que a morte seguiria a satisfação de seu desejo. Geralmente, negligenciamos essa semelhança, pela razão de que, na espécie humana, o ato sexual jamais acarreta em princípio a morte verdadeira e de que, salvo algumas exceções, apenas os religiosos veem nele a promessa da morte moral. Entretanto, o erotismo só alcança plenitude, só esgota a possibilidade aberta nele, sob a condição de acarretar alguma decadência cujo horror evoca a morte simplesmente carnal.

As próprias diferenças que opõem o zangão e o religioso acabam de esclarecer o sentido de sua semelhança e de marcar um caráter das paixões sensuais que as aparenta à mística (mais intimamente do que a comunidade de vocabulário).

Já disse que a lucidez do religioso se opunha à cegueira do inseto, mas essa diferença se resume à oposição entre o animal e o homem: gostaria agora de levantar uma questão que ultrapassa esse problema, de que ela é uma forma limitada. Falo da resistência do religioso, que, não sendo própria ao zangão, tampouco é própria, em geral, ao ser humano (é verdade que a resistência feminina é frequente, mas, por significativa que seja sua conduta, uma mulher, se resiste, não tem muitas vezes consciência clara de suas razões; resiste por instinto, como as fêmeas dos animais: só o religioso, torturado pela tentação, dá à recusa sua plena significação).

O embate do religioso parte da vontade de *manter* uma *vida espiritual* que a queda atingiria *mortalmente*: o pecado da carne põe fim ao impulso da alma em direção a uma liberdade imediata. Vimos que, para o Pe. Tesson, como para toda a Igreja, "para viver da vida divina é preciso morrer". Há uma ambiguidade de vocabulário: aparentemente, a morte que atinge a vida divina é oposta àquela que é sua condição. Mas esse aspecto de oposição não é o derradeiro: trata-se de toda maneira de preservar a vida contra forças deletérias; o tema da conservação da vida (da vida real, material, sob o disfarce de uma verdade espiritual) não é sensivelmente alterado quando se trata da vida da alma. Em princípio, a vida destruída pelo pecado tem um valor elementar, é o Bem. A vida destruída pela vida divina é talvez o Mal. Mas a morte destrói sempre uma realidade que pretendia durar.

Se morro para mim mesmo, desprezo o ser organizado para durar e crescer; o mesmo ocorre se, pelo pecado, destruo a vida espiritual em mim. A cada vez, o que seduz (o que maravilha, o que arrebata) prevalece sobre uma preocupação de organização durável, sobre uma vontade resoluta de maior potência. O que resiste, muda; ora é o interesse do indivíduo egoísta, ora a organização de uma vida religiosa. Mas sempre a preocupação com um porvir, sórdido ou não, opõe um freio à sedução imediata.

Já o dissemos, o Pe. Tesson fala abertamente dessas "duas formas de atração que nos atraem em direção a Deus", a sexual, que provém da natureza, e a mística, que provém de Cristo: Deus tem o sentido (para mim) do elemento fulgurante que eleva acima da preocupação de preservar — ou de aumentar —, no tempo, a riqueza possuída. Religiosos dirão que omito o essencial, que, na tentação, o conflito opõe um objeto digno de amor a um outro, digno de horror. Isso não é exato, ou o é de uma maneira superficial. Insisto, ao contrário, num princípio fundamental:

Na tentação, há apenas um objeto de ordem sexual; o elemento místico, que detém o religioso tentado, não tem mais nele "força atual", atua na medida em que o religioso, fiel a si mesmo, prefere a salvaguarda do equilíbrio adquirido na vida mística ao delírio a que a tentação o faz deslizar. O próprio à tentação é que o divino, sob sua forma mística, deixou de ser *sensível* nela (tornou-se apenas inteligível). O divino sensível nesse instante é de ordem sensual, demoníaco se quisermos, e esse demoníaco-divino, esse divino-demoníaco propõe aquilo que o próprio Deus encontrado na experiência mística maior propõe, e mais profundamente, já que o religioso preferiria a morte real à queda na tentação. Não ignoro as perspectivas de satisfação que a queda abriria ao *eu* sórdido, mas o religioso nega esse eu que se aproveitaria delas; o que ele faz é pressentir a decadência íntima, talvez um dia pública, desse *eu* ligado à ordem e à Igreja, a favor do qual renuncia ao egoísmo primeiro: está no princípio desse segundo *eu* se perder em Deus, mas no momento da tentação, Deus não tem mais no espírito forma *sensível*, não tem mais esse efeito vertiginoso que é sua essência; muito pelo contrário, é o *proveito* do segundo eu, seu valor inteligível, que aparece. Deus permanece em jogo, mas apenas sob uma forma inteligível. O cálculo interessado prevalece e não o desejo ardente.

Assim, a resistência do religioso conserva nele, no momento da tentação, o sentido de uma vertigem da perda. O religioso que recusa está com efeito no estado de um zangão que conhecesse o resultado do impulso que o arrasta para a rainha.

Mas, em razão de seu pavor – e da recusa que é sua consequência – o objeto que atrai o religioso não tem mais o mesmo sentido que a rainha levando o inseto à morte na luz: o objeto negado é ao mesmo tempo odioso e desejável. Seu atrativo sexual tem a plenitude de seu brilho, sua beleza é tão grande que mantém o religioso no arrebatamento. Mas esse arrebatamento é ao mesmo tempo um tremor: um halo de morte o rodeia, tornando sua beleza odiosa.

Esse aspecto ambíguo da tentação é bem marcado nessa forma de tentação prolongada a que a Igreja deu o nome de "deleite moroso".

No deleite moroso, a beleza do objeto e seu atrativo sexual desapareceram. Apenas sua lembrança subsiste sob a espécie do halo de morte de que falo. O objeto é a partir de então menos um objeto do que o ambiente ligado a um estado de alma, e é impossível dizer se se trata de horror ou de atração, é um sentimento de morte que atrai, ao passo que o objeto da sensualidade apavora e sai do campo da consciência. É evidente que a semelhança entre o deleite moroso e o voo nupcial é mais longínqua do que a entre este e a tentação. É possível, não obstante, apreendê-la apesar da impotência, um pouco cômica, do deleite: o deleite é, em certo sentido, impulso paralisado do voo nupcial, mantido, mas, dessa vez, na obscuridade de uma cegueira comparável à do animal, ainda que se torne doloroso. É, de fato, o meio de conciliar o desejo da *salvação* da alma com o de ser abismado na delícia mortal de um abraço. Mas o desejo de um objeto desejável é dessa vez o de um objeto sem encanto natural; é o desejo ininteligível, inconsciente, da morte, ou ao menos da "danação".

A sensualidade culpada e a morte

A análise do deleite esclarece o tema, até então indecifrável, da sensualidade do homem, que é preciso apreender sob esse aspecto para perceber o que a une à única experiência despojada, que é a experiência mística. Acredito que, tomando a sensualidade humana, como o fazem os autores da coletânea dos carmelitas, sob sua forma mais elevada – desejada por Deus, independente dos desgarres que a macularam – nos afastamos, ao contrário, da iluminação do misticismo. A sensualidade limitada a seus aspectos lícitos dissimula esses aspectos mortais que surgem no voo do zangão ou na tentação do religioso, e cujo sentido mais longínquo é dado no deleite moroso.

É verdade que a atividade genital "desejada por Deus", limitada ao casamento, e mais geralmente a sexualidade tida por natural ou normal, é oposta, de um lado, aos desgarres contrários à natureza, de outro, a toda experiência julgada culpada, carregada de pecados, e, por essa razão, tendo um sabor mais ácido: o atrativo que o fruto proibido tem.

O mais das vezes, para uma alma pura, o desejo sexual lícito seria puro, absolutamente. É possível, mas essa verdade parcial esconde uma verdade fundamental.

Apesar da reação comum que associa um elemento de vergonha à sexualidade, é racional e conforme ao julgamento da Igreja inscrever a sexualidade, como uma função, no plano da atividade necessária. Há na conjunção sexual um elemento louvável de maravilha, oposto como um contrário ao elemento de vergonha de que falo. A conjunção é o desabrochar e a forma mais feliz da vida. Não haveria nenhuma razão para lembrar a seu respeito o exemplo do zangão, em que ela é, ao mesmo tempo, um ápice e um desenlace fúnebre. Contudo, desde o princípio, aspectos da sexualidade incitam à desconfiança. Popularmente, o orgasmo tem o nome de "pequena morte". As reações das mulheres são comparáveis em seu princípio às das fêmeas, que tentam fugir da fatalidade do amor: por diferirem das do religioso na tentação, essas reações revelam a existência de um sentimento de apreensão ou de pavor, geralmente ligado ao contato sexual. Esses aspectos recebem uma confirmação teórica. O gasto de energia necessário ao ato sexual[111] é sempre imenso.

Não se deve buscar mais longe a causa do pavor de que o jogo sexual é objeto. A morte, excepcional, é somente o caso extremo;

---

[111] Não digo o gasto de "energia sexual". Estou de acordo com Oswald Schwartz (*Psychologie sexuelle*, Gallimard, 1951, p. 9) que vê no conceito de "energia sexual" uma fabricação sem fundamento; todavia, parece-me que Schwartz negligenciou o fato de que uma energia física não predeterminada, disponível em diversos sentidos, está sempre em jogo na atividade sexual.

cada perda de energia normal não é mais, com efeito, que uma *pequena morte* comparada com a morte do zangão, mas, lúcida ou vagamente, essa "pequena morte" é ela própria motivo de apreensão. Em contrapartida, ela é por sua vez objeto de um desejo (nos limites humanos, ao menos). Ninguém poderia negar que um elemento essencial de excitação é o sentimento de perder pé, de soçobrar. O amor não é ou é em nós, *como a morte*, um movimento de perda rápida, logo escorregando para a tragédia, e só se detendo na morte. Tanto isso é verdade, que entre a morte e a "pequena morte", ou o soçobrar, que embriagam, a distância é insensível.

Esse desejo de soçobrar, que fustiga intimamente cada ser humano, difere, entretanto, do desejo de morrer, por ser ambíguo: é o desejo de morrer, sem dúvida, mas ao mesmo tempo o desejo de viver, nos limites do possível e do impossível, com uma intensidade sempre maior. É o desejo de viver cessando de viver ou de morrer sem cessar de viver, o desejo de um estado extremo que talvez só Santa Teresa tenha pintado com suficiente força nestas palavras: "Morro de não morrer"! Mas a morte de não morrer precisamente não é a morte, é o estado extremo da vida; se morro de não morrer, é sob a condição de viver: é morte que experimento vivendo, continuando a viver. Santa Teresa soçobrou, mas não morreu realmente do desejo que teve de soçobrar realmente. Ela perdeu pé, não fez mais que viver mais violentamente, tão violentamente que pôde se dizer no limite de morrer, mas de uma morte que, exasperando-a, não fazia cessar a vida.

A sensualidade, a ternura e o amor

Assim, a decadência desejada é o aspecto saliente não apenas da sensualidade do homem mas também da experiência dos místicos. Voltamos à aproximação entre o misticismo e o erotismo culpado, mas nos afastamos da sexualidade idílica ou lícita. Encontramos, ao contrário, um aspecto da sensualidade cujos temas estão próximos, em razão de uma ambiguidade fundamental, da tentação do religioso e do deleite moroso. Em cada caso, é com efeito difícil dizer se o objeto do desejo é a incandescência da vida ou da morte. A incandescência da vida tem o sentido da morte, a morte o de uma incandescência da vida. Falando da tentação do religioso, não pude ressaltar inteiramente esse valor ambíguo. Contudo, o sentido perturbador e deletério da sexualidade é essencial à tentação. A tentação é o desejo de desfalecer e de prodigar as reservas disponíveis até o limite de perder pé. Mais adiante, procurarei, partindo daí, a coordenação do movimento que liga a experiência sexual à mística. Mas devo antes mostrar como as formas tão variadas, muitas vezes tão rudemente opostas, da atividade sexual se coordenam entre elas na nostalgia de um momento de desequilíbrio.

A ambiguidade de que falei se apresenta desde o início, senão como um princípio de ruína (as perdas de energia de que se trata são reparáveis, os movimentos precipitados, mesmo ofegantes, em que perdemos pé, são temporários), como um princípio, ao menos, de desequilíbrio. Esse desequilíbrio evidentemente não é duradouro; insere-se, geralmente, em formas equilibradas que garantem sua repetição e compensam os desgastes da vida sensual. Mas essas formas sólidas e sãs em que o desequilíbrio sexual se organiza dissimulam seu sentido profundo.

Um dos valores mais significativos da organização sexual diz respeito à preocupação de fazer entrar as desordens da conjunção sexual numa ordem que englobe a totalidade da vida humana. Essa ordem se funda na terna amizade de um homem e de uma mulher, e nos laços que unem ambos a seus filhos. Nada é mais importante para nós do que situar o ato sexual na base do edifício social. Não se trata de fundar a ordem civilizada na sexualidade profunda, ou seja, numa desordem, mas de limitar essa desordem ligando-a ao sentido da ordem, confundindo seu sentido com o da ordem a que tentamos subordiná-la. Essa operação finalmente não é viável porque o erotismo jamais renuncia a seu valor soberano, a não ser na medida em que se degrada e não é mais do que uma atividade animal. As formas equilibradas, no interior das quais o erotismo é possível, não têm outro resultado além de um novo desequilíbrio, ou o envelhecimento preliminar à desaparição definitiva.

A forma significativa da necessidade do desequilíbrio e do equilíbrio alternados é o amor violento e terno de um ser por outro. A violência do amor leva à ternura, que é a forma duradoura do amor, mas introduz na procura dos corações esse mesmo elemento de desordem, essa mesma sede de desfalecimento e esse mesmo ressaibo de morte que encontramos na procura dos corpos. Essencialmente, o amor eleva o gosto de um ser por outro a esse grau de tensão em que a privação eventual da posse do outro – ou a perda de seu amor – não é sentida menos duramente do que uma ameaça de morte. Assim, ele tem por fundamento o desejo de viver na angústia, em presença de um objeto de valor tão grande que aquele que teme sua perda sente o coração falhar. A febre sensual não é o desejo de morrer. Do mesmo modo, o amor não é o desejo de perder, mas o de viver no medo de sua perda possível, o ser amado mantendo o amante à beira do desfalecimento: a esse preço, somente, poderemos experimentar diante do ser amado a violência do arrebatamento.

O que torna risíveis esses movimentos de superação, em que a preocupação de preservar a vida é desprezada, é o deslizamento, quase imediato, ao desejo de organizar uma forma duradoura, ao menos querendo-se tal, colocando o desequilíbrio que é o amor ao abrigo – se possível – do desequilíbrio! Não é derrisório se o amante não opõe à perda do ser amado convenções que alienam sua liberdade, se não subordina o capricho que é o amor à organização material de um lar – enfim, de uma família. Tampouco é a ausência de amor que torna derrisório um lar (a ausência de amor, como quer que a tomemos, não é *nada*), mas sim confundir com o amor a organização material, atolar a soberania de uma paixão nas compras de quinquilharias. (Por certo, a menos que se seja incapaz para tanto, não é menos derrisório recusar, num movimento de pretensão, a organização de uma vida comum.)

Essas oposições desconcertam tanto mais na medida em que o amor difere já do erotismo sensual e se situa no movimento pelo qual a sensualidade dá como pretexto à desordem do desejo uma razão de ser benéfica. A mesma ambiguidade se encontra em todos os planos. Por um lado, o amor pelo parceiro sexual (variante da inserção na ordem da sociedade ativa que o casamento representa, muitas vezes conciliando-se com ela) transforma a sensualidade em ternura, a qual atenua a violência das delícias noturnas em que é mais comum que nos imaginemos dilacerando-nos sadicamente; a ternura é suscetível de entrar numa forma equilibrada. Por outro lado, a violência fundamental que nos leva a perder pé tende sempre a perturbar as relações ternas – a nos fazer encontrar nessas relações a proximidade com a morte (que é o sinal de toda sensualidade, mesmo temperada de ternura). É a condição desses arrebatamentos *violentos*, sem os quais o amor sexual não teria podido, como fez, emprestar seu vocabulário às descrições dos êxtases dos místicos.

A escória, o cinismo sexual e a obscenidade

Essa extensão de um desejo ambíguo de desfalecer a domínios em que, segundo a aparência, a desordem é injustificada, corresponde à tendência que domina a vida humana. Sempre nos esforçamos por adicionar às formas viáveis e sólidas, em que essa vida insere e limita seu desequilíbrio, as formas instáveis, inviáveis em certo sentido, em que esse desequilíbrio é afirmado. Na simples desordem de uma paixão, essa tendência, é verdade, não é desejada: a desordem é tida por um mal, e o espírito luta contra esse mal. Nessas formas de vida cínicas, impudentes e decaídas de que falarei agora, o desequilíbrio é aceito como um princípio. O desejo de soçobrar, a que só cedemos contra a vontade, recebe nelas um consentimento sem limite: a partir de então, ele não tem mais poder, aqueles que vivem numa desordem permanente não conhecem mais que momentos de desequilíbrio rebaixado. As prostitutas e os homens que são seus parasitas, que formam com elas um meio, sucumbem muitas vezes e sentem um prazer átono em ceder a esse afrouxamento. Eles não escorregam sempre até o fim da ladeira; ademais, é-lhes necessário, a fim de reservar um interesse comum, criar uma organização rudimentar e limitada, opondo-se ao equilíbrio global de uma sociedade cuja ordem recusam, e que tendem a destruir. Eles não podem ir até o fim da negação, estando de toda maneira bem longe de ser insensíveis à conservação de uma vida cinicamente egoísta. Mas as vantagens de uma existência "insubmissa" lhes permitem prover sem dificuldades suas necessidades: a possibilidade de uma trapaça fundamental lhes confere à vontade a liberdade de se abandonar ao atrativo de uma vida perdida. Eles cedem sem medida às desordens essenciais de uma sensualidade destruidora; sem medida, introduzem na vida humana um deslizamento à decadência ou à morte. Assim, a indolência de uma imensa derrisão invade o coração sem mais angústia, livremente. Basta para tanto roubar, matar se preciso, preguiçosamente, conservar sua vida poupando suas forças, em todo caso, viver às custas de outrem.

Trata-se aí, essencialmente, de um rebaixamento de nível repugnante, de um aborto vulgar. A vida da escória não é invejável. Ela perdeu a elasticidade de uma mola vital, sem a qual a humanidade se degradaria. Ela apenas tirou proveito das possibilidades de um afrouxamento global, fundado sobre a escassez de imaginação que limita a apreensão do porvir. Entregando-se sem reserva ao gosto pelo decaimento, fez deste um estado constante, sem sabor e sem interesse.

Considerada em si mesma, nos limites daqueles que a vivem, essa degradação da sensualidade seria quase insignificante. Mas ela tem repercussões distantes. Não tem sentido apenas para aqueles que se afrouxam inteiramente: uma ausência de contenção, insípida para aqueles que a ela se abandonam, tem o sabor mais agudo para os que a testemunham, se estes continuam a viver moralmente na contenção. A *obscenidade* das condutas e da linguagem das prostitutas é enfadonha para os que fazem dela sua vida cotidiana. Oferece, ao contrário, aos que permanecem puros, a possibilidade de um desnivelamento vertiginoso. A baixa prostituição e a obscenidade constituem, no conjunto, uma forma acentuada e significativa do erotismo. Essa deformação torna pesado o quadro da vida sexual, mas não altera profundamente seu sentido. A sensualidade é, em princípio, o domínio da derrisão e da impostura, está em sua essência ser um gosto por perder pé, mas sem afundar de vez...: isso não aconteceria se não fosse por uma trapaça de que somos ao mesmo tempo os autores cegos e as vítimas. Devemos sempre, a fim de viver sensualmente, representar para nós mesmos ingênuas comédias, dentre as quais a mais derrisória é a da obscenidade das prostitutas. Assim, a defasagem entre a indiferença no interior do mundo da obscenidade e a fascinação sofrida de fora está longe de ser tão inviável quanto parece à primeira vista. Há desequilíbrio, mas no sentido profundo do desequilíbrio sensual: a amargura da comédia ou o sentimento da decadência ligado ao pagamento acrescentam, para quem cede ao gosto de perder pé, um elemento de deleite.

A unidade entre a experiência mística e o erotismo

A importância da obscenidade na ordenação das imagens-chave da atividade sexual acabou de cavar o abismo que separa o misticismo religioso do erotismo. É em razão dessa importância que a oposição entre o amor divino e o amor carnal é tão pesada. A aproximação que, em última instância, associa os desgarres da obscenidade e as efusões mais santas escandaliza necessariamente. O escândalo dura desde o dia em que a psiquiatria, na perspectiva da ciência, se meteu, não sem pesadume, a explicar os estados místicos. Os estudiosos ignoram esses estados por princípio, e aqueles que, defendendo a igreja, protestaram contra seus julgamentos, muitas vezes reagiram sob o impacto do escândalo e não viram, para além dos erros ou das simplificações, o fundo de verdade que elas deformavam, mas anunciavam. Dos dois lados, cuidou-se de confundir a questão grosseiramente. Digamos, no entanto, que a coletânea dos carmelitas é de uma abertura de espírito apreciável: apesar de tudo, os espíritos estão prontos, do lado católico, para a possibilidade da aproximação, e do outro, os psiquiatras não negam as dificuldades encontradas.

É preciso ir mais longe: penso que, antes de retomar o problema, a posição deve ser precisada.

Acredito (repito-o) que não basta reconhecer, como, retomando uma tradição, o fazem os carmelitas e os religiosos que colaboraram em seu volume, a possibilidade de relações entre uma esfera e outra. Devemos nos afastar de dois escolhos: não se deve, em vista de uma aproximação, tender a rebaixar a experiência dos místicos, como, mesmo involuntariamente, o fizeram os psiquiatras. Tampouco se deve, como o fazem os religiosos, espiritualizar o domínio da sexualidade para elevá-la ao nível das experiências etéreas. Sou levado a precisar, ponto por ponto, o sentido das diferentes formas da sexualidade, considerando apenas em segundo lugar aquelas, híbridas, que correspondem a um esforço de moderação (ou de purificação), mas indo da mais assimilável àquela caracterizada, ao contrário, por uma recusa de integrá-la na ordem social. É essencial, em particular, elucidar a questão colocada por esta última: é o domínio da obscenidade, ligado inicialmente à prostituição, que deu sua coloração escandalosa à sensualidade. Importa antes de tudo mostrar em que o conteúdo *espiritual* da obscenidade corresponde ele próprio ao esquema fundamental de todo o domínio. A obscenidade é repugnante, e é natural que espíritos sem ousadia não vejam nela nada de mais profundo que esse caráter repugnante, mas é fácil perceber que esses lados ignóbeis se ligam ao nível social daqueles que a criam, que a sociedade vomita da mesma maneira que eles próprios vomitam a sociedade. Resta sempre que essa sexualidade repugnante não é em definitivo mais que uma maneira paradoxal de tornar mais agudo o sentido de uma atividade cuja própria essência leva a seu decaimento; que, se excetuamos aqueles em quem a decadência social o engendra, o gosto pela obscenidade não é, entre aqueles que ele perturba de fora, nada que corresponda necessariamente a sua baixeza: quantos homens (e mulheres) de uma abnegação e de uma elevação de espírito inegáveis não viram nela mais que o segredo de perder pé profundamente!

Tudo isso leva a dizer por último que, uma vez apreendido em suas diversas formas o tema constante da sexualidade, nada mais impede de perceber sua relação com o da experiência dos místicos: bastou para tanto reduzir à unidade atrativos aparentemente tão contrários quanto aqueles da obscenidade e do amor idílico, do deleite moroso e do acasalamento do zangão. Esses transes, esses arrebatamentos e esses estados teopáticos abundantemente descritos por místicos de todas as disciplinas (hindu, budista, muçulmana ou cristã – sem falar daqueles, mais raros, que não pertencem a nenhuma religião) têm o mesmo sentido: sempre, é de um desapego em relação à conservação da vida que se trata, da indiferença a tudo o que tende a assegurá-la, da angústia experimentada nessas condições até o instante em que as potências do ser soçobram, enfim, da abertura a esse movimento imediato da vida que é habitualmente comprimido, que se libera, de repente, no transbordamento de uma alegria de viver infinita. A diferença entre essa experiência e a da sensualidade se deve apenas à redução de todos esses movimentos ao domínio interior da consciência, sem intervenção do jogo real e voluntário dos corpos (a intervenção desse jogo é ao menos reduzida ao extremo, mesmo nos exercícios dos hindus, que recorrem a efeitos expressamente desejados da respiração). É antes de tudo o pensamento e suas decisões, mesmo negativas – pois o próprio pensamento não visa então senão ao aniquilamento de suas modalidades – que entram em jogo nesse domínio cujas aparências primeiras têm, apesar de tudo, pouca relação com aquelas do erotismo. Se o amor por um determinado ser é a forma da efusão mística – na Europa, por Cristo ou, na Índia, por exemplo, por Kali..., quase em toda parte por Deus – trata-se ao menos de um ser de pensamento

Lâmina XVIII. Cenas eróticas. Relevos do templo de Konarak. Índia, Orissa, século XIII (*Fotografia de Max-Pol Fouchet*).

"[...] nunca devemos esquecer que, fora dos limites do cristianismo, o caráter religioso, o caráter sagrado do erotismo pôde aparecer em plena luz, uma vez que o sentimento sagrado dominava a vergonha. Os templos da Índia abundam ainda em figurações eróticas talhadas na pedra, em que o erotismo se dá por aquilo que é de uma maneira fundamental: por divino." (p. 159) (é duvidoso que seres inspirados, como Cristo, tenham sido, durante sua vida, objeto de uma meditação mística digna desse nome).

Seja como for, a proximidade dos dois domínios é evidente: ainda que tenda a ultrapassar o amor por um ser determinado, o misticismo frequentemente encontrou aí seu caminho: é, para os ascetas, ao mesmo tempo, uma facilidade e uma possibilidade de dar um novo salto. Como, aliás, não ficar impressionado com os acidentes dos místicos durante seus exercícios (ao menos no começo)? Já o dissemos, não é raro que os que avançam nos caminhos místicos sejam, segundo os termos de São Boaventura, "maculados pelo licor do fluxo carnal". O Pe. Louis Beirnaert, citando São Boaventura,[112] nos diz: "Trata-se aí de algo que (os místicos) consideram como extrínseco a sua experiência." Não imagino que eles estejam errados: não obstante, esses acidentes mostram que, em sua base, os sistemas da sensualidade e o do misticismo não diferem. Se me acompanharam, ficará claro que, as intenções e as imagens-chave sendo análogas nos dois domínios, sempre é possível que um movimento místico do pensamento deslanche involuntariamente o mesmo reflexo que uma imagem erótica tende a deslanchar. Se assim é, a recíproca deve ser verdadeira: de fato, os hindus baseiam os exercícios do tantrismo na possibilidade de provocar uma crise mística com a ajuda de uma excitação sexual. Trata-se de escolher uma parceira apropriada, jovem, bela e de espiritualidade elevada e, evitando sempre o espasmo final, passar da conjunção carnal ao êxtase espiritual. Não há razão para crer, de acordo com aqueles que conheceram os que se dedicam a essas práticas, que suas experiências não possam ser honestas e sem desvios. O desvio, sempre possível, é sem dúvida raro, e seria injustificado negar a possibilidade de atingir por esses métodos estados de puro arrebatamento.

Assim, fica claro que entre a sensualidade e o misticismo, que obedecem a princípios semelhantes, a comunicação é sempre possível.[113]

---

[112] Beirnaert. La signification du symbolisme conjugal, p. 386.

[113] O mesmo não se dá com outros domínios da possibilidade humana. Trate-se de pesquisa filosófica ou matemática, mesmo de criação poética, nenhuma excitação sexual tem lugar. A rigor, o combate, ou o crime, e mesmo o roubo, o furto não parecem estranhos a essa possibilidade. A excitação sexual e o êxtase estão sempre ligados a movimentos de transgressão.

A continência e a condição de um momento incondicionado

Mas a comunicação não é forçosamente desejável. Os espasmos dos religiosos não correspondem à sua intenção. É duvidoso que um deslizamento sistemático da sensualidade à espiritualidade seja conveniente quando se trata de atingir os campos de possibilidade distantes, abertos no sentido de uma experiência espiritual liberada de toda e qualquer condição. Mas é certo que a tentativa é de uma significação decisiva no ápice das buscas humanas. Ela se libera da preocupação com situações determinadas, que dependem de condições materiais complexas, e lastreiam penosamente a vida erótica (entre as diferentes justificativas da continência dos religiosos, é a menos fácil de contestar). Por outro lado, a experiência dos místicos tem lugar (pode ao menos ter lugar) no próprio campo onde atuam os últimos esforços da inteligência animada pelo desejo de conhecer; nesse plano, não poderíamos negligenciar o fato de que, em razão do movimento em direção à morte que é sua essência, ela entra em jogo no desenlace, ou seja, no momento da maior tensão.

Para julgar o interesse da experiência dos místicos, quero insistir num fato: em relação a toda condição material, ela opera uma total liberação. Corresponde dessa maneira à preocupação que a vida humana tem geralmente de não depender de um dado que não escolheu, que lhe é, ao contrário, imposto. Trata-se de chegar a um estado que possa ser dito *soberano*. À primeira vista, ao menos, a experiência erótica é subordinada ao acontecimento de que a experiência mística libera.

Alcançamos no domínio místico a soberania total, em particular nos estados que a teologia descreve sob o nome de teopáticos. Tais estados, que podem ser evocados independentemente de suas formas cristãs, têm um aspecto muito diferente, não apenas dos estados eróticos, mas também dos estados místicos que podem ser tidos por menores: o que os distingue é a indiferença mais completa ao que sobrevém. Não há mais desejo no estado teopático, o ser se torna passivo, sofre o que lhe sucede de certo modo sem movimento. Na beatitude inerte desse estado, numa transparência completa de todas as coisas e do universo, a esperança e a apreensão desapareceram ambas. O objeto da contemplação tornando-se igual a *nada* (os cristãos dizem igual a Deus), parece ainda igual ao sujeito que contempla. Não há mais, em ponto algum, diferença: impossível situar uma distância, o sujeito, perdido na presença indistinta e ilimitada do universo e de si mesmo, deixa de pertencer ao desenrolar sensível do tempo. É absorvido no instante que se eterniza. Aparentemente de maneira definitiva, sem que dure o apego ao porvir ou ao passado, ele existe no instante, e o instante, por si só, é a eternidade.

A partir dessa consideração, a relação da sensualidade com a experiência mística seria a de uma tentativa desajeitada com a realização plena: seria indicado esquecer o que, em definitivo, não é mais que erro, trocá-lo pelo caminho que leva o espírito à soberania.

No entanto, o princípio de abandonar a sensualidade pelo estado místico é, a meu ver, contestável. Mencionarei apenas de memória o fato de que o misticismo muçulmano – o dos sufis – pôde fazer coincidir a contemplação e o caminho do casamento. Devemos lamentar que a coletânea dos carmelitas não fale disso. No conjunto, seus colaboradores religiosos admitem a possibilidade, mas reconhecem a diferença de um princípio (no que tange ao cristianismo, bastante distante da ordem real) em relação ao enunciado de uma experiência de fato. Mas a crítica que formularei é estranha ao interesse apresentado pela coincidência eventual das duas experiências. O que a meu ver se opõe à recusa do erotismo não diz respeito à questão de saber se, para atingir os fins mais desejáveis, é *útil* renunciar à vida sexual. Pergunto-me apenas se uma resolução fundada num cálculo, em particular uma renúncia, é conciliável com o estado de indiferença que domina as possibilidades da vida mística. Não digo que não possamos chegar a esse estado pela via de uma resolução calculada. Mas de algo tenho certeza: se alguém chega a ele, é *apesar* de seu cálculo, e *apesar* de sua resolução.

Já o vimos: na tentação, a resistência se devia à preocupação de *conservar* a vida, de durar, ligada à organização que assegura a conservação. O dom de si e a recusa de trabalhar (de modo servil) com vistas a um resultado que ultrapasse o momento presente não exigiriam uma "indiferença" mais verdadeira que a de um monge, de um homem devotado, que se *esforça* para chegar ao "estado de indiferença"?

Isso não muda em nada o caráter condicionado, o caráter subordinado do erotismo!

É possível.

Mas onde outros veem o atolamento, vejo a soberania da sorte.

Da sorte – cujo julgamento de última instância ninguém atenua, sem a qual nunca somos *soberanos*.

Devo em algum momento me abandonar à sorte, ou comandar a mim mesmo como o religioso atado pelo voto de continência. A intervenção da vontade, o *parti pris* de se manter ao abrigo da morte, do pecado, da angústia espiritual, falseiam o livre jogo da indiferença e da renúncia. Sem o livre jogo, o instante presente é subordinado à preocupação com os que se seguem.

Sem dúvida, a preocupação com o tempo por vir é conciliável com a liberdade do instante presente. Mas a contradição explode na tentação. Os desvios do erotismo são por vezes de um peso acabrunhador. Em contrapartida, devo sublinhar o cálculo do religioso tentado, que dá à vida ascética (qualquer que seja sua confissão) um não sei quê de parcimonioso, de pobre, de tristemente disciplinado.

Isso só é verdade em princípio...

Contudo, mesmo que a experiência mais remota seja possível, apesar disso, na regularidade monacal, não posso esquecer, esforçando-me por apreender o sentido da escapada mística, que sua chave é a coerção na tentação. Querendo levar ao extremo a possibilidade do ser, podemos preferir as desordens do amor aleatório: a despeito de aparências superficiais, a simplicidade do instante pertence àquele que a fascinação imediata abre à angústia.

ESTUDO VI
A santidade, o erotismo e a solidão

Tenho a intenção de lhes falar hoje da santidade, do erotismo e da solidão.[114] Antes de desenvolver diante de vocês um conjunto de representações coerentes, direi uma palavra sobre o que uma tal intenção tem de surpreendente. O termo erotismo introduz uma expectativa equívoca. Gostaria de esclarecer inicialmente as razões pelas quais quis lhes falar do erotismo e, ao mesmo tempo, da santidade e da solidão.

Parto essencialmente do princípio de que o erotismo deixa na solidão. O erotismo é ao menos aquilo de que é difícil falar. Por razões que não são apenas convencionais, o erotismo é definido pelo segredo. Ele não pode ser público. Posso citar exemplos contrários, mas, de alguma maneira, a experiência erótica se situa fora da vida ordinária. No conjunto de nossa experiência, ela permanece essencialmente apartada da comunicação normal das emoções. Trata-se de um assunto interdito. Nada é interdito absolutamente, há sempre transgressões. Mas o interdito atua suficientemente para que, no conjunto, eu possa dizer que o erotismo, sendo talvez a emoção mais intensa, na medida em que nossa existência está presente em nós sob forma de linguagem (de discurso), o erotismo existe para nós como

---
[114] Conferência pronunciada no Collège Philosophique, na primavera de 1955.

se não existisse. Há hoje em dia uma atenuação do interdito – sem essa atenuação, eu não poderia lhes falar hoje – mas acredito, apesar de tudo, uma vez que essa sala pertence ao mundo do discurso, que o erotismo permanecerá para nós como algo exterior. Falarei dele, mas como de um além do que vivemos presentemente, de um além que só nos é acessível sob uma condição: que saiamos, para nos apartar na solidão, do mundo onde estamos atualmente. Em particular, me parece que, para atingir esse além, devemos renunciar à atitude do filósofo. O filósofo pode nos falar de tudo o que experimenta. Em princípio, a experiência erótica nos obriga ao silêncio.

O mesmo não se dá com uma experiência que lhe é talvez vizinha, a da santidade. A emoção experimentada na experiência da santidade é exprimível num discurso, pode ser objeto de um sermão. A experiência erótica, entretanto, é talvez vizinha da santidade.

Não quero dizer que o erotismo e a santidade são de mesma natureza. A questão está, aliás, fora de meu propósito. Quero dizer apenas que ambas as experiências têm uma intensidade extrema. Quando falo de santidade, falo da vida que a presença em nós de uma realidade sagrada determina, de uma realidade que pode nos transtornar até o limite. Contento-me por ora em cotejar a emoção da santidade e a emoção do erotismo na medida em que ambas são de extrema intensidade. Quis dizer dessas duas experiências que uma nos aproxima dos outros homens e que a outra nos aparta deles, nos deixa na solidão.

Esse é o ponto de partida da exposição que quero desenvolver diante de vocês. Não falarei do ponto de vista da filosofia como este é entendido normalmente. Quero fazer observar desde agora que a experiência propriamente filosófica exclui essas duas emoções. Admito, em princípio, que a experiência do filósofo é uma experiência separada, ao abrigo das outras experiências. Em uma palavra, é a experiência de um especialista. As emoções a atrapalham. Um aspecto particular me intriga há muito tempo. O verdadeiro filósofo deve consagrar sua vida à filosofia. Nada se opõe seriamente, na prática da filosofia, à fraqueza de toda atividade de conhecimento que quer que, para adquirir a superioridade num domínio, a ignorância relativa dos outros domínios seja admitida. Cada dia, a situação se agrava: torna-se cada dia mais difícil adquirir a soma dos conhecimentos humanos, já que essa soma cresce sem medida. Ainda se admite o princípio de que a filosofia seja essa soma de conhecimentos, considerada, para além de uma justaposição na memória, como uma operação sintética, mas esse princípio é mantido com grande dificuldade: cada dia um pouco mais, a filosofia se torna uma disciplina especializada igual às outras. Não pretendo falar hoje da impossibilidade de construir uma filosofia independente da experiência política: é, a rigor, um princípio que caracteriza uma orientação moderna da filosofia. A filosofia, nesse ponto, abriu-se à experiência. Mas, uma vez esse princípio admitido, permanece banal tratar a filosofia como um vaso fechado. Quero dizer que é difícil filosofar e viver ao mesmo tempo. Quero dizer que a humanidade é feita de experiências separadas e que a filosofia não é mais que uma experiência entre outras. É cada vez mais difícil para a filosofia ser a soma dos conhecimentos, mas ela sequer visa, na estreiteza de espírito que é própria ao especialista, a ser a soma das experiências. Contudo, o que significa a reflexão do ser humano sobre si mesmo e sobre o ser em geral se ela permanece alheia aos mais intensos estados de emoção? Significa, evidentemente, a especialização do que, por definição, não pode aceitar sob nenhum pretexto não ser total, universal. A filosofia, evidentemente, só pode ser a soma dos possíveis, no sentido de uma operação sintética, ou nada.

Repito: a filosofia é a soma dos possíveis, no sentido de uma operação sintética, ou nada.

É, me parece, o que ela foi para Hegel. A experiência erótica, ao menos nas primeiras formas de sua construção dialética, teve abertamente um papel na elaboração do sistema; mas não é impossível pensar que teve também, secretamente, uma influência mais profunda: o erotismo só pode ser considerado dialeticamente e, reciprocamente, o dialético, se não se limita ao formalismo, tem os olhos necessariamente fixados em sua experiência sexual. Seja como for (e reconheço de bom grado que em relação a um ponto bastante obscuro é possível hesitar), sabemos que, ao menos em parte, Hegel tirou de seus conhecimentos teológicos, assim como de seu conhecimento de mestre Eckhart e de Jakob Böhme, o movimento dialético que lhe é próprio. Mas se falei agora de Hegel, não foi com a intenção de insistir no valor de sua filosofia. Gostaria, justamente ao contrário, de, apesar de minhas reservas, associar Hegel à filosofia especializada. Basta-me aliás lembrar que ele próprio se opôs, com certa rigidez, à tendência da filosofia romântica de sua época que pretendia que a filosofia podia ser feita por qualquer um, sem preparação particular. Não digo que ele estivesse errado em recusar a improvisação no domínio da filosofia: esta, sem dúvida, é impossível. Mas a construção por assim dizer impenetrável de Hegel, mesmo que ela seja o termo da filosofia, tem certamente da disciplina especializada esse valor: ao mesmo tempo em que reúne, separa aquilo que reúne da experiência. Sem dúvida, está aí sua ambição: no espírito de Hegel, o que é imediato é mau, e Hegel certamente teria remetido o que chamo de experiência ao imediato. Não obstante, sem entrar na discussão filosófica, gostaria de insistir no fato de que os desenvolvimentos de Hegel dão o sentimento de uma atividade especializada. A esse sentimento, não acredito que ele próprio tenha escapado. Para responder antecipadamente à objeção, ele insistia no fato de que a filosofia é um desenvolvimento no tempo, que ela é um discurso que se enuncia em partes sucessivas. Todos podem admiti-lo, mas isso é fazer de cada momento da filosofia um *momento especializado*, subordinado aos outros. Não deixamos assim a especialização senão para entrar no sono do especialista, desta vez definitivamente.

Não digo que despertar seja possível para cada um de nós ou para quem quer que seja. Essa soma dos possíveis, considerada como uma operação sintética, é talvez quimérica. Sinto-me livre para falhar. Incomoda-me a ideia de tomar por sucesso o que é fracasso. Sobretudo, não vejo ainda razão para limitar o possível diante de mim impondo-me um trabalho especializado. Falo de uma escolha cujos termos são a cada instante propostos a cada um de nós. A escolha me é proposta neste mesmo instante entre uma subordinação ao tema que me impus desenvolver diante de vocês e não sei que resposta ao possível capricho. Salvo-me com dificuldade dizendo-me que falo no sentido do capricho, sem ceder ao desejo de me entregar a ele, mas reconhecendo o valor maior do capricho, que é o oposto da especialização. A especialização é a condição da eficácia, e a procura da eficácia é própria a quem quer que sinta o que lhe faz falta. Há aí uma confissão de impotência, uma humilde submissão à necessidade.

É verdade que há uma fraqueza lamentável no fato de querer tal ou tal resultado e não fazer o que é preciso para obtê-lo. Mas há uma força no fato de não querer esse resultado e de nos recusarmos a nos engajar na via que pode conduzir a ele. Nesta encruzilhada, a santidade se propõe tanto quanto o erotismo. A santidade, em relação ao esforço especializado, está antes do lado do capricho. O santo não está em busca de eficácia. É o desejo, só o desejo, que o anima: ele é semelhante nisso ao homem do erotismo. Trata-se de saber em certo ponto se o desejo corresponde melhor do que a especialização do projeto, melhor do que a especialização que garante a eficácia do projeto, à essência da filosofia, se esta, como já disse, é antes de tudo a soma dos possíveis considerada como uma operação sintética. Em outros termos: em um sentido, essa operação é imaginável no simples movimento calculado que culmina na especialização? ou, no outro sentido, a soma dos possíveis é imaginável na predominância do interesse sobre o capricho, que é o outro nome do desejo?

Antes de ir mais longe, tentarei dizer o essencial a respeito do erotismo, apesar da dificuldade fundamental encontrada quando pretendemos falar dele.

Antes de tudo, o erotismo difere da sexualidade dos animais na medida em que a sexualidade humana é limitada por interditos e em que o domínio do erotismo é o da transgressão desses interditos. O desejo do erotismo é o desejo que triunfa sobre o interdito. Ele supõe a oposição do homem a si mesmo. Os interditos que se opõem à sexualidade humana têm, em princípio, formas particulares; concernem, por exemplo, ao incesto, ou ao sangue menstrual, mas podemos ainda considerá-los sob um aspecto geral, por exemplo, sob um aspecto que não era dado nos tempos mais antigos (na passagem do animal ao homem): sob o aspecto da nudez, que, aliás, está hoje em *questão*. Não há quem não se dê conta da absurdidade relativa, do caráter gratuito, historicamente condicionado, do interdito da nudez, e, por outro lado, do fato de que o interdito da nudez e a transgressão do interdito da nudez fornecem o tema geral do erotismo, quero dizer da sexualidade tornada erotismo (a sexualidade própria ao homem, a sexualidade de um ser dotado de linguagem). Nas complicações ditas doentias, nos vícios, esse tema tem sempre um sentido. O vício poderia ser definido como a arte de se propiciar, de uma maneira mais ou menos maníaca, o sentimento da transgressão.

Parece-me conveniente lembrar a origem singular da teoria do interdito e da transgressão. Encontramo-la no ensinamento oral de Marcel Mauss, cuja obra representa sem dúvida a contribuição menos discutível da escola sociológica francesa, mas nada de impresso se seguiu. Mauss tinha uma certa repugnância de formular, de dar a seu pensamento a forma definitiva do impresso. Imagino mesmo que os resultados mais notáveis devem ter lhe dado um sentimento de incômodo. Sem dúvida, o aspecto fundamental da teoria da transgressão aparece em sua obra escrita, mas sob a forma de breve indicação sem insistência. É assim que em seu *Essai sur le sacrifice*, ele diz em duas frases que os gregos viam o sacrifício das *bufonias* como o crime do sacrificador. Ele não generaliza. Não segui pessoalmente seu ensinamento oral, mas, no que concerne à transgressão, a doutrina de Marcel Mauss está exposta no pequeno livro de um de seus alunos, *L'Homme et le sacré*, de Roger Caillois. A sorte quis que Roger Caillois, longe de ser um compilador, fosse ele próprio não apenas capaz de expor os fatos de uma forma impressionante, mas de dar a seus desenvolvimentos a firmeza de um pensamento ativo e pessoal. Exporei aqui o esquema de Caillois, segundo o qual, nos povos que a etnografia estuda, o tempo humano é repartido em tempo profano e tempo sagrado, o tempo profano sendo o tempo ordinário, do trabalho e do respeito aos interditos, e o tempo sagrado o da festa, ou seja, essencialmente o da transgressão dos interditos. No plano do erotismo, a festa é muitas vezes o tempo da licença sexual. No plano propriamente religioso, é em particular o tempo do sacrifício, que é a transgressão do interdito do assassinato.

Fiz uma exposição sistemática dessa doutrina, elaborando-a pessoalmente, num volume que consagrei às pinturas da caverna de Lascaux, ou seja, de fato, do homem dos primeiros tempos, aquele do nascimento da arte, que verdadeiramente passou da animalidade ao humano.[115] Impôs-se para mim associar o interdito ao trabalho.

---

[115] BATAILLE. *Lascaux ou la naissance de l'art*. Digo do homem dos primeiros tempos, mas apenas no sentido de que o homem de Lascaux não devia diferir sensivelmente do homem dos primeiros tempos. As pinturas da caverna de Lascaux são evidentemente posteriores à data que pode ser assinalada sem demasiada imprecisão ao "nascimento da arte".

O trabalho existia bem antes do nascimento da arte. Conhecemos seus vestígios sob forma de ferramentas de pedra que o solo conservou e cuja data aproximada podemos conhecer. Pareceu-me que o trabalho devia desde o início implicar a existência de um mundo do trabalho de que a vida sexual ou o assassinato, e a morte em geral, estavam excluídos. A vida sexual, por um lado, e por outro o assassinato, a guerra, a morte são, em relação ao mundo do trabalho, graves desarranjos, ou mesmo completos transtornos. Não me parece duvidoso que tais momentos tenham sido, de uma maneira fundamental, excluídos do tempo do trabalho, que pôde logo se tornar coletivo. Em relação ao tempo do trabalho, a criação da vida e sua supressão tiveram que ser rechaçadas para fora, o próprio trabalho sendo, em relação aos momentos de emoção intensa, em que a vida e a morte estão em jogo – e se afirmam – um tempo neutro, uma espécie de anulação.

O ponto a que quero chegar, imagino, pode agora aparecer em plena luz.

Não digo que a filosofia não especializada seja possível. Mas a filosofia, enquanto obra especializada, é um trabalho. Isto é, ela exclui, sem sequer se aperceber disso, os momentos de emoção intensa de que falei em primeiro lugar. Ela não é, portanto, essa soma dos possíveis, considerada como uma operação sintética, que me parece primordial. Ela não é a soma dos possíveis, a soma das experiências possíveis, ela é apenas a soma de certas experiências definidas, que têm o conhecimento por fim. Ela é somente a soma dos conhecimentos. Ela exclui, de consciência tranquila, exclui mesmo com o sentimento de rejeitar um corpo estranho, uma imundice, no mínimo uma fonte de erro, o que é emoção intensa, ligada ao nascimento, à criação da vida, assim como à morte. Não sou o primeiro a me sentir surpreendido por esse resultado decepcionante da filosofia, que é a expressão da humanidade média, e que se tornou estranha à humanidade extrema, ou seja, às convulsões da sexualidade e da morte. Parece-me mesmo que a reação contra esse aspecto gelado da filosofia caracteriza a filosofia moderna em seu conjunto, digamos, sem falar de Kierkegaard, de Nietzsche a Heidegger. Naturalmente, a filosofia, parece-me, está profundamente doente. Ela é inconciliável com uma possibilidade boêmia, uma possibilidade desbragada do pensamento que represento talvez aos olhos de alguns de vocês. No que está profundamente justificada. A filosofia não é nada se não é um esforço extremo, por conseguinte um esforço disciplinado. Mas, introduzindo o esforço concertado e a disciplina, a filosofia não falta, por outro lado, à sua razão de ser profunda, ao menos se a compreendemos como "a soma dos possíveis considerada como uma operação sintética"? O que eu queria dar a ver finalmente é o impasse da filosofia que não pôde se realizar completamente sem a disciplina, e que, por outro lado, fracassa por não poder abarcar os extremos de seu objeto, o que designei outrora sob o nome de "extremos do possível", que tocam sempre nos pontos extremos da vida. Por mais *fundamental* que seja, mesmo uma filosofia da morte se desvia de seu objeto. Mas não quero dizer que absorvendo-se nela, abandonando-se à vertigem que é seu termo, a filosofia seja ainda possível. Salvo, a rigor, se, no auge, a filosofia for negação da filosofia, se a filosofia rir-se da filosofia. Suponhamos, com efeito, que a filosofia verdadeiramente ria da filosofia; isso supõe a disciplina e o abandono da disciplina. Nesse momento, a soma dos possíveis está inteiramente em jogo, e a soma é síntese, não é simplesmente uma adição, já que culmina nessa visão sintética, em que o esforço humano revela uma impotência, em que, sem lamento, ele se distende no sentimento de sua impotência. Sem a disciplina, teria sido impossível chegar a esse ponto, mas essa disciplina nunca vai até o final. Essa verdade é experimental. Em todos os casos, o espírito, o cérebro do homem, é reduzido ao estado de continente transbordado, explodido por seu conteúdo – como uma mala onde sempre se colocam objetos, e que deixa finalmente de ser uma mala, já que para de encerrar os objetos que lhe são confiados. E, sobretudo, os estados extremos introduzem na soma dos possíveis um elemento irredutível à reflexão calma.

Farei agora um esforço para descrever com precisão a experiência que podemos fazer desse transbordamento.

Somos obrigados a escolher. Temos que fazer antes de tudo uma escolha quantitativa. Se os consideramos como homogêneos, os possíveis são numerosos demais. Por exemplo, dado o tempo limitado da vida, devemos renunciar a ler tal livro em que talvez encontrássemos os elementos e a resposta à questão que nos colocamos. Devemos, então, nos dizer que não podemos ter acesso aos possíveis que esse livro expõe.

Se a experiência dos estados extremos está em jogo, trata-se, desta vez, de uma escolha qualitativa. Essa experiência, com efeito, nos decompõe, exclui a reflexão calma, já que seu princípio é o de nos colocar "fora de nós mesmos". É difícil imaginar a vida de um filósofo que estivesse continuamente, ou ao menos bastante frequentemente, fora de si. Reencontramos, assim, a experiência humana essencial que resulta na divisão do tempo em tempo de trabalho e em tempo sagrado. O fato de nos mantermos abertos a uma possibilidade vizinha à loucura (é o caso de toda possibilidade concernente ao erotismo, à ameaça ou, mais geralmente, à presença da morte ou da santidade) subordina continuamente o trabalho da reflexão a alguma coisa outra, em que justamente a reflexão se interrompe.

Praticamente, não chegamos a um impasse absoluto, mas de que se trata? Esquecemos o mais das vezes que o jogo da filosofia é, como os outros jogos, uma competição. Trata-se sempre de ir o mais longe possível. Estamos na situação, em verdade humilhante, daquele que tenta estabelecer um recorde. Nessa situação, a superioridade é atribuída, de acordo com os pontos de vista, a desenvolvimentos em diferentes sentidos. Do ponto de vista da filosofia professoral, é evidente que a superioridade pertence àquele que trabalha e se abstém o mais das vezes das possibilidades dadas na transgressão. Confesso-o, desconfio profundamente da superioridade contrária, atribuída ao negador, que se faz ingenuamente o porta-voz da preguiça e da pretensão. Aceitando a competição, experimentei pessoalmente a necessidade de tomar a meu cargo as dificuldades nos dois sentidos, tanto no sentido da transgressão quanto no sentido do trabalho. O limite está dado na evidente impossibilidade de corresponder de uma maneira satisfatória ao mesmo tempo nos dois sentidos. Não insisto. Parece-me que só um sentimento de opressão e de impotência deveria responder à questão que coloquei. Estamos evidentemente diante do impossível. Não somos obrigados a nos resignar, mas devemos reconhecer que a ausência de resignação não nos libera de nada. Confesso apenas sentir uma tentação. No sentido da transgressão, que coincide com a preguiça, percebo ao menos o benefício da inferioridade aparente. Mas ainda é uma mentira, não posso negá-lo, a competição está aberta e tomei posição nela. O fato de que minha participação, inevitavelmente, se ligue para mim à contestação dos

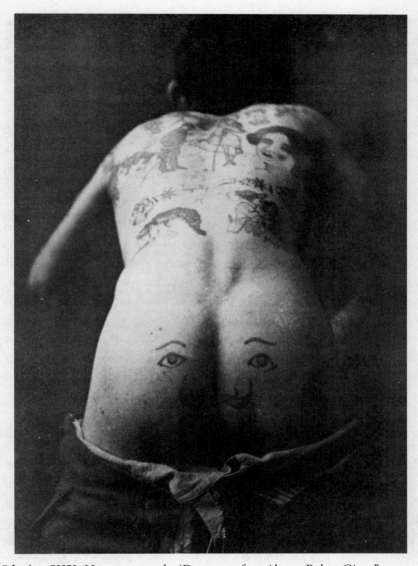

Lâmina XIX. Homem tatuado (*Documento fornecido por Robert Giraud*).

"É o rebaixamento que, de uma maneira privilegiada, contraria a afirmação do Bem e do dever que obriga à necessidade do Bem. Sem dúvida, o rebaixamento tem o poder de provocar mais completa e facilmente as reações da moral. O rebaixamento é indefensável; a transgressão não o era ao mesmo ponto. Foi, de qualquer forma, na medida em que o cristianismo atacava, antes de tudo, o rebaixamento, que ele pôde lançar sobre o erotismo, considerado em seu conjunto, a luz do Mal." (p. 161) princípios da superioridade em jogo não muda nada. Trata-se ainda, trata-se sempre de ir o mais longe possível, e minha indiferença a isso não muda nada. Se recuso o jogo, não o recuso inteiramente, e isso basta. Estou, apesar de tudo, engajado. Aliás, hoje, diante de vocês, falo, e isso significa que a solidão não me satisfaz.

Desde o início dessa exposição, postulei o fato de que o erotismo tinha o sentido da solidão, em oposição à santidade cujo valor se propõe a todos os outros homens. Não posso levar em consideração um só instante o fato de que, para um certo número de vocês, o erotismo, de antemão, pode ter um valor que a santidade não tem. Qualquer que seja a ilusão possível, quaisquer que sejam as razões dessa impotência, o erotismo é em princípio o que só tem sentido para um só e para um casal. O discurso não o recusa menos que o trabalho. É aliás verossímil que o discurso e o trabalho estejam ligados. Esta exposição é um trabalho, e não deixei de experimentar, ao prepará-la, esse sentimento de pavor que inicialmente devemos vencer para trabalhar. O erotismo tem, de uma maneira fundamental, o sentido da morte. Aquele que compreende por um instante o valor do erotismo, logo percebe que esse valor é o da morte. É um valor talvez, mas a solidão o sufoca.

Tentarei agora mostrar, para ir até o limite da questão, o que o cristianismo significa em relação ao conjunto das questões que quis colocar. Não é que, falando da santidade, acredite dever expressamente falar da santidade cristã. Mas, queira ou não, no espírito dos que me escutam, não há diferença, em princípio, entre santidade e santidade cristã. E não introduzi essa noção para depois esquivá-la. Se volto às noções que me esforcei por introduzir há pouco, devo salientar o fato de que, nos limites do cristianismo, o que chamo de transgressão é chamado de pecado. O pecado é uma falta, o que não deveria ter ocorrido. Consideremos em primeiro lugar a morte na cruz: é um sacrifício, é o sacrifício de que o próprio Deus é vítima. Mas, ainda que o sacrifício nos redima, ainda que a Igreja celebre a culpa, que é seu princípio, cantando seu paradoxal *Felix culpa!* – a culpa feliz! – o que nos redime é ao mesmo tempo o que não devia ter ocorrido. Para o cristianismo, o interdito é absolutamente afirmado, e a transgressão, qualquer que seja, é definitivamente condenável. Contudo, a condenação é suspensa em consequência justamente da falta mais condenável, da transgressão mais profunda que podia ser considerada. A passagem do erotismo à santidade tem muito sentido. É a passagem do que é maldito e rejeitado ao que é fasto e bendito. Por um lado, o erotismo é a culpa solitária, o que só nos salva opondo-nos a todos os outros, o que só nos salva na euforia de uma ilusão, uma vez que, em definitivo, o que no erotismo nos levou ao extremo grau da intensidade nos atinge ao mesmo tempo com a maldição da solidão. Por outro lado, a santidade nos tira da solidão, mas sob a condição de aceitar este paradoxo: – *Felix culpa!* a feliz culpa! – cujo excesso mesmo nos redime. Só uma esquiva nos permite nessas condições retornar a nossos semelhantes. Essa esquiva merece sem dúvida o nome de renúncia, já que, no cristianismo, não podemos ao mesmo tempo operar e gozar a transgressão, somente outros podem gozá-la na condenação da solidão! O acordo com seus semelhantes só é encontrado pelo cristão sob a condição de não mais gozar do que o libera, do que, entretanto, nunca é senão a transgressão, a violação dos interditos sobre os quais repousa a civilização.

É verdade, se seguimos o caminho indicado pelo cristianismo, podemos não apenas sair da solidão, mas atingir uma espécie de equilíbrio que escapa ao desequilíbrio primordial, de que parto, que nos impede de conciliar a disciplina e o trabalho com a experiência do extremo. A santidade cristã nos abre ao menos a possibilidade de conduzir até o extremo a experiência dessa convulsão final que nos lança, no extremo, à morte. Não há entre a santidade e a transgressão do interdito concernente à morte uma coincidência total. É sobretudo a guerra que é a transgressão desse interdito. Mas a santidade não está menos situada à altura da morte: a santidade se assemelha nisso ao heroísmo guerreiro que o santo vive como se morresse. Mas não há aí uma distorção espantosa? ele vive como se morresse, mas a fim de encontrar a vida eterna! A santidade é sempre um projeto. Talvez não em sua essência. Santa Teresa dizia que mesmo que o inferno devesse engoli-la, ela tinha que perseverar. Seja como for, a intenção da vida eterna se liga à santidade como a seu contrário. Como se, na santidade, só um compromisso permitisse acordar o santo à massa, acordar o santo a todos os outros. À massa, e é a mesma coisa, à filosofia, vale dizer, ao pensamento comum.

O mais estranho é que um acordo pôde se estabelecer entre a transgressão resoluta e os outros, mas sob a condição de não falar. Esse acordo é realizado em todas as formas de religiões arcaicas. O cristianismo inventou a única via aberta à transgressão que permitiu ainda falar. Reconheçamos aqui simplesmente que o discurso, indo além do cristianismo, tende a negar tudo o que se assemelha à transgressão, a negar ao mesmo tempo tudo que se assemelha ao interdito. No plano da sexualidade, considere-se a aberração do nudismo, negação do interdito sexual, negação da transgressão, necessariamente engendrada pelo interdito. Pode-se dizer que o discurso é a negação daquilo que define o humano por oposição ao animal.

De minha parte – parece-me – ao falar – ter prestado uma espécie de homenagem – bastante pesada – ao silêncio. Homenagem também – talvez – ao erotismo. Mas quero, nesse ponto, convidar os que me escutam à pior desconfiança. Falo, em suma, uma linguagem morta. Essa linguagem, acredito, é a da filosofia. Ousarei dizer aqui que, a meu ver, a filosofia é também imolação da linguagem. É também um sacrifício. Essa operação de que falei, que faz a síntese de todos os possíveis, é a supressão de tudo o que a linguagem introduz, que faz com que a experiência da vida exuberante – e da morte – seja substituída por um domínio neutro, um domínio indiferente. Quis convidá-los a desconfiar da linguagem. Devo portanto, ao mesmo tempo, pedir que desconfiem do que lhes disse. Não quero terminar aqui com uma palhaçada, mas quis falar uma linguagem igual a zero, uma linguagem que seja a equivalência de nada, uma linguagem que retorne ao silêncio. Não falo do nada, que me parece por vezes um pretexto para acrescentar ao discurso um capítulo especializado, mas da supressão daquilo que a linguagem acrescenta ao mundo. Sinto que essa supressão, sob uma forma rigorosa, é impraticável. Não se trata tampouco de introduzir uma nova forma de dever. Mas faltaria a mim mesmo se não os colocasse de sobreaviso contra uma utilização inoportuna do que disse. Tudo o que, a partir daí, não nos retirasse do mundo (no sentido em que, para além da Igreja, ou contra a Igreja, uma espécie de santidade retira do mundo), trairia minha intenção. Disse que a disciplina, engajando-nos nas vias do trabalho, nos afasta da experiência dos extremos. É certo, ao menos num sentido geral, mas essa experiência também tem a sua disciplina. Em todo caso, essa disciplina é antes de tudo contrária a toda forma de apologia verbosa do erotismo. Disse que o erotismo era silêncio, que era solidão. Mas ele não o é para aqueles cuja presença no mundo, por si só, é pura negação do silêncio, tagarelice, esquecimento da solidão possível.

ESTUDO VII
Prefácio de "Madame Edwarda"

> *A morte é o que há de mais terrível,*
> *e manter a obra da morte é*
> *o que exige a maior força.*
> HEGEL

O próprio autor de *Madame Edwarda* chamou atenção para a gravidade de seu livro.[116] Não obstante, parece-me importante insistir, em razão da leviandade com que se costuma tratar os escritos cujo tema é a vida sexual. Mas peço ao leitor de meu prefácio que reflita um instante sobre a atitude tradicional em relação ao prazer (que no jogo dos sexos atinge a maior intensidade) e à dor (que a morte apazigua, é verdade, mas que primeiro leva ao paroxismo). Um conjunto de condições nos conduz a fazer do homem (da humanidade) uma imagem igualmente afastada do prazer extremo e da extrema dor: os interditos mais comuns atingem a vida sexual e a morte, de modo que uma e outra formaram um domínio sagrado, pertencente à religião. O mais penoso começou quando apenas os interditos concernentes

---

[116] PIERRE ANGÉLIQUE.* *Madame Edwarda*. 3· ed. J. J. Pauvert, 1956, in-8°.

* Àquela altura – 1957 – todo mundo já sabia que o autor de *Madame Edwarda*, publicado inicialmente em 1942 (embora datado de 1937), era o próprio Bataille. (N.T.)

às circunstâncias da desaparição do ser receberam um aspecto grave, tendo aqueles concernentes às circunstâncias da aparição – toda a atividade genética – deixado de ser tomados a sério. Não está em questão protestar contra a tendência do grande número: ela é a expressão do destino, que quis que o homem risse de seus órgãos reprodutores. Mas esse riso, que acusa a oposição do prazer e da dor (a dor e a morte são dignas de respeito, ao passo que o prazer é derrisório, condenado ao desprezo), indica também seu parentesco fundamental. O riso não é mais respeitoso, mas é o signo do horror. O riso é a atitude de compromisso que o homem adota em presença de um aspecto que repugna, quando esse aspecto não parece grave. Dessa forma, o erotismo considerado gravemente, tragicamente, representa uma inversão.

Quero antes de tudo deixar claro a que ponto são vãs essas afirmações banais segundo as quais o interdito sexual é um preconceito de que já é tempo de se desfazer. A vergonha, o pudor, que acompanham o sentimento do prazer não seriam mais do que provas de ininteligência. Isso equivale a dizer que deveríamos fazer enfim tábula rasa e voltar ao tempo da animalidade, da livre devoração e da indiferença às imundices. Como se a humanidade inteira não resultasse de movimentos de horror seguidos de atração, aos quais se ligam a sensibilidade e a inteligência. Mas sem nada querer opor ao riso de que a indecência é a causa, é-nos possível retornar – em parte – a uma visão que só o riso introduziu.

É o riso, com efeito, que justifica uma forma de condenação desonrosa. O riso nos engaja nessa via em que o princípio de uma interdição, de decências necessárias, inevitáveis, se transforma em hipocrisia fechada, em incompreensão do que está em jogo. A extrema licença ligada ao gracejo se acompanha de uma recusa de tomar a sério – ou seja, *tragicamente* – a verdade do erotismo.

O prefácio desse pequeno livro, em que o erotismo é representado sem desvios, abrindo para a consciência de um dilaceramento, é para mim a ocasião de um apelo que desejo patético. Não que seja a meus olhos surpreendente que o espírito se desvie de si mesmo e, por assim dizer, virando as costas para si mesmo, torne-se em sua obstinação a caricatura de sua verdade. Se o homem precisa da mentira, depois de tudo, a decisão é dele! O homem que, talvez, tem seu orgulho, está afogado pela massa humana. Mas enfim. Nunca esquecerei o que se liga de violento e de maravilhoso à vontade de abrir os olhos, de olhar de frente *o que acontece, o que é*. E eu não saberia *o que acontece*, se não soubesse nada do prazer extremo, se não soubesse nada da extrema dor.

Entendamo-nos. Pierre Angélique toma o cuidado de dizê-lo: Não sabemos nada e estamos no fundo da noite. Mas ao menos podemos ver o que nos engana, o que nos desvia de conhecer nossa aflição, de saber, mais exatamente, que a alegria é a mesma coisa que a dor, a mesma coisa que a morte.

Aquilo de que esse grande riso, suscitado pelo gracejo licencioso, nos desvia é a identidade do prazer extremo e da extrema dor: a identidade do ser e da morte, do saber que se conclui nessa perspectiva radiante e da obscuridade definitiva. Dessa verdade, sem dúvida, poderemos rir no final, mas dessa vez de um riso inteiro, que não se detém no desprezo daquilo que pode ser repugnante, mas cujo nojo nos paralisa.

Para ir ao extremo do êxtase em que nos perdemos no gozo, devemos sempre postular seu imediato limite: é o horror. Não somente a dor dos outros ou a minha própria, aproximando-me do momento em que o horror me sublevará, pode me fazer chegar ao estado de alegria vizinho ao delírio, mas não há forma de repugnância de que eu não discirna a afinidade com o desejo. Não que o horror se confunda alguma vez com a atração, mas, se não pode inibi-la, destruí-la, o *horror intensifica a atração*. O perigo paralisa, mas, menos forte, pode excitar o desejo. Só chegamos ao êxtase na perspectiva, mesmo que longínqua, da morte, do que nos aniquila.

Um homem difere de um animal na medida em que certas sensações o ferem e o liquidam no mais íntimo. Essas sensações variam de acordo com o indivíduo e com as maneiras de viver. Mas a visão do sangue, o odor do vômito, que suscitam em nós o horror da morte, nos fazem por vezes conhecer um estado de náusea que nos atinge mais cruelmente que a dor. Não suportamos essas sensações ligadas à vertigem suprema. Alguns preferem a morte ao contato com uma serpente, mesmo inofensiva. Existe um domínio em que a morte não significa mais apenas a desaparição, mas o movimento intolerável em que desaparecemos *apesar de nós mesmos*, quando, *a qualquer preço*, seria preciso não desaparecer. São justamente esse *a qualquer preço* e esse *apesar de nós mesmos* que distinguem o momento da extrema alegria e do êxtase inominável mas maravilhoso. Se não há nada que nos supere, que nos supere apesar de nós mesmos, devendo *a qualquer preço* não ser, não atingimos o momento *insensato* a que tendemos com todas as nossas forças e que ao mesmo tempo repudiamos com todas as nossas forças.

O prazer seria desprezível se não fosse essa superação aberrante, que não é reservada ao êxtase sexual, e que os místicos de diferentes religiões, e em primeiro lugar os místicos cristãos, conheceram da mesma forma. O ser nos é dado numa superação *intolerável* do ser, não menos intolerável do que a morte. E já que, na morte, ao mesmo tempo em que nos é dado, ele é também retirado de nós, devemos buscá-lo no *sentimento* da morte, nesses momentos intoleráveis em que nos parece que morremos, porque o ser em nós só está lá por excesso, quando a plenitude do horror e da alegria coincidem.

Mesmo o pensamento (a reflexão) só se conclui em nós no excesso. Que significa a verdade, fora da representação do excesso, se só vemos o que excede a possibilidade de ver o que é intolerável de ver, como, no êxtase, é intolerável gozar? se pensamos o que excede a possibilidade de pensar?[117]

Ao término dessa reflexão patética, que, num grito, aniquila a si mesma, uma vez que afunda na intolerância de si mesma, encontramos

---

[117] Desculpo-me por acrescentar aqui que essa definição do ser e do excesso não pode se fundar filosoficamente na medida em que o excesso excede o fundamento: o excesso é aquilo mesmo pelo que o ser é em primeiro lugar, antes de todas as coisas, fora de todos os limites. O ser sem dúvida se encontra também nesses limites: esses limites nos permitem falar (falo também, mas, falando, não esqueço que a fala, não apenas me escapará, mas me escapa). Essas frases metodicamente ordenadas são possíveis (elas o são em grande medida, já que o excesso é a exceção, é o maravilhoso, o milagre...; e o excesso designa a atração – a atração, senão o horror, de tudo o que é *mais do que o que é*), mas sua impossibilidade é dada de início: de forma que jamais estou preso; jamais me subordino, mas reservo minha soberania, que só minha morte, que provará a impossibilidade em que eu estava de me limitar ao ser sem excesso, separa de mim. Não recuso o conhecimento sem o qual não escreveria, mas essa mão que escreve é *moribunda* e por essa morte a ela prometida, escapa aos limites aceitos ao escrever (aceitos pela mão que escreve, mas recusados pela que morre).

Deus. É o sentido, é a enormidade desse livrinho *insensato*: esse relato coloca em jogo, na plenitude de seus atributos, o próprio Deus; e esse Deus, não obstante, é uma prostituta, em tudo semelhante às outras. Mas aquilo que o misticismo não pôde dizer (no momento de dizê-lo, ele desfalecia), o erotismo o diz: Deus não é nada se não for superação de Deus em todos os sentidos; no sentido do ser vulgar, naquele do horror e da impureza; finalmente, no sentido de nada... Não podemos acrescentar à linguagem impunemente a palavra que supera as palavras, a palavra *Deus*; a partir do instante em que o fazemos, essa palavra, superando a si mesma, destrói vertiginosamente seus limites. O que ela é não recua diante de nada. Ela está em toda parte onde é impossível esperá-la: ela própria é uma *enormidade*. Quem quer que tenha dela a menor suspeita se cala imediatamente. Ou, buscando a saída, e sabendo que se enreda cada vez mais, busca em si aquilo que, podendo aniquilá-lo, torna-o semelhante a Deus, semelhante a nada.[118]

Nessa inenarrável via em que nos engaja o mais incongruente de todos os livros, é possível, no entanto, que façamos algumas descobertas ainda.

Por exemplo, ao acaso, a da felicidade...

A alegria se encontraria justamente na perspectiva da morte (assim, ela está mascarada sob o aspecto de seu contrário, a tristeza).

Não sou nem um pouco inclinado a pensar que o essencial neste mundo seja a volúpia. O homem não é limitado ao órgão do gozo. Mas esse inconfessável órgão lhe ensina um segredo.[119] Uma vez que o gozo depende da perspectiva deletéria aberta ao espírito, é provável

---

[118] Eis aqui, portanto, a primeira teologia proposta por um homem que o riso ilumina e que se digna a não limitar *o que não sabe o que é o limite*. Marque o dia em que você está lendo isso com uma pedra de fogo, você que empalideceu lendo os textos dos filósofos! Como pode se exprimir aquele que os faz calar, senão de uma maneira inconcebível para eles?

[119] Eu poderia fazer observar, além do mais, que o excesso é o princípio da reprodução sexual: com efeito, a *divina providência* quis que, em sua obra, seu segredo permanecesse legível! Nada podia ser poupado ao homem? No mesmo dia em que percebe que o chão lhe falta, é-lhe dito que ele lhe falta providencialmente. Mas, mesmo que abortasse com sua blasfêmia, é blasfemando, cuspindo sobre seu limite, que o mais miserável goza. É blasfemando que ele é Deus. Tanto é verdade que a *criação* é inextricável, irredutível a outro movimento de espírito que não a certeza, sendo excedido, de exceder.

que trapaceemos e tentemos atingir a alegria aproximando-nos o mínimo possível do horror. As imagens que excitam o desejo ou provocam o espasmo final são ordinariamente suspeitas, equívocas: se é o horror, se é a morte que têm em vista, é sempre de uma maneira dissimulada. Mesmo na perspectiva de Sade, a morte é desviada para o outro, e o outro é antes de tudo uma expressão deliciosa da vida. O domínio do erotismo está fadado sem escapatória à astúcia. O objeto que provoca o movimento de Eros se dá sempre por algo diferente do que realmente é. De tal forma que, em matéria de erotismo, são os ascetas que têm razão. Os ascetas dizem da beleza que ela é a armadilha do diabo: só a beleza, com efeito, torna tolerável uma necessidade de desordem, de violência e de indignidade, que é a raiz do amor. Não posso examinar aqui em detalhes delírios cujas formas se multiplicam e entre os quais o amor puro nos faz conhecer dissimuladamente o mais violento, que leva aos limites da morte o excesso cego da vida. Sem dúvida, a condenação ascética é grosseira, covarde, cruel, mas está de acordo com o tremor sem o qual nos afastamos da verdade da noite. Não há razão para dar ao amor sexual uma eminência que só a vida em sua totalidade tem, mas se não levássemos a luz até o ponto mesmo em que a noite cai, como nos saberíamos o que realmente somos: feitos da projeção do ser no horror? Se o ser se perde, se afunda no vazio nauseante a que, *a qualquer preço*, devia escapar...

Nada, seguramente, é mais temível. A que ponto as imagens do inferno nos pórticos das igrejas deveriam nos parecer derrisórias! O inferno é a ideia fraca que Deus nos dá involuntariamente de si mesmo. Mas, na escala da perda ilimitada, reencontramos o triunfo do *ser* – a que nunca faltou mais do que se harmonizar com o movimento que o quer perecível. O ser convida a si mesmo para a terrível dança cuja síncope é o ritmo dançarino, e que devemos tomar como é, sabendo apenas o horror com que ela está de acordo. Se o coração nos falta, nada há de mais suplicante. E o momento suplicante jamais faltará: como, se ele nos faltasse, superá-lo? Mas o *ser aberto* – à morte, ao suplício, à alegria – sem reserva, o ser aberto e moribundo, dolorido e feliz, aparece já em sua luz velada: essa luz é divina. E o grito que, a boca retorcida, esse ser – em vão? – quer fazer escutar é um imenso *aleluia*, perdido no silêncio sem fim.

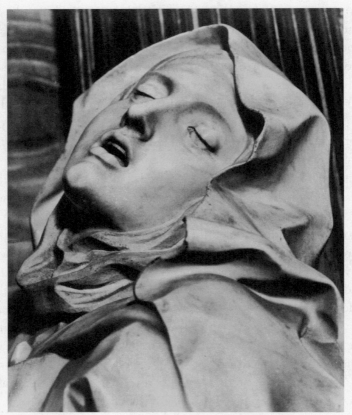

Lâmina XX. Bernini. O êxtase de Santa Teresa. Roma. Igreja Santa-Maria da Vitória (*Fotografia de Anderson-Giraudon*).

"Há similitudes flagrantes, e mesmo equivalências e trocas, entre os sistemas de efusão erótica e mística. Mas essas relações só podem aparecer claramente a partir do conhecimento experimental das duas espécies de emoções. [...] Na prática, os estados que preservariam os psiquiatras de ter um julgamento precipitado não entram no campo de sua experiência; eles só nos são conhecidos na medida em que são pessoalmente experimentados. As descrições dos grandes místicos poderiam, em princípio, atenuar essa ignorância, mas essas descrições desconcertam em razão mesmo de sua simplicidade, elas não oferecem nada que se aproxime dos sintomas dos neuropatas [...]. Elas não apenas dão pouca margem à interpretação dos psiquiatras, como também seus inapreensíveis dados escapam normalmente a sua atenção. Se queremos determinar o ponto em que se esclarece a relação entre o erotismo e a espiritualidade mística, devemos voltar à visão interior de que, salvo raras exceções, apenas os religiosos partem." (p. 252-253)

Conclusão

    Se meus leitores se interessavam pelo erotismo da mesma maneira que pelos problemas separados, de um ponto de vista especializado, não tinham o que fazer com este livro.
    Não digo que o erotismo seja o mais importante. O problema do trabalho é mais urgente. Mas é um problema à altura de nossos meios, ao passo que o erotismo é o problema dos problemas. Enquanto animal erótico, o homem é para si mesmo um problema. O erotismo é em nós a parte problemática.
    O especialista nunca está à altura do erotismo.
    Entre todos os problemas, o erotismo é o mais misterioso, o mais geral, o mais à parte.
    Para aquele que não pode se esquivar, para aquele cuja vida se abre à exuberância, o erotismo é, por excelência, o problema pessoal. É ao mesmo tempo, por excelência, o problema universal.
    O momento erótico é também o mais intenso (exceto, se quisermos, a experiência dos místicos). Assim, ele está situado no ápice do espírito humano.
    Se o erotismo está no ápice, a interrogação que coloco no fim de meu livro também está, ao mesmo tempo, situada ali.
    Mas ela é filosófica.
    A suprema interrogação filosófica coincide, acredito, com o ápice do erotismo.
    Esse exame rápido que ofereço como conclusão é, em certo sentido, estranho ao conteúdo definido de meu livro: do erotismo, ele passa à filosofia, mas, justamente, acredito que, por um lado, o erotismo não pode sem mutilação se

reduzir ao aspecto separado do resto da vida que é no espírito da maioria. Por outro lado, a própria filosofia não pode se isolar. Há um ponto em que devemos apreender o conjunto dos dados do pensamento, o conjunto dos dados que nos colocam em jogo no mundo.

Esse conjunto evidentemente nos escaparia se a linguagem não o expusesse.

Mas, se a linguagem o expõe, só pode fazê-lo em partes sucessivas que se desenvolvem no tempo. Jamais nos será dada, num só e supremo instante, essa visão global, que a linguagem fragmenta em aspectos separados, ligados na coesão de uma explicação, mas que se sucedem sem se confundir em seu movimento analítico.

Assim, a linguagem, reunindo a totalidade do que nos importa, ao mesmo tempo a dispersa. Nela, não podemos apreender o que nos importava, que se esquiva sob a forma de proposições que dependem umas das outras, sem que jamais apareça o conjunto ao qual cada uma delas remete. Nossa atenção permanece fixada nesse conjunto que a sucessão das frases faz escapar, mas não podemos fazer com que a plena luz substitua o piscar dessas frases sucessivas.

A essa dificuldade, a maior parte dos homens é indiferente.

Não é necessário responder à interrogação que em si mesma é a existência. E nem mesmo necessário colocá-la.

Mas o fato de que um homem não responda a ela, nem sequer a coloque, não elimina a interrogação.

Se alguém me perguntasse o que nós somos, eu, de qualquer modo, lhe responderia: essa abertura a todo o possível, essa expectativa que nenhuma satisfação material poderá apaziguar e que o jogo da linguagem não poderia enganar! Estamos à procura de um ápice. Cada um, se lhe agrada, pode negligenciar a procura. Mas a humanidade em seu conjunto aspira a esse ápice, que só ele a define, que só ele é sua justificação e seu sentido.

Esse ápice, esse momento supremo, é distinto daquele a que visa a filosofia.

A filosofia não sai de si mesma, não pode sair da linguagem. Utiliza a linguagem de tal maneira que o silêncio nunca a sucede. De modo que o momento supremo excede necessariamente a interrogação filosófica. Excede-a ao menos na medida em que a filosofia pretende responder à sua própria interrogação.

Eis como devemos situar a dificuldade.

A interrogação só tem sentido quando elaborada pela filosofia: é a interrogação suprema cuja resposta é o momento supremo do erotismo – o silêncio do erotismo.

O momento da filosofia prolonga o do trabalho e do interdito. Sobre esse ponto, renuncio a me estender. Mas a filosofia, ao se desenvolver (não sabendo interromper seu movimento) se opõe à transgressão. Se passasse da base do trabalho e do interdito (que estão de acordo e se completam) à da transgressão, a filosofia não seria mais o que é, mas sua derrisão.

A transgressão, em relação ao trabalho, é um jogo.

A filosofia, no mundo do jogo, se dissolve.

Dar à filosofia a transgressão por fundamento (é o procedimento de meu pensamento) é substituir a linguagem por uma contemplação silenciosa. É a contemplação do ser no ápice do ser. A linguagem não desapareceu de modo algum. O ápice seria acessível se o discurso não tivesse revelado os acessos a ele? Mas a linguagem que os descreveu não tem mais sentido no instante decisivo, quando a própria transgressão substitui a exposição discursiva da transgressão. Mas um momento supremo se acrescenta a essas aparições sucessivas: nesse momento de profundo silêncio – nesse momento de morte – se revela a unidade do ser, na intensidade das experiências em que sua verdade se destaca da vida e de seus objetos.

Na introdução deste livro, esforcei-me – no plano da linguagem – por dar a esse momento supremo uma abordagem compreensível, remeti-o ao sentimento da continuidade do ser.

Como disse, o texto da introdução é o de uma conferência. A essa conferência, assistia Jean Wahl que, depois, me fez a seguinte objeção (esse sentimento de continuidade, eu o atribuíra aos parceiros do jogo erótico):

> Um dos parceiros, disse Jean Wahl, deve ter consciência da continuidade. Bataille nos fala, Bataille escreve, está consciente e, no momento em que está consciente, a continuidade pode ser rompida. Não sei o que dirá Bataille, mas me parece que há aí um problema real... A consciência da continuidade não é mais continuidade, mas então não se pode mais falar.

Jean Wahl me compreendera com exatidão.

Respondi-lhe na mesma hora, dizendo-lhe que tinha razão, mas que no limite, por vezes, a continuidade e a consciência se aproximam.

Com efeito, o momento supremo está no silêncio e, no silêncio, a consciência se esquiva.

Escrevia agora há pouco: "nesse momento de profundo silêncio – nesse momento de morte..."

Que seríamos nós sem a linguagem? Ela fez de nós o que somos. Só ela revela, no limite, o momento soberano em que não tem mais curso. Mas, no fim, aquele que fala revela sua impotência.

A linguagem não é dada independentemente do jogo do interdito e da transgressão. É por isso que a filosofia, para dar conta, se possível, do conjunto dos problemas, deve retomá-los a partir de uma análise histórica do interdito e da transgressão. É na contestação, fundada na crítica das origens, que a filosofia, transformando-se numa transgressão da filosofia, chega ao ápice do ser. O ápice do ser só se revela em sua totalidade no movimento da transgressão, em que o pensamento fundado, pelo trabalho, no desenvolvimento da consciência, supera por fim o trabalho, sabendo que não pode se subordinar a ele.

Posfácio

Traços de Eros

Eliane Robert Moraes[1]

1

Antes mesmo de qualquer palavra, o que Georges Bataille oferece ao leitor de *O erotismo* é uma imagem. Logo no início do livro se vê a foto de um monumento em forma de falo, sustentado por um pedestal onde se destaca a silhueta de uma grande ave em pé, ostentando uma posição igualmente fálica. Reconhece-se nela a figura de proa do cortejo dionisíaco, que se faz representar nos altos-relevos laterais. A exemplo do pássaro-falo, que era carregado no primeiro carro do cortejo, o monumento helenístico da ilha de Delos se impõe na porta de entrada deste livro único, que concede à imagem um lugar de honra, convocando-a a presidir o que vem escrito nas páginas seguintes.

Não se deve, porém, tirar conclusões apressadas dessa embocadura fálica, uma vez que se trata de um monumento em ruínas, do qual a fotografia só registra uma parte, um resto, uma sobra – um quase nada, enfim, diante do que podem ter sido os cultos no antigo santuário de Dioniso onde ele foi erguido. A imagem que abre este

---

[1] Professora de literatura brasileira da USP e pesquisadora do CNPq. Traduziu *História do olho* (Cosac & Naify, 2003) de Georges Bataille e publicou, entre outros, *O corpo Impossível* (Iluminuras/Fapesp, 2002), *Lições de Sade* (Iluminuras, 2006) e *Perversos, amantes e outros trágicos* (Iluminuras, 2013).

volume não é, portanto, autônoma, plena ou mesmo completa; e, sobretudo, não se esgota em si mesma. Reprodução de uma ruína, ela resta como traço de algo que já não está mais lá, que ficou irremediavelmente subtraído à nossa visão e que, por isso mesmo, nos convida a olhar para um lugar outro. A imagem, aqui, evoca o que não se vê.

Daí sua diferença capital com a soberba dos grandes monumentos que, segundo Bataille, expressam os ideais mais despóticos de uma sociedade e se edificam "como diques, opondo a lógica da majestade e da autoridade a todos os elementos perturbadores". Nestes, como completa o pensador, o que salta aos olhos é a ordenação matemática imposta à pedra, e o que fala mais alto é o desejo de correção, movido pela obstinada tentativa de calar a instabilidade humana. Em suma, as edificações monumentais se valem da eloquência visual para "constranger o espírito a um ideal oficial".[2] No sentido oposto, os destroços do monumento dionisíaco reproduzido em *O erotismo* parecem abrir caminho para a expressão dos processos humanos que acolhem os aspectos mais instáveis da vida, supostos tanto no caos do universo quanto na irregularidade das formas.

Imagem destituída de autoridade oficial, a foto em questão oferece uma importante chave de leitura do volume, e por várias razões. Antes de tudo, por reiterar uma qualidade que não se limita a este livro e se estende a toda a obra batailliana, onde a instabilidade ganha inequívoco estatuto de fundamento. Nunca é demais lembrar que, contra os monumentos filosóficos, Bataille sempre buscou expressar um pensamento móvel e inacabado, convicto de que "uma filosofia jamais é uma casa, mas um canteiro de obras". Avesso aos edifícios mentais por demais coesos e coerentes, que costumam ignorar "os terrenos baldios e os montes de detritos" espalhados ao seu redor, ele cultivou uma forma de pensar que levava em conta a precariedade, a insuficiência e a impotência humana.[3]

Não surpreende que tal concepção tenha orientado também a escolha das ilustrações do presente volume, para a qual o autor contou com a estreita colaboração do amigo Michel Leiris, a quem o trabalho

---

[2] BATAILLE, Georges. Architecture. In: *Œuvres Complètes*. Paris: Gallimard, 1970, tomo I, p. 171- 172.

[3] BATAILLE, Georges. *Théorie de la Réligion*. In: *Œuvres Complètes*. Paris: Gallimard, 1976, tomo VVI, p. 287.

é dedicado. Como ocorre com a foto inicial, que nos convoca para além daquilo que mostra, as vinte figuras que fazem parte do livro parecem, todas, conduzir nosso olhar para um mundo outro, como se nada mais fossem do que os traços possíveis de um domínio que resiste a toda e qualquer representação. Mas, para além da velha dúvida sobre a capacidade mimética das imagens, o que realmente interessa, neste caso, é não o que foi subtraído ao olhar, mas a própria dramatização dessa ausência.

Aliás, talvez seja essa a característica comum a todas as ilustrações do volume, compreendendo de desenhos modernos a pinturas acadêmicas, de gravuras rupestres a esculturas clássicas, de iluminuras a estátuas funerárias, de medalhas antigas a uma notável variedade de fotografias. Tudo leva a crer, portanto, que a inclusão de figuras tão distintas se orientou pelo firme propósito de evidenciar uma falha que é constitutiva do objeto em questão. Dito de outro modo: a imagem, aqui, sempre evoca uma ausência, e é precisamente essa ausência que está na base da reflexão batailliana sobre o erotismo.

2

A segunda ilustração que se oferece ao leitor é um desenho de André Masson, datado de 1928, no qual uma mulher enforcada contracena com a nudez lasciva de seu algoz masculino. Ela se impõe por meio de contornos nítidos; ele aparece envolto em sombras. A composição joga com essa diferença de modo a criar uma tensão entre o que complementa e o que contrapõe as duas figuras: suspenso por uma corda, o cadáver feminino ganha uma silhueta definida, enquanto o sujeito da convulsão erótica se perde em opacidades, embora fixado a uma pesada base no chão. Ao corpo enrijecido da morta se opõe o corpo instável e fugidio do vivo, assim como a suspensão contrasta com a solidez do pedestal, para resultar em uma cena que estabelece uma relação particular e profunda entre o erotismo, a morte e o domínio das formas.

Não por acaso, são exatamente esses três vértices que compõem o argumento central do ensaio de Bataille. Vale lembrar que, já na introdução, o leitor é alertado de que a "passagem do estado normal ao de desejo erótico supõe em nós a dissolução relativa do ser constituído". Aliás, como observa o autor logo em seguida, o próprio termo *dissolução* corresponde à expressão corrente "vida *dissoluta*" que, ligada à atividade erótica, vem confirmar a pertinência da relação entre o sexo, a finitude e a o devir das formas. A dissolução seria, segundo tal concepção, o resultado de um processo de fusão entre dois seres que, misturados um ao outro, vão perdendo seus contornos individuais até atingirem, juntos, o mesmo ponto extremo onde já não é mais possível distinguir qualquer forma. No fim das contas, completa o pensador, "toda a operação erótica tem por princípio uma destruição da estrutura do ser fechado que é, no estado normal, um parceiro do jogo".

    É digno de nota que o desenho tenha sido criado originalmente para uma edição de *Justine*, do marquês de Sade. Afinal, esse é um romance que efetivamente confirma, a cada página, a relação entre os três elementos centrais da erótica batalliana, reiterando-a até a exaustão. Se, como insiste Bataille, o que está em jogo na vida erótica é sempre uma dissolução das formas constituídas, a imaginação sadiana só faz prolongar essa disposição, levando-a cada vez mais longe. Explica o autor de *O erotismo*: "Trata-se de introduzir, no interior de um mundo fundado sobre a descontinuidade, toda a continuidade de que esse mundo é capaz. A aberração de Sade excede tal possibilidade. Ela atrai um pequeno número de seres e, por vezes, há aqueles que vão até o extremo". Desnecessário dizer que *A enforcada*, de Masson, voltada para a *hybris* excessiva que caracteriza os personagens do marquês, visa à encenação desse extremo.

    Interessa observar que, também nesse caso, a imagem propõe uma intensa problematização do olhar. Basta abordar de perto o desenho para se perceber que nem ao menos temos acesso aos olhos dos dois personagens, cujos rostos foram retirados do nosso campo de visão. Não são os rostos, pois, que têm o poder de dramatizar a ausência constitutiva do erotismo, mas sim o que ali resta, tal como as ruínas do monumento de Dioniso, em semelhante condição de resto. A saber, os dois corpos sem rostos que contracenam lado a lado, sob o estranho fundo geométrico, cada qual entregue a seu próprio destino: um, em plena convulsão dos órgãos do prazer, dando a ver o movimento fugidio da existência; o outro, já fixado na contração definitiva que traduz o fim da vida.

    A imagem, trágica e perturbadora, evoca a finitude. Ou, para colocar nos termos do autor, ela insinua a devolução dos seres descontínuos, sujeitos fechados em suas singularidades, para a massa indistinta do universo. Afinal, a experiência de continuidade com o mundo que está na base do erotismo de Bataille, não tem no horizonte uma dinâmica de dissolução que supõe justamente a transformação dos sujeitos em objetos? Não se trata, então, de uma passagem que instaura o reino da mais completa indiferença, seja entre os seres, seja entre as formas? E esse reino não é precisamente aquele que anuncia a homogeneidade absoluta da morte?

A questão é complexa, e sua resposta, mais ainda. Embora seja difícil contestar a ideia de que o criador da sombria *História do olho* cultiva certo fascínio pela morte, não se pode deixar de reconhecer que, em sua extensa obra, esse fascínio é muitas vezes constrangido a se calar. Basta lembrar as próprias palavras de Bataille neste livro, ao associar uma vez mais o excesso libertino a uma alternativa de exceção, para afirmar que "no erotismo, menos ainda do que na reprodução, a vida descontínua não é condenada, a despeito de Sade, a desaparecer: ela é apenas colocada em questão. Ela deve ser perturbada, desordenada ao máximo". Em suma, não se trata de estabelecer em definitivo a morte dos seres descontínuos, como acontece nos romances sadianos, mas tão somente de transtornar seus alicerces.

Some-se a isso o fato de que o interesse de Bataille pela obra sadiana parece menos motivado pelo princípio destrutivo nela reiterado do que pela dinâmica da transmutação da matéria, de igual importância no sistema libertino. Daí a conclusão, em *La littérature et le mal*, de que a erótica de Sade tem por base uma experiência comum, expressa na ideia de que a sensualidade "é despertada, não só pela presença, mas pela *modificação* do objeto possível".[4] Não é, portanto, a destruição que se sublinha nessa abordagem, mas a possibilidade de transformação. No limite do argumento batailliano sobre o marquês está a concepção de que as formas se decompõem e se recompõem indefinidamente, resultando num processo vertiginoso de contínua alteração dos objetos.

Por isso, se a morte ronda essas páginas, marcando presença no que elas oferecem tanto para ler como para ver, a erótica de Bataille jamais se rende por completo ao seu domínio. No mais das vezes, não é realmente o absoluto do desaparecimento que se impõe aqui, mas a

---

[4] BATAILLE, Georges. Sade. In: *La littérature et le mal*, *Œuvres complètes*. Paris: Gallimard, 1979, tomo IX, p. 254. (Grifo do autor).

possibilidade de colocar a vida em questão. De certa forma, é o que se depreende também do desconcertante desenho de André Masson, no qual a força vital do sexo parece indicar um estranho triunfo sobre a morte. E, acaso, não se pode tirar essa mesma conclusão de um ensaio que se inicia com a categórica afirmação de que "o erotismo é a aprovação da vida até na morte"?

3

Entre as fotografias incluídas no livro, as mais expressivas talvez sejam aquelas que reproduzem cenas rituais de particular vitalidade. Duas imagens do trio que é assinado por Pierre Verger mostram flagrantes de um culto *vodu* em que os possuídos, em pleno transe, se entregam a um intenso contato corporal com animais sacrificados, incorporando deles toda sorte de matérias orgânicas como o sangue, as penas, os pelos e até mesmo uma cabeça cortada. Em outra, o que se vê é apenas o rosto de uma mulher que, em meio a um rito, parece abandonada ao êxtase. A foto mais impressionante do conjunto, porém, proveniente do acervo do *Musée de l'homme*, retrata uma dança erótica protagonizada por uma velha africana que, ostentando um enorme pênis artificial entre as pernas, se destaca entre os outros participantes do ritual.

Todos os personagens que aparecem nessas fotos têm os olhos fechados, à exceção de um único, na última imagem acima descrita, cujos olhos abertos são salientados pela forte pintura facial que os contorna e os incorpora, tal qual uma máscara que, aliás, ele é o único do grupo a vestir. Regra e exceção confirmam a problematização do olhar que preside essas imagens de grande vigor dramático. De fato, em todas elas se percebe uma eloquente vitalidade física que, em vez de se oferecer à contemplação, sugere uma comunicação entre os seres que se furta ao mundo visível.

Ora, a corporeidade ostensiva desses rituais, implicando um contato intenso entre as pessoas e as diversas matérias orgânicas, não parece se esgotar em si, mas aponta justamente o oposto: é de se crer que, a exemplo de outras figuras do conjunto, os corpos abandonados à vertigem do transe representem apenas o traço efêmero de algo que lhes escapa. O êxtase físico, aqui, supõe uma dimensão decididamente espiritual. Tudo concorre, pois, para sugerir aquela unidade entre a experiência mística e o erotismo sobre a qual discorre o autor em várias passagens do ensaio e, em particular, nas densas reflexões de *Mística e sensualidade*, que se encontra entre os estudos finais.

Entende-se por que as fotografias dos transes rituais têm como complemento ideal as imagens do *Cristo na Cruz* (da pintura de Grunewald) e do *Êxtase de Santa Teresa* (da escultura de Bernini) também incluídas na série. Assim como os possuídos do culto vodu, as figuras cristãs ensejam, para dizer com Bataille, "similitudes flagrantes, e mesmo equivalências e trocas, entre os sistemas de efusão erótica e mística". A eloquência desses personagens sagrados, cujos olhos são igualmente inacessíveis ao mundo profano, vem confirmar uma concepção de base do livro, exposta já desde o primeiro capítulo, que consiste em considerar o erotismo como uma "experiência interior".

Cabe observar que, embora Bataille reconheça três formas distintas de erotismo – o dos corpos, o sagrado e o dos corações – é na qualidade de aspectos de vida interior que todas elas interessam às suas considerações. E isso inclui, vale insistir, a erótica de veio sexual. Engana-se, diz o autor, quem vê no sexo apenas a busca de um objeto externo ao sujeito desejante, pois a escolha desse objeto "responde à *interioridade* do desejo": na verdade, "ela faz apelo a essa mobilidade interior, infinitamente complexa, que é própria ao homem. O animal também tem uma vida subjetiva, mas essa vida, ao que parece, é dada a ele, como o são os objetos inertes, de uma vez por todas. O erotismo do homem difere da sexualidade animal justamente por colocar em questão a vida interior".

No limite, o movimento do erotismo tem sempre o mesmo fim, implicando uma convulsão interior, não importa se motivado pelo desejo sexual, pela paixão amorosa ou pela fé religiosa. Trata-se de violar a integridade dos corpos, de profanar as identidades definidas, de destruir a ordem descontínua das individualidades, enfim, de dissolver as formas constituídas. Trata-se, em última instância, de ignorar a oposição entre os domínios de Eros e Thanatos, para aceder ao caos da continuidade: "o sentido último do erotismo é a fusão, a supressão do limite".

O testemunho mais radical dessa concepção se encontra em duas outras figuras da série que giram em torno de um mesmo tema, de singular morbidez: *A morte beija uma mulher nua diante da tumba aberta*, de Hans Baldung Grien, e *A morte como lansquenê beija uma jovem mulher*, de Nicolas Manuel Deutsch. A elas poderíamos acrescentar a reprodução de um sombrio quadro de Goya, apresentado sob o título de *Satã sob a forma de um bode cercado de adeptas sacrificando crianças*. Imagens noturnas, sinistras, fantasmáticas, elas propõem a inquietante aproximação de princípios inconciliáveis, expressa tanto na intimidade das terríveis caveiras com as jovens mulheres quanto no contato bestial da figura satânica com as crianças indefesas.

Salta aos olhos o violento jogo de contrastes que essas figuras colocam em cena. Jogo radical entre as forças da vida e da morte, por certo, mas igualmente entre os polos da imanência e da transcendência: abertos às modificações mais extremas que se impõem aos corpos – como o suplício, o êxtase ou o sacrifício –, os personagens da erótica batailliana parecem condenados ao paradoxo de uma presença intensa que dramatiza sem cessar o próprio desaparecimento. Quanto mais mostram, mais ocultam.

4

Estranha correspondência entre o que se exibe e o que se esconde nessas ilustrações. Estranha correspondência entre o que se oferece do lado de fora e o que se mantém guardado no lado de dentro. Duas figuras da série tratam o tema de forma direta e contundente. A primeira delas é uma foto proveniente de arquivos policiais do século XIX. Nela se vê um homem nu, de costas, cujo dorso é coberto por tatuagens; como ele está inclinado para frente, mal se enxerga sua cabeça e menos ainda o rosto, que fica fora do nosso campo de visão. O foco se concentra nas nádegas que, em primeiro plano, exibem uma tatuagem em forma de rosto: um olho em cada metade, o rego formando o nariz e o ânus figurando a boca, salientada ainda por grandes bigodes.

A imagem condensa as ideias registradas num esboço de *O erotismo*, datado de 1950 e significativamente intitulado *Les deux visages*. Nessas notas, Bataille desenvolve a tese de que entre os dois polos da figura humana, indicados pelo alto e o baixo corporal, se estabelecem intensas relações de oposição e de correspondência. Seu ponto de partida repousa numa concepção que privilegia o sistema vertebral dos corpos, tomando a cabeça como o primeiro segmento da coluna que se prolonga até o rabo, no caso dos animais, ou até o *sacrum* e o *coccyx*, no caso dos humanos. Essas considerações anatômicas o levam a concluir que a vida animal nada mais é que "um percurso do orifício inicial ao orifício terminal", relegando os dois pares de membros à condição de apêndices ou, quando muito, a desenvolvimentos laterais do tronco.

Ora, como completa o autor, "nos diversos jogos de amor, os seres humanos provam que têm dois rostos". Prova disso está na correspondência entre a boca e o ânus, aos quais se associam respectivamente outros órgãos faciais e genitais, o que leva Bataille a denominar um de "rosto oral" e, o outro, de "rosto sacral".[5] O segundo constituiria a figura oculta do primeiro e, nessa condição, viria revelar sua imagem noturna. Dessa forma, o rosto sacral seria uma espécie de réplica perversa, que viria interrogar a identidade humana exatamente na fisionomia, ou seja, naquela parte do corpo onde ela sempre foi considerada inequívoca.

Contudo, na medida em que os dois rostos concentram as funções de excreção próprias das extremidades, passíveis de se transferirem de um polo ao outro, eles mantêm entre si uma relação ambivalente. Presididos pelo incessante movimento de vaivém orgânico, ao qual Bataille confere particular relevância quando se refere ao corpo, esses polos podem adquirir aptidões complementares ou correspondentes: assim como a boca está apta a diversas atividades contraditórias, que vão do beijo ao escarro, o mesmo pode ocorrer com o ânus. Afinal, como revelam as práticas eróticas sempre evocadas pelo autor, o rosto formado pelos orifícios inferiores também ganha, por vezes, um alto valor de atração.

Vale observar que o interesse de Bataille pela tópica dos dois rostos não se esgota nessas páginas, compondo um núcleo central em seu pensamento. Antes mesmo de redigir as notas de *O erotismo*, ele já havia pesquisado imagens análogas em diversas iconografias antigas, entre as quais ganham destaque os entalhes gnósticos dos séculos III e IV, que conheceu quando trabalhava no gabinete de medalhas da Biblioteca Nacional da França. Nessas e em outras fontes que atraíram sua atenção desde os anos 1920, não são raras as imagens que associam o rosto ao baixo ventre.

É, portanto, a partir dessa chave que se deve interrogar a estatueta funerária da época romana incluída no conjunto. Proveniente da coleção de Jacques Lacan, ela retrata uma cortesã sagrada que, vestindo

---

[5] BATAILLE, Georges. Le deux visages. In: *La phénoménologie érotique, Œuvres complètes*. Paris: Gallimard, 1976, tomo VIII, p. 527-528. Vale esclarecer que o termo "sacral" remete ao jogo de palavras entre "sacrée" e "sacrum", particularmente significativo num texto que relaciona o êxtase erótico às manifestações sagradas.

trajes solenes, levanta a longa saia com as próprias mãos para deixar o sexo à mostra. Uma vez mais, a matéria sexual surge lado a lado com o conteúdo religioso e o fato de ser essa uma peça da arte funerária só confere maior gravidade à aproximação. Como, porém, interpretá-la?

Jean-Pierre Vernant investiga tal afinidade entre o rosto e o sexo, recorrendo a Baubó, personagem obscura da mitologia grega, que ora se apresenta como um espectro noturno ou uma espécie de ogra assemelhada às divindades infernais, ora na pele de uma velhinha bondosa e engraçada. É sob esse aspecto que ela aparece para atenuar o sofrimento de Deméter, em luto pela perda da filha: com seus gestos indecentes, Baubó consegue romper o jejum da deusa, provocando nela uma explosão de riso. Vernant observa que as representações plásticas do episódio mostram habitualmente um personagem feminino reduzido a um rosto, que é ao mesmo tempo um baixo ventre. Isso confere um significado inequívoco ao ato de Baubó quando levanta o vestido para exibir sua intimidade: o que ela mostra a Demeter é "um sexo disfarçado de rosto, um rosto em forma de sexo; poderíamos dizer: o sexo feito máscara".[6]

A proximidade das palavras de Vernant com as concepções de Bataille fica patente quando cotejada com um dos argumentos centrais deste ensaio: se a máscara do sexo opera a inversão do horror em risível, o que essa ambivalência traduz é "a atitude de compromisso que o homem adota em presença de um aspecto que repugna, quando esse aspecto não parece grave" (293). Por tal razão, como propõe o autor, "o erotismo considerado gravemente, tragicamente, representa uma inversão". Tal é, pois, o sentido mais profundo da antiga tópica dos dois rostos do homem que permanece viva na imaginação humana. Tal é o alcance da afinidade entre o sexo e o rosto, assim formulada por Bataille: "Posso me dizer que a repugnância, que o horror, é o princípio do meu desejo; e que seu objeto, por abrir em mim um vazio tão profundo quanto a morte, move esse desejo que nasceu justamente do seu contrário que é o horror".

5

Apresentar *O erotismo* por meio de suas imagens supõe, por certo, um olhar oblíquo para o livro, no intento de privilegiar a

---

[6] VERNANT, Jean-Pierre. *A morte nos olhos – Figuração do Outro na Grécia Antiga – Artemis e Gorgó*. Tradução de Clóvis Marques. Rio de Janeiro: Zahar, 1988, p. 41.

tangente, a brecha, a via lateral. Mas, por isso mesmo, esse olhar se associa de forma rigorosa ao modo de pensar de Bataille, que opera por deslizamentos, torções e toda sorte de deslocamentos que visam a perturbar os sentidos mais óbvios. Aliás, não parece ter sido outra a intenção que orientou a escolha dessas figuras, cada qual compondo um testemunho eloquente da ambivalência trágica que está na base da concepção de erotismo aqui desenvolvida. Seja na ostensiva cena de sacrifício humano de uma iluminura asteca, seja no delicado relevo de um templo hindu em que aparecem um homem e uma mulher copulando de pé, seja na estranha moeda macedônica que retrata uma orgia em que uma sacerdotisa dança com um personagem itifálico, em cada uma delas o leitor é colocado, a um só tempo, diante da falta que preside o desejo e diante do excesso engendrado por essa falta.

Não deixa de ser curiosa a inclusão de três pinturas e gravuras rupestres que, em meio a tal conjunto, restam quase incógnitas, confirmando sua efetiva condição de vestígios. Traços de um mundo perdido, registro e resíduo a um só tempo, a presença dessas figuras no livro pode enganar o observador: apesar de parecerem, do ponto de vista formal, mais delicadas que suas congêneres, elas exalam uma violência primitiva que remete a pulsão erótica aos primórdios dos tempos. Ali estão esboçados os primeiros traços de um rosto e os primeiros contornos de suas máscaras. Ali se confirma que as perturbadoras imagens do erotismo também são retratos impiedosos do ser humano, fazendo valer para o primeiro a definição que Bataille propõe para o segundo: "domínio onde os contrários se abismam e se conjugam".[7]

Tal conclusão, por si só, justificaria a opção do autor de incluir a série de vinte figuras no volume. Mas talvez seja preciso, antes de terminar, dizer ainda uma palavra sobre essa inclusão. Isso porque, para além do poder de realçar as contradições de base da experiência erótica, a presença das imagens em *O erotismo* estabelece um pacto de fundo com o próprio projeto filosófico de Bataille, constituindo um *topos* decisivo de seu "canteiro de obras". Vejamos rapidamente por quê.

Se, na escrita, o argumento se constrói passo a passo, implicando sempre uma duração, o domínio imagético caminha justamente na

---

[7] BATAILLE, Georges. *El verdadeiro Barba Azul: la tragedia de Gilles de Rais.* Tradução de Carlos Manzano. Barcelona: Tusquets, 1972, p. 16.

contramão: como já formularam vários pensadores, a imagem irrompe como um elemento intempestivo, que vem interromper uma sequência temporal, que vem perturbar uma ordem preestabelecida, que vem desafiar a maneira habitual de pensar. O conhecimento que provém dela é, portanto, fulgurante: daí que Walter Benjamin vá compará-la a um relâmpago, enquanto o texto seria um trovão, quer dizer, o que alguém ouve algum tempo depois de ter sido arrebatado pela fulguração imediata e instantânea que corta o céu. Nessa concepção, a imagem surge como pura intensidade; é um campo aberto à produção de epifanias – ou, para falar com o autor alemão, de "iluminações profanas".[8]

Consideradas a partir da chave benjaminiana, cuja afinidade com o pensamento de Bataille já foi devidamente assinalada,[9] as figuras do livro ganham uma significação bem mais densa que a de mera ilustração. Como vimos, elas realmente não estão aqui com o objetivo de *ilustrar* as ideias do autor, mas antes de participar da produção de seu pensamento. Assim, sua inclusão responde perfeitamente ao intento batalliano de dissolver as oposições entre o saber abstrato e o concreto, entre o conhecimento teórico e o empírico, na tentativa de buscar novas constelações de sentido fora da racionalidade discursiva. Em suma, para colocar nos termos do autor destas páginas, a passagem para o domínio imagético permite resgatar o compromisso da filosofia com "uma possibilidade boêmia, uma possibilidade desbragada do pensamento que represento talvez aos olhos de alguns de vocês".

Mais que tudo, porém, ao criar intervalos no interior do texto, as figuras funcionam como portas para a verdade móvel do erotismo que este ensaio tenta capturar, confirmando a opção do pensador pelo inacabado, pelo provisório e pelo insuficiente sobre qualquer fixação de sentido. No limite, essas imagens de épocas tão distintas, e de fontes tão variadas, comparecem aqui na significativa qualidade de "detritos", recolhidos nos "terrenos baldios" simbólicos dos quais a desbragada filosofia de Georges Bataille sempre se alimentou.

*

---

[8] A noção de imagem, aqui, remete obviamente à "imagem dialética" tal como formulada por Walter Benjamin em diversos textos, entre os quais vale citar *Paris, capitale du XIXe. siècle. Le Livre des passages*. Tradução de J. Lacoste. Paris: Éd. du Cerf, 1989.

[9] Ver, entre outros, DIDI-HUBERMANN, Georges. *La ressemblance informe – Ou le gai savoir de Georges Bataille*. Paris: Macula, 1995.

Textos inéditos

Debate sobre o erotismo[1]

HÉRAUD: – Acho que, no fundo, tudo o que nos disse o senhor Bataille não é mais do que um aprofundamento do sentimento de angústia da ideologia reinante no que concerne ao erotismo. Identifiquei todo um conjunto de afirmações contra as quais me insurjo violentamente, porque considero que elas são a negação de um ponto de vista científico sobre a sexualidade.

Uma das primeiras afirmações é a de que existe uma relação direta entre a morte e a sexualidade. Essa ideia, que remonta a Freud e seus

---

[1] BATAILLE, Georges. Œuvres Complètes X. Paris: Gallimard, 1987, p. 692-695. Debate que se seguiu à conferência "L'érotisme et la fascination de la mort" (O erotismo e a fascinação pela morte) proferida por Georges Bataille em 12 de fevereiro de 1957 no "Cercle ouvert". O texto dessa conferência é que serviu de base para a "Introdução" de O Erotismo. Reproduzo a nota que antecede o texto do debate na edição das Œuvres Complètes: "No debate que se segue à conferência, a que assistiam, entre outros, Masson, Alain Cuny, Bellmer, Breton, Jean Wahl – debate conduzido por Jacques Nantet (diretor das publicações geradas por essas conferências – debates), Bataille é violentamente atacado pelos participantes que se opõem a suas proposições (a fascinação pela morte, o papel da homossexualidade, o ponto de vista exclusivamente masculino, a rejeição da psicanálise): Ado Kyrou, que 'não acredita no pecado' ('É uma tolice!' interrompe Alain Cuny provocando risos), recolhe aplausos fazendo o elogio da alegria no erotismo; Daniel Guérin, que se coloca como libertário e cita Simone de Beauvoir (o erotismo contém 'um princípio hostil à sociedade'); Héraud que lança as primeiras flechas antes de acusar o conferencista de 'falar como um padre'." (N.T.)

"instintos de morte", é, na minha opinião, inteiramente falsa. Não é do "instinto de morte" que se trata, é da energia biológica maior ou menor que se desenvolve no ser vivo, e quando essa energia biológica é combatida, destruída, pela energia mecânica, pois bem, é a morte da vida biológica do indivíduo. É algo extremamente simples, mas ninguém o disse ainda.

[...]

Considero que essa noção da angústia da morte para explicar a sexualidade é a pedra angular da alienação em geral, e da alienação religiosa em particular.

[...]

JACQUES NANTET: – Georges Bataille certamente responderá sua questão.

Será que André Breton gostaria de falar da literatura e do erotismo?

ANDRÉ BRETON: – Não. Sem preparação, considero impossível.

JACQUES NANTET: – Será que Hans Bellmer está na sala? (sim) Acho que, na ordem das intervenções, se Hans Bellmer aceitasse nos dizer alguma coisa sobre a pintura e o erotismo, poderíamos escutar depois dele Ado Kyrou que nos falaria do erotismo no cinema. Talvez o Dr. Fraenkel pudesse trazer o ponto de vista do médico e Daniel Guérin o do sociólogo. Chamo de novo Jean Wahl se ele quiser intervir. Quem pede a palavra imediatamente?

HANS BELLMER: – Isso me parece um pouco difícil, porque não preparei nada, e o assunto "o erotismo na pintura" é infinitamente complexo. Posso expor algumas ideias, mas gostaria que alguém falasse antes de mim.

[...]

HÉRAUD: – Acho que teria sido preciso, no texto do senhor Bataille, fazer uma descrição objetiva dos atos sexuais. Teríamos atingido assim a chave do problema, que se encontra na explicação, na elucidação, do fenômeno sexual propriamente dito, no que se convencionou chamar a fórmula do orgasmo, com as diferenças de tensão e de carga. Se não consideramos isso, eludimos o problema, continuamos navegando na esfera do puritanismo, de uma maneira ou de outra; e, com acentos muito angustiados, chega-se finalmente a falar como um padre!

[...]

UMA SENHORA: – Nunca escutamos senão homens... Só se citou uma vez Simone de Beauvoir, só se falou de masoquismo em relação à conduta masculina, na situação do homem que considera uma mulher como um objeto, etc. Mas não se falou da situação da mulher que se considera como um objeto, ou seja, que se nega. Ora, o senhor Bataille explicou longamente que, para ele, o erotismo era antes de tudo a negação da morte. Nesse caso, é exatamente o contrário, é a frase de Teresa d'Ávila: "Morro por não morrer." Seria preciso saber se não há nenhuma voz feminina que queira dar uma nova inflexão para o debate.

JACQUES NANTET: – Há, de fato, uma evolução da sexualidade feminina. Talvez uma mulher pudesse se expressar a esse respeito.

SOLEDAD LEQUEN: – É um simples protesto. Vivemos juntos desde sempre, homens e mulheres, e nós permanecemos "o outro", desconhecido, somos o "objeto", passivo. Acho que é um pouco indigno falar em nome de todos e ignorar a outra metade.

GENEVIÈVE BONNEFOY: – Gostaria de perguntar ao senhor Fulchignoni se a fêmea morta era a fêmea habitual desse macaco?

FULCHIGNONI: – Não, ela não era a fêmea habitual porque os macacos são polígamos.

JEAN WAHL: – Nada do que disse Georges Bataille me é estranho. Acho que muitos de nós puderam acompanhar do início ao fim sua admirável conferência.

Bataille responde aos detratores e aos defensores (Jean Wahl) na mesma intervenção:

GEORGES BATAILLE: – Responderei como puder às numerosas intervenções. Certamente, não poderei examinar todas. Responderei primeiro ao senhor Fulchignoni: simplesmente para declinar a possibilidade de entrar na discussão que se imporia depois da exposição que ele fez. Seria mais uma discussão sobre o conhecimento da morte do que sobre o conhecimento do erotismo. Não digo que o conhecimento do erotismo seja estranho à questão principal da exposição do senhor Fulchignoni, mas é sobretudo o conhecimento da morte pelos animais que se opõe ao conhecimento da morte pelos homens. Parece que o conhecimento da morte pelos animais é bastante rudimentar, duvidoso mesmo, e é um elemento essencial da humanidade conhecer a morte. Entretanto, parece-me que a questão nos levaria longe demais. Desculpo-me, portanto, por não respondê-la... essa noite, em todo caso, pois terei sem dúvida a oportunidade de respondê-la pelo menos através de escritos.

O que mais me importa é responder a Jean Wahl, com quem estou bastante de acordo sobre o argumento que me opôs. Há consciência ou há continuidade, segundo Jean Wahl, não pode haver uma e outra. Acredito que, de fato, essa é a base do pensamento possível concernente à continuidade e à consciência. Entretanto, existe sempre uma possibilidade de situação limite, e é evidentemente dessa situação limite que quis essencialmente falar. Mesmo assim, o erotismo que representei não é essencialmente psicológico, como foi dito em forma de crítica, ele é percebido de dentro e não observado de fora, o que não significa exatamente psicológico. Pode haver sensações puramente físicas que são percebidas de dentro, que não são fatos psicológicos propriamente ditos.

Mas volto ao que estava dizendo a respeito da consciência da continuidade. Parece-me que é essencialmente disso que falei e que, apesar de tudo, a possibilidade de uma situação limite não pode ser excluída, e que ela deve mesmo representar para o homem uma espécie de projeto essencial, uma espécie de objetivo fundamental. Trata-se, em suma, de sair da condição que nos é dada, ou ao menos de tentar sair dela. Talvez essa saída seja essencialmente proposta à vida humana.

No que concerne ao vocabulário, vocês me criticaram por ter utilizado o termo continuidade. Reconheço que podemos hesitar entre os dois, quero apenas expor as razões pelas quais utilizei continuidade. Na unidade, não há essencialmente o sentimento de uma passagem, e eu queria ligar por representação esse sentimento de passagem do descontínuo ao contínuo. Evidentemente, se consideramos a continuidade, como fiz em certos momentos de minha exposição, de um ponto de vista quase estático, não estamos mais aí, mas o que retive essencialmente foi a possibilidade de passar de um estado ao outro, de passar do descontínuo ao contínuo. É por isso que empreguei esses termos, que reconheço serem um pouco estranhos, que eu gostaria de explicar melhor do que fiz em minha exposição para responder ao senhor Bender. Mas acho que isso me será difícil, já que precisaria começar com mais clareza e isso acabaria sendo cansativo. E nada garante que, na segunda vez, eu seja mais claro do que na primeira... (risos)

Ao senhor de la Chesneraie, que expôs um ponto de vista psicanalítico, eu responderia essencialmente que meu ponto de vista não é o da psicanálise. Não que o meu seja o ponto de vista de alguém que ignora a psicanálise, mas quase de alguém que, por ter abandonado esse ponto de vista, por assim dizer o esqueceu, tornou-se pouco familiarizado com as representações que a psicanálise introduz. Eu parti de um ponto de vista filosófico, mas quis insistir o mínimo possível sobre esse aspecto em minha exposição; já me parecia pesado que chega insistir o quanto insisti. Em todo caso, não posso entrar facilmente na discussão do ponto de vista psicanalítico.

Gostaria simplesmente de dizer ao senhor de la Chesneraie que fiquei um pouco surpreso com a insistência dele em falar da transformação da mulher em objeto erótico. Parece-me que, aí, você fez intervir um ponto de vista o menos dialético possível.

Essa transformação em objeto é óbvia na *História de O*, por exemplo, mas será que realmente podemos considerar que o que chamamos de um objeto é exatamente representado por O? Acho que há uma tendência dos amantes de O a fazerem dela um objeto e uma tendência de O a ser um objeto para seus amantes, mas, daí a dizer que esse objeto é semelhante a meu lápis, há uma distância considerável. O só é semelhante a meu lápis de um ponto de vista extremamente provisório, e se passamos de um ponto de vista provisório a um ponto de vista dialético, pois bem, o objeto se afogará em mudanças contínuas.

Gostaria de dizer duas palavras ao senhor Héraud, que me acusou em particular de não ter representado o ponto de vista coletivo. Devo muito simplesmente dizer que não penso facilmente na possibilidade do erotismo coletivo (protestos do senhor Héraud). Você me criticou por não ter introduzido um ponto de vista coletivo nas considerações sobre o erotismo. Eu só poderia tê-lo introduzido se o próprio erotismo o tivesse introduzido, e, até onde sei, o erotismo só introduz de modo bastante excepcional o ponto de vista coletivo. Afora isso, devo dizer que o ponto de vista coletivo me importa tanto quanto ao senhor Héraud.

(O senhor Héraud tenta retomar a palavra, mas Bataille continua com autoridade:)

Não me considero suficientemente estranho ao marxismo para que sua crítica me seja profundamente sensível. Parece-me que houve um mal entendido e você me desculpará por ter respondido com um pouco de violência porque você negou algo que me parece evidente. Mas isso não significa que eu esteja num desacordo tão profundo com você. O ponto de vista científico existe. Eu introduzi um ponto de vista filosófico. Com um pouco de paciência seria fácil perceber a possibilidade de conciliá-los.

Ado Kirou disse que, para ele, o erotismo era essencialmente uma alegria. Sinto-me culpado, sob certos aspectos, por ter falado longamente dele como um sofrimento. Mas acredito nunca ter cessado de conceber esse sofrimento como a aspiração a uma alegria e como a indicação da possibilidade de uma alegria. É a possibilidade da alegria que é o fundo do sofrimento do erotismo, e se acredito que o erotismo está ligado à morte, não é por que a morte introduz nele uma tristeza, é porque é o predomínio da morte sobre o erotismo que o nega profundamente. Haveria talvez considerações a serem feitas aqui. Por exemplo, o erotismo, em Sade, introduz a morte de uma maneira bem diferente do que eu faço, porque a morte que Sade faz intervir é uma morte dolorosa, em que a ausência de alegria dos parceiros é fundamental. Acho que não posso entrar agora nesse aspecto do debate.

Devo ainda responder a Daniel Guérin, que falou longamente da liberdade, e quero aqui sustentar um ponto de vista que talvez permita ao senhor Héraud – ao qual pediremos certamente para que não insista – pensar que escutou essa noite o discurso de um padre.

Daniel Guérin falou de liberdade, ele acredita certamente que a liberdade do erotismo é possível. Eu penso o contrário. Acredito que o erotismo está fundado no interdito; que, se não houvesse em nós um interdito que se opusesse profundamente à liberdade de nossa atividade erótica, não teríamos atividade erótica. E foi talvez essa a fraqueza da definição que dei no começo: não ter introduzido este ponto de vista em vez daquele, talvez um pouco improvisado demais, que utilizei. Acredito que não existe erotismo sem sentimento de culpabilidade, superado, é claro, porque, no erotismo, a culpabilidade não é mais do que uma alegria, do que um obstáculo, do que um obstáculo transposto. Mas a culpabilidade primordial que se encontra numa humanidade muito primitiva, é bem anterior a toda espécie de puritanismo, já que a proibição do incesto e todas as oposições à liberdade sexual são encontradas na humanidade mais primitiva. Tudo isso está na base da vida erótica dos homens. E acredito que, não tendo insistido nesse aspecto numa exposição que derivava num sentido diferente, é extremamente importante para mim ter dito ao menos algumas palavras a esse respeito para terminar.

O erotismo nasceu do interdito, vive do interdito, e se não tivéssemos o interdito em nós mesmo, se não conservássemos esse sentimento de interdito no que tange o essencial do erotismo, não poderíamos ser eróticos no sentido em que falei, ou seja, num sentido que implica a violação; só poderíamos ser eróticos como os animais, e não poderíamos ter acesso ao que é o essencial para nós (aplausos).

Tenho poucas coisas a acrescentar. Terminei minha exposição de maneira um pouco abrupta, com considerações que introduziam até a ideia de Deus. Temo ter dado ensejo a equívocos. Pareceu-me durante a discussão que, apesar de tudo, havia mesmo razão para dizerem que se tratava do discurso de um padre. Entretanto, não quero deixar esse mal entendido ir longe demais. Tive o cuidado, durante minha exposição, de dizer que meu pensamento se opunha ao dos teólogos, que introduzem uma pessoa de Deus. Eu introduzi uma ideia de continuidade. Essa ideia é discutível, como nos disse Jean Wahl, mas é evidente que, em meu pensamento, ao falar da continuidade do ser, eu queria falar de algo que prossegue a experiência de Deus feita outrora. E achei que era extremamente importante mostrar que essa experiência podia ser aproximada das experiências mais simples que fazemos no plano de um erotismo frequentemente considerado como material (fortes aplausos).

Dossiê *O erotismo*[2]

---
[2] Os três textos seguintes foram publicados nas *Obras Completas de Georges Bataille* sob o título "Dossier de 'L'Érotisme'". BATAILLE, Georges. *Œuvres Complètes X*. Paris: Gallimard, 1987, p. 631-639. (N.T.)

A significação do erotismo[3]

O tempo presente viu ocorrerem importantes mudanças nas condições da vida sexual.

Convém dar a essas mudanças o nome de *revolução sexual*. Elas ocorreram por etapas, há várias gerações. Ligadas ao conjunto de nossas transformações sociais, elas foram, em particular, a consequência do abalo que se seguiu à Primeira Guerra mundial.

Nossa *revolução sexual* tem múltiplas significações. Houve inicialmente o movimento de oposição às regras estreitas que paralisavam as relações dos sexos entre si. Ao mesmo tempo, a revisão de uma moral fundada sobre a noção de pecado sexual e de vergonha. O homem moderno teve que responder, por outro lado, à necessidade de esclarecer aquilo que permanecia nele de sombrio e fugidio. A humanidade devia enfim conhecer a si mesma inteiramente, devia dominar seus poderes e reencontrar sua unidade.

Essas mudanças foram ajudadas e aceleradas pelas descobertas da psicologia moderna e da psicanálise; o progresso dos conhecimentos

---

[3] Reproduzo – traduzindo – a nota das *Œuvres Complètes* (p. 726): "Esse inédito foi apresentado com o dossiê da revista *Genèse* na *Revue de la Bibliothèque nationale* (anée 5, n. 17, aut. 1985) por J.-P. Le Bouler e Dominique Rabourdin. Trata-se de um dos textos endereçados por Bataille a Caillois, pouco após a publicação de *L'Érotisme*, para lhe submeter o projeto da referida revista." (N.T.)

em matéria de sexualidade as assegurou e aumentou seu alcance. Não apenas nossos costumes, como também a consciência aprofundada que temos de nós mesmos, nos opõem de maneira contundente à humanidade anterior a essa *revolução sexual*. Não é que a humanidade volte à ingenuidade dos povos selvagens, mas, saindo de um mundo onde seus impulsos mais fortes eram cegamente reprimidos, abre-se diante dela a possibilidade de uma lucidez sem igual. Ela se beneficia de uma liberdade real, mas tem a memória de um passado recente: ela situa essa liberdade em relação a uma servidão cuja experiência ainda traz inscrita em si.

As descobertas de Freud, começadas no fim do século passado, tiveram uma importância decisiva. Elas modificaram estranhamente a imagem que o homem se fazia de si mesmo. A psicanálise substitui o idealismo tradicional por uma representação mais modesta. Segundo ela, o impulso sexual começa com a vida. E as desordens que, desde a tenra infância, esse impulso nos impõe, têm consequências na idade adulta. Do berço ao leito de morte, a sexualidade está na base de uma agitação que a ingenuidade do pensamento comum, imbuído de idealismo, desconhece. A sexualidade não é, como foi apressadamente deduzido, o fundamento da vida humana: foi sem dúvida o *trabalho* que, desde a origem, diferenciou o homem do animal. Mas as mentiras do idealismo foram possíveis na medida em que uma humanidade cega negou os impulsos sexuais que, todavia, não haviam cessado de agitá-la profundamente. Os trabalhos de Freud permitiram saber que os impulsos sexuais se traduzem também em nossas aspirações elevadas: eles se exprimem, em particular, na religião e, finalmente, na arte e na literatura. Estamos assim, graças à psicanálise, nos antípodas da antiga maneira de ver, para a qual a sexualidade era a tara congênita de uma criatura que aspira à perfeição.

Se os resultados da psicanálise estão na base do conhecimento moderno da sexualidade, existe a possibilidade hoje de, sem negligenciá-los, ir ainda mais longe. Podemos reencontrar a significação do erotismo no plano em que se colocava outrora a religião. Talvez cheguemos assim a uma das descobertas mais importante de nosso tempo. Pelo menos é indo nessa direção que podemos ter acesso às últimas consequências de nossa revolução sexual.

Eis o que hoje podemos postular:

EM SUA VERDADE FUNDAMENTAL, O EROTISMO É SAGRADO, O EROTISMO É DIVINO.

Reciprocamente, o sagrado, o divino, se podem se afastar do erotismo, têm em sua base sua violência e sua intensidade, participam, em seu fundamento, do mesmo impulso.

A humanidade profunda só se revela a nós se reconhecemos a unidade do sentimento divino – do estremecimento sagrado – e do erotismo liberado da imagem grosseira imposta pela pudicícia tradicional.

Eis as consequências morais desse fato. Admitíamos que a sexualidade pode acarretar em nós reações que nos pareciam não ter relação com ela, devemos perceber mais claramente a significação e o valor da emoção erótica.

A meditação de Deus, outrora, alimentava uma vida. Essa emoção, que não é apenas física, não poderia também, por sua vez, ser objeto de uma meditação extrema?

Isso não deve nos impedir de ver, em contrapartida, os aspectos alarmantes do erotismo; geralmente, o divino, o sagrado, também são acompanhados de horror. Emana em todo caso do erotismo algo de trágico, que não podemos negar, e que devemos considerar antes de tudo em nossa meditação profunda.

O marquês de Sade exprimiu esse lado da realidade sexual. Quaisquer que sejam os aspectos insustentáveis de sua obra, ele compreendeu que o erotismo – e o horror implicado no fundo do desejo erótico – colocava em questão o homem inteiro. Devemos reconhecer desde o princípio que, falando do erotismo, levantamos a questão mais pesada.

Quero lembrar aqui esta frase de Maurice Blanchot a respeito do pensamento de Sade:[4]

Não estamos dizendo que esse pensamento seja viável. Mas ele nos mostra que entre o homem normal, que encerra o homem sádico num impasse, e o sádico, que faz desse impasse uma saída, é este que conhece melhor a lógica de sua situação e que tem dela o entendimento mais profundo, a ponto de poder ajudar o homem normal a se compreender a si mesmo, ajudando-o a modificar as condições de toda compreensão.

---

[4] BLANCHOT, Maurice. *Lautréamont et Sade*. Paris: Minuit, 1949, p. 264-265.

A meu ver, essa frase exprime a dificuldade essencial que devemos perceber quando abordamos o domínio sagrado do erotismo.

O erotismo abre um abismo. Querer iluminar suas profundezas exige ao mesmo tempo uma grande resolução e uma calma lucidez, a consciência de tudo aquilo que uma intenção tão contrária ao sono geral coloca em jogo: é certamente o mais horrível, e é também o mais sagrado.

Adição a *O erotismo*[5]

Há portanto, tanto para o alimento quanto para o objeto da excitação sexual, dois momentos distintos[:] a destruição, por um lado, e, precedendo-a, a valorização do objeto proposto à destruição. A destruição, no erotismo, é provisória; posso consumá-la sem que o objeto seja aparentemente transformado. Depois do amor, o ser amado, o mesmo, permanece fiel à imagem que oferecia de si, sua valorização primeira se encontra como, em sonho, o peru comido se encontraria, coberto com a mesma farofa, decorado com as mesmas frutas e castanhas. Isso não é literalmente verdadeiro. A primeira queda do vestido era definitiva. Profundamente, o objeto, após ela, está destruído para sempre, uma vez que, o vestido tendo sido tirado, será fácil, em princípio, tirá-lo outra vez. Em certo sentido, a primeira queda consumou a destruição do objeto como ser separado e impenetrável. Uma mulher que, uma vez, cedeu, não opõe mais o mesmo obstáculo à minha cobiça. Seu vestido a separava de mim na medida em que eu tinha o sentimento, mesmo que falso, mesmo que vago, de que *ele não podia cair*. Mas ele cai! Para sempre agora sei que ele pode cair. É nesse sentido que destruí o objeto distinto.

---

[5] Nota das *Œuvres Complètes* (p. 727): "Esse texto se encontra na Caixa 15, A, b, 8º fragmento, tendo por indicação: Adição ao erotismo – escrito logo após a introdução com vistas a uma continuação do livro (nudez?)". (N.T.)

Posso, já provei que posso, vencido o obstáculo do vestido, penetrá-lo intimamente, posso fazê-lo entrar na esfera do sujeito. Essa mulher de que *posso* retirar o vestido, que não sabe mais, quando quero, permanecer estranha a mim, que abre para mim sua intimidade, o edifício das roupas, das condutas impecáveis, que a preservava de minhas violências, está para sempre derrubado. Isso é verdade em dois sentidos: não poderei, por uma segunda vez, destruí-lo da mesma maneira. Perdi para sempre o elemento maravilhoso da destruição primeira, da destruição chave, que abria o desconhecido para mim, o mundo interdito do sujeito. Esse mundo estava fechado para mim, eu queria abri-lo. Mas, consumada por mim a destruição da parede que me mantinha do lado de fora, posso me dizer: o que ainda posso esperar dele? Efetivamente, a transgressão que ainda não fora cometida tinha um valor que a repetição não tem. Efetivamente, o que me interessa é a entrada, não a permanência no mundo interdito, o que me apraz é quebrar minhas correntes; não fico olhando para as correntes quebradas. Mas é o fato de ser um novo aspecto, uma *repetição do desafio*, que dá à impaciência de Don Juan o poder que ela tem de nos seduzir. É que, humanamente, sempre voltamos a fechar nossas correntes; é que, humanamente, sempre temos que nos libertar de novo. O próprio Don Juan não é mais do que um novo aspecto do eterno liberto de escravidões indefinidamente recriadas que todos nós somos – se temos colhões de não desistir – se não temos colhões suficientes para morrer de uma vez. A repetição é a sina do homem que não morre: o próprio Don Juan a encontrava passando de uma mulher a outra, e só a mão do comendador pôde salvá-lo. Nem por isso a destruição do objeto no erotismo deixa de diferir daquela do alimento na alimentação. É uma destruição que, em seu princípio, deixa ao objeto o poder de reconstruir os limites, as paredes que o constituem como objeto, como ser separado.

A dificuldade, se nos esforçamos por descrever a experiência interior do erotismo, é a crença relativamente firme na profunda separação dos seres. O indivíduo se imagina só: se comunica com os outros é através das sensações que lhe tornam presente o mundo dos objetos, mas nunca teríamos em nós mesmos mais do que nós mesmos, isolados, e as sensações que nos representam objetos; uma mulher não seria para nós mais do que um complexo infinitamente rico de sensações, um objeto por trás do qual uma inversão dos dados objetivos que temos de nós mesmos, do sujeito que somos, nos permitiria a indução de um segundo sujeito, outro que nós, semelhante a nós.

Os diferentes objetos suscetíveis de serem destruídos valem mais ou menos a pena de o serem. Eles têm um coeficiente [...*O manuscrito se interrompe*.] Se o objeto do desejo está ali, é para ser destruído; mas, no desejo de comer, por exemplo, o objeto é realmente destruído, ele entra num sistema novo em que nada resta no lugar daquilo que formou o objeto comido. Se o objeto do desejo erótico é destruído, ele o é na medida em que cessa de parecer irredutível como objeto, em que a unidade de seu ser, e consequentemente seu ser, é posta em jogo. Mas o alimento, ainda que sua destruição rápida e definitiva seja seu único sentido, pode ter um valor, e esse valor não reside apenas no instante da destruição. Humanamente, o troco é dado; inicialmente, o valor da destruição se manifesta no objeto intacto. É como objetos que, na estante do mercado ou na mesa, os alimentos assumem uma forma sedutora. A sedução apela ao desejo de destruir aquilo que nos seduz, mas o que nos seduz para o destruir, a fim de nos seduzir, se reveste formalmente do aspecto de uma coisa, separada, na medida do possível, do mundo móvel que a produziu.

Projeto de uma conclusão
para *O erotismo*[6]

Sonho: subir por uma corda, por duas cordas (de uma maneira acrobática e perigosa); há uma mulher – amada e que me ama – e um público. Isso dura um pouco, não sem dificuldade, recomeça, e é levemente angustiante. Mas me parece insuficiente para o público. Percebo que não é realmente um espetáculo. Gostaria de interessar essa massa. Grito portanto este absurdo: "o que seria preciso, se alguém na sala tivesse um, seria um bumbo". Imediatamente, como quando esse tipo de pedido à sala já foi previsto de antemão com sua resposta, um pequeno bumbo sai da sala sobre patas como um grande inseto brilhante conferindo logo um ritmo violento a tudo o que acontece, encadeando-se de uma maneira que me lembra a intensidade que subitamente tomava, no circo, um sketch dos Fratellini, desencadeando de repente, com essa intensidade súbita, uma tempestade de riso. Nesse momento, percebo que um jovem descendente dos Fratellini, que seria meu genro (isso é dito, anunciado: o genro do filósofo do riso) tomou o espetáculo em suas mãos e o desenvolve no sentido

---

[6] Nota das *Œuvres Complètes* (p. 728): "L'Érotisme": Projeto de conclusão (7 de março de 1956). Esse manuscrito se encontra na Caixa 15, A, a, (fls 1-8). Foi publicado na revista L'Arc, nº 44, 1971, p. 88-90. (N.T.)

de seus ascendentes, ou seja, ao mesmo tempo de uma maneira muito cômica e transbordante, num imenso ricochete. Esse sonho não prossegue realmente. Passo a uma simples reflexão: digo-me que jamais desenvolvi, num livro, a filosofia do riso implícita em meus escritos. Penso em seguida que, no entanto, sou em verdade o filósofo do riso. Não escrevi nenhum livro, mas penetrei por uma visão no instante o que o riso é. Observo então uma série de visões no instante coincidindo entre si, em que minha experiência do riso, aquela do erotismo, a do êxtase e, enfim, a da morte, se inscrevem numa perspectiva única: só essa perspectiva tem um sentido para mim, mas traduzi-la em livros representa um esforço exaustivo, interminável... Houve continuidade entre o sonho e minha reflexão em estado de vigília. Não houve um momento a partir do qual minha reflexão tenha se tornado lúcida: ela já estava lúcida quando despertei, e se tornou possível para mim ligá-la a uma frase de meu livro escrita dez horas antes, antes da noite, em que me esforçara por situar uma encruzilhada onde toda minha reflexão estaria presente, pelo menos essa parte de minha reflexão apresentada nesse livro a propósito do erotismo. Quando acordei, escorreguei dessa encruzilhada, cuja irradiação se estendia a um único domínio, para uma irradiação única de meu pensamento que, no instante que eu vivia então, ainda que sua intensidade fosse fraca, sendo difusa e se perdendo, condensava em si a imensidão de uma experiência: o riso, as lágrimas e o sacrifício da cruz, a morte, o êxtase e o erotismo estavam unidos ali. A frase que se ordenava em meu espírito não podendo ser ela própria mais do que um desenvolvimento, mas esse desenvolvimento se referia em mim a um único arrebatamento terrificado diante de uma perspectiva feita da coincidência dessas possibilidades diversas que não eram mais do que uma. Nesse sentido, eu sabia que nada podia tensionar mais do que a dissonância profunda, de certa forma o desespero, resultante de uma indissolúvel união entre a experiência de Sade e a do cristianismo (união que não estava dada na experiência do próprio Sade, nem na dos cristãos reais, mas em minha experiência própria em que se juntavam a lembrança de momentos fugitivos em que o sadismo em mim se exasperava e a de um êxtase outrora fundado na mais dolorosa piedade cristã). Eu percebia, ao associar essas duas lembranças, a estreiteza do ponto de vista de Sade, em todo caso o de Sade fechando-se a qualquer outra possibilidade que não a do crime, mas também a cegueira do cristianismo que se recusa a assumir essa "culpa pesada de felicidade" sem a qual o sangue de Cristo não teria corrido. Eu sentia a que ponto crescia em mim o ódio por Sade (eu estava relendo nessa época *Os cento e vinte dias*), mas tinha que me dizer que só o furor de Sade, a aversão exorbitada por Deus, e a firmeza, a *energia* com que ele se murou na ignomínia, foram suficientemente fortes para abrir meus olhos. Quem teria podido, sem o exemplo desse furioso, não se desviar do sol tão cegante quanto o daquele instante agora há pouco, em que eu fixava nas brumas de meu despertar, graças talvez a essas brumas, a perspectiva da unidade: a dor e a alegria, a dor necessária para elevar a angústia *sem a qual o tempo se dissipa*, e sem a qual luz, no tempo disjunto, *o sol da eternidade*? O mito da crucificação, que Sade ilumina no próprio momento em que, como uma estrela moribunda, ele se extingue em razão do brilho excessivo que emanou dele subitamente sem que ele próprio pudesse captá-lo. Os movimentos mais inconciliáveis do ser – o excesso exorbitante – não podem ser apreendidos no desenvolvimento coerente de um discurso. O que fazer, senão se antecipar a uma impotência que não é a do instante, mas sim a de seres que sofrem sem fim o excesso que jamais têm a força de querer por muito tempo, ainda que ele responda à sua exigência profunda? O homem é necessariamente superado por si mesmo e o movimento do ser nele só pode ser apreendido em súbitas efusões de irreprimível energia: as do riso louco, do êxtase religioso, dos soluços, que seriam ininteligíveis sem a luz que o sentido humano de excessos *inomináveis* nos traz. A morte, ainda que ela se esquive à consciência (com que ela só rara e dificilmente obtém um furtivo instante de acordo), é ao mesmo tempo a mais significativa e a mais inapreensível dessas efusões em que os movimentos impessoais da energia nos superam.

    Enquanto anotava esse sonho, ou as reflexões que seguem seu relato, escutava no rádio gravações da Quinta sinfonia de Beethoven, em que um tema não para de ressurgir exprimindo, senão o sentimento forte daquele que permanece "interdito", o movimento diante do qual ele permanece "interdito": eu sentia esse movimento que suscita através de um choque a atenção dolorosa próxima à perspectiva de que falava, mas faltava ali a horrível mistura em que não apenas o terror lancinante e a fascinação misturados, mas o riso incoercível de que a morte é o objeto privilegiado, elevam em mim o peso da angústia. Como se eu mesmo estivesse infeliz, mas sublevado, tomado num transbordamento de violência. Havia ao menos, na solenidade de um tema retomado, martelado, uma força tal que crescia, por saltos e ressaltos súbitos, uma felicidade sonora que correspondia à entrada em meu sonho daquele bumbo que anunciava o horror, ao mesmo tempo a superação e a multiplicidade rápida demais das imagens.

A longa meditação que até aqui eu conduzira sabiamente poderia levar a uma noção inteligível? Estava claro, desde o primeiro instante, que ela não solicitava a inteligência, mas sim a sensibilidade do outro, que adivinho no além de meu possível. Se eu tivesse visado uma transformação prática, se, nesse livro, em vez de uma perspectiva que se abra ao fundo do coração, eu tivesse querido atingir um resultado semelhante àquele que buscam o matemático e o marceneiro, o físico ou o astrônomo, eu poderia, no final, retomar utilmente os resultados de meus esforços e enunciaria claramente sua suma. Ao contrário, devo afastar-me dessas possibilidades tranquilizadoras. Não posso mais *falar*. Sei que os enunciados precedentes poderiam ser seguidos de análises em que a unidade das perspectivas múltiplas de que falo resultaria de aproximações judiciosas. Procedi dessa maneira nesse livro em que tentei, senão esgotar os aspectos múltiplos do erotismo, reduzir um certo número deles à unidade de um ponto de vista que continua sendo aquele da vida sensível. Outras operações de inteligência são possíveis, mas, uma vez a sensibilidade colocada em jogo, devo responder primeiro a ela. Esse livro não seria mais do que um embuste se eu não apresentasse no final sua única justificação imaginável: uma vida sensível no instante do horror, num tumulto cômico. Pouco importava, aliás, um tema ou a bizarrice de um bumbo, mas queria apreender em vez de um dado inteligível as imagens imediatamente realizadas de minha felicidade. O que o tema de Beethoven ou o pesado instrumento que respondeu a meu capricho me traziam, era a eternidade, a angústia superada. Era a transparência de imagens, sempre as mesmas, cuja repetição me parecia garantida por uma imensa maré de possibilidades mentais. Através delas, afastava-me da lentidão inerente a uma reflexão, que versara sobre aproximações multiplicadas mas que cessava finalmente de ser lenta à medida que os batimentos de meu coração, tornando-se mais precipitados, até me afastarem de toda e qualquer impaciência, perdiam-me numa única imagem.

Coleção FILÔ

A filosofia nasce de um gesto. Um gesto, em primeiro lugar, de afastamento em relação a uma certa figura do saber, a que os gregos denominavam *sophia*. Ela nasce, a cada vez, da recusa de um saber caracterizado por uma espécie de acesso privilegiado a uma verdade revelada, imediata, íntima, mas de todo modo destinada a alguns poucos. Contra este tipo de apropriação e de privatização do saber e da verdade, opõe-se a *philia*: amizade, mas também, por extensão, amor, paixão, desejo. Em uma palavra: Filô.

Pois o filósofo é, antes de tudo, um amante do saber e não propriamente um sábio. À sua espreita, o risco sempre iminente é justamente o de se esquecer daquele gesto. Quantas vezes essa *philia* se diluiu no tecnicismo de uma disciplina meramente acadêmica, e até certo ponto inofensiva? Por isso, aquele gesto precisa ser refeito a cada vez que o pensamento se lança numa nova aventura, a cada novo lance de dados. Na verdade, cada filosofia precisa constantemente renovar, à sua maneira, o gesto de distanciamento de si chamado *philia*. A coleção FILÔ aposta nesta filosofia inquieta, que interroga o presente e suas certezas; que sabe que as fronteiras da filosofia são muitas vezes permeáveis, quando não incertas.

A coleção FILÔ pretende recuperar esse desejo de filosofar no que ele tem de mais radical, através da publicação não apenas de clássicos da filosofia antiga, moderna e contemporânea, mas também de sua marginália; de textos do cânone filosófico ocidental, mas também daqueles textos fronteiriços, que interrogam e problematizam a ideia de uma história linear e unitária da razão. Além destes títulos, a coleção aposta também na publicação de autores e textos que se arriscam a pensar os desafios da atualidade. Isso porque é preciso manter a verve que anima o esforço de pensar filosoficamente o presente e seus desafios. Afinal, a filosofia sempre pensa o presente. Mesmo quando se trata de pensar um presente que, apenas para nós, já é passado.

Série FILÔ/Bataille

O pensamento não respeita fronteiras disciplinares. Georges Bataille é um dos autores que habitam essa espécie de lugar sem-lugar. Sua obra atravessa soberanamente as fronteiras entre filosofia, literatura, antropologia social, marxismo, história, crítica de arte, economia. Aqui, a extrema liberdade de pensamento responde à liberdade de movimento do próprio mundo.

Sua vasta obra nos oferece ferramentas capitais para a compreensão de nosso tempo. Para Bataille, o excesso, ou o dispêndio improdutivo, é primeiro em relação aos modos de produção e de circulação dos bens. O luxo, os jogos, os espetáculos, os cultos, a atividade sexual desviada de sua finalidade natural, as artes, a poesia são diferentes manifestações desse excesso, dessa soberania do inútil.[1] Não por acaso, Bataille fornece elementos fundamentais para a compreensão de uma categoria maior do pensamento do século XX, o conceito de gozo, realização daquele princípio da perda, ou dispêndio incondicional. Se é verdade que *A noção de dispêndio* (retomado em *A parte maldita*) é o primeiro texto em que Bataille ensaia o que podemos chamar de uma "arqueologia do gozo", é, com efeito, em *O erotismo* que esse projeto encontra seu auge. As principais linhas de força literárias, antropológicas e filosóficas traçadas em suas obras anteriores se cruzam nesse texto de referência. Não por acaso, Foucault afirma que Bataille é "um dos escritores mais importantes de seu século". E também do nosso.

---

[1] Cf. TEIXEIRA, Antônio. *A soberania do inútil*. São Paulo: Annablume, 2007.

Este livro foi composto com tipografia Bembo e impresso
em papel Pólen Soft 70 g/m² na Formato Artes Gráficas.